Baedeker

Allianz Reiseführer

Frankfurt

am Main

VERLAG KARL BAEDEKER

Hinweise zur Benutzung

Sternchen (Asterisken) als typographisches Mittel zur Hervorhebung bedeutender Bau- und Kunstwerke, Naturschönheiten und Aussichten, aber auch guter Unterkunfts- und Gaststätten hat Karl Baedeker im Jahre 1846 eingeführt; sie werden auch in diesem Reiseführer verwendet: Besonders Beachtenswertes ist durch * einen vorangestellten 'Baedeker-Stern', einzigartige Reiseziele sind durch ** zwei Sternchen gekennzeichnet. Zur raschen Lokalisierung der Sehenswürdigkeiten von A bis Z auf dem beigegebenen Stadtplan sind die entsprechenden Koordinaten der Plannetzmaschen jeweils neben der Überschrift in Rotdruck hervorgehoben: Paulskirche **J 15**

Farbige Streifen an den rechten Seitenrändern erleichtern das Auffinden der Großkapitel des vorliegenden Reiseführers: Die Farbe Blau steht für die Einleitung (Natur, Kultur, Geschichte), die Farbe Rot für die Sehenswürdigkeiten, und die Farbe Gelb markiert die praktischen Informationen.

Wenn aus der Fülle von Unterkunfts-, Gast- und Einkaufsstätten nur eine wohlüberlegte Auswahl getroffen ist, so sei damit gegen andere Häuser kein Vorurteil erweckt.

Da die Angaben eines solchen Reiseführers in der heute so schnellebigen Zeit fast ständig Veränderungen unterworfen sind, kann der Verlag weder Gewähr für die absolute Richtigkeit leisten noch die Haftung oder Verantwortung für eventuelle inhaltliche Fehler übernehmen. Auch lehrt die Erfahrung, daß sich Irrtümer kaum gänzlich vermeiden lassen.

Baedeker ist ständig bemüht, die Qualität seiner Reiseführer noch zu steigern und ihren Inhalt weiter zu vervollkommnen. Hierbei können ganz besonders die Erfahrungen und Urteile aus dem Benutzerkreis als wertvolle Hilfe gar nicht hoch genug eingeschätzt werden. Vor allem **Ihre Kritik, Berichtigungen und Verbesserungsvorschläge sind uns stets willkommen.** Sie helfen damit, die nächste Auflage noch aktueller zu gestalten. Bitte schreiben Sie in jedem Falle an die

Baedeker-Redaktion
Karl Baedeker GmbH
Marco-Polo-Zentrum
Postfach 31 62
D-73751 Ostfildern.
Telefax: (0711) 4502-343, E-mail: baedeker@mairs.de

Der Verlag dankt Ihnen im voraus bestens für Ihre Mitteilungen. Jede Einsenderin und jeder Einsender nimmt an einer jeweils zum Jahresende unter Ausschluß des Rechtsweges stattfindenden Verlosung von drei JRO-Leuchtgloben teil. Falls Sie gewonnen haben, werden Sie benachrichtigt. Ihre Zuschrift sollte also neben der Angabe des Buchtitels und der Auflage, auf welche Sie sich beziehen, auch Ihren Namen und Ihre Anschrift enthalten. Die Informationen werden selbstredend vertraulich behandelt und die persönlichen Daten nicht gespeichert.

◀ *Wo der Bembel hängt, gibt's Ebbelwei.*

Vorwort

Dieser Reiseführer gehört zur neuen Baedeker-Generation. In Zusammenarbeit mit der Allianz Versicherungs-AG erscheinen bei Baedeker durchgehend farbig illustrierte Reiseführer in handlichem Format. Die Gestaltung entspricht den Gewohnheiten modernen Reisens: Nützliche Hinweise werden in der Randspalte neben den Beschreibungen herausgestellt. Diese Anordnung gestattet eine einfache und rasche Handhabung. Der vorliegende Band hat die hessische Stadt Frankfurt am Main zum Thema, beschreibt jedoch darüber hinaus auch die wichtigsten von dort erreichbaren Ausflugsziele. Der Reiseführer gliedert sich in drei Hauptteile: Im ersten Teil wird über die Stadt im allgemeinen, über Bevölkerung, Wirtschaft, Verkehr, Kunst und Kultur, berühmte Persönlichkeiten und die Stadtgeschichte berichtet. Eine kleine Sammlung von Literaturzitaten leitet dann über zum zweiten Teil des Reiseführers, in dem zunächst einige Vorschläge zur Stadtbesichtigung gemacht werden, um dann die Sehenswürdigkeiten in und um Frankfurt im einzelnen zu beschreiben. Daran schließt ein dritter Teil mit reichhaltigen praktischen Informationen, die dem Besucher das Zurechtfinden vor Ort wesentlich erleichtern. Specials beschäftigen sich u.a. mit der jüdischen Geschichte, dem Jazz, der Hochhausarchitektur und dem Apfelwein.

Die Alte Oper, eines der Wahrzeichen der Stadt, steht für Kultur, der Palmengarten für Erholung und Entspannung.

Sowohl die Sehenswürdigkeiten als auch die praktischen Informationen sind in sich alphabetisch geordnet. Baedeker Allianz Reiseführer zeichnen sich durch Konzentration auf das Wesentliche sowie Benutzerfreundlichkeit aus. Sie enthalten eine Vielzahl eigens entwickelter Pläne und zahlreiche farbige Abbildungen. Zu diesem Reiseführer gehört als integrierender Bestandteil ein ausführlicher Stadtplan, auf dem die im Text behandelten Sehenswürdigkeiten anhand der jeweils angegebenen Plankoordinaten zu lokalisieren sind. Wir wünschen Ihnen mit dem Baedeker Allianz Reiseführer viel Freude und einen erlebnisreichen Aufenthalt in Frankfurt am Main!

Baedeker
Verlag Karl Baedeker

Inhalt

Natur, Kultur Geschichte
Seite 8 – 49

Sehenswürdigkeiten von A bis Z
Seite 48 – 157

Praktische Informationen von A bis Z
Seite 158 – 203

Baedeker Specials

Zwischen Skyline

Viele meinen, Frankfurt bereits zu kennen, da sie schon einmal auf einer seiner bedeutenden Messen waren und dabei einen Blick auf die Hochhaussilhouette geworfen haben – und das sind recht viele in einer Stadt, in die jährlich mehrere Millionen Messe- und Ausstellungsbesucher kurzfristig hinein- und wieder hinausfluten. Wie unrecht man dieser schillernden, widersprüchlichen Stadt tut, wird dem Besucher erst dann klar, wenn er die spannungsreichen Kontraste wahrzunehmen und zu bewundern lernt, die diese ungewöhnliche Stadt ausmachen. Da ist zum einen Frankfurts hübscher Altstadtkern mit liebevoll rekonstruierten Fachwerkhäusern, mit gemütlichen Cafés und eleganten Restaurants, mit Kirchen, dem alten Rathaus 'Römer' und dem Dom – Zeugnisse einer Stadt, die bereits mehr als 1200 Jahre alt ist und in dieser Zeit maßgeblich den Lauf der Geschichte mitbestimmt hat: denn hier wurden nicht nur seit 1356 die deutschen Könige und seit dem 16. Jahrhundert auch die Kaiser gewählt und gekrönt, sondern hier fand mit dem Einzug der Frankfurter Nationalversammlung in die Paulskirche im Revolutionsjahr 1848 auch die Geburtsstunde der deutschen Demokratie statt. Doch nicht das Vergangene besticht in Frankfurt, wenn man auch über den Anblick der beeindruckenden Skyline vergessen mag, daß Frankfurt überhaupt eine (so lange) Geschichte hat. Zunächst sind es doch die spiegelverglasten himmelstürmenden Hochhäuser, die ins Auge fallen und schließlich Frankfurt den Spitznamen 'Mainhattan' einbrachten. Heute ist man stolz auf die Skyline, denn entgegen allen Befürchtungen ist aus Frankfurt kein deutsches Chicago mit betongepflasterten, nächtens menschenleeren Bürogegenden geworden, viel-

Die Messe

lockt seit dem 11.Jh. ein internationales Publikum in die Stadt

Römer

Im alten Rathaus wurden jahrhundertelang die deutschen Könige gewählt

Das Filmmuseum

– eines der herausragenden Museen am Museumsufer

und Ebbelwei

mehr ragen die Hochhäuser verstreut und fast irreal hinter gründerzeitlichen Villen, neben Parkanlagen und in Geschäfts- und Wohngegenden auf und fügen sich wie selbstverständlich in das normale Treiben der Stadt. Seit dem Architekturfieber der achtziger Jahre, als der historische Römerberg und die Alte Oper rekonstruiert, Kulturzentren eingerichtet und Wohnviertel, die jahrzehntelang Bauspekulationen ausgeliefert waren, saniert wurden, ist auch das Museumsufer ein unbestrittenes Highlight geworden. Faszinierende Museen mit einzigartigen Ausstellungen bieten für jeden etwas: Hier können sich nicht nur Liebhaber der Malerei, Bildhauerei und des Kunsthandwerks begeistern lassen, sondern auch Fans des Films und der Filmgeschichte, Freunde der Architektur und Interessierte an der jüdischen Geschichte oder der Entwicklung von Post und Kommunikation – und weil es eine Stadt der Gegensätze ist, findet als Kontrast zu Kunst und Kultur jeden Samstag am Museumsufer ein riesiger, bunter Flohmarkt statt. Frankfurt kann sich zudem rühmen, die Heimatstadt Goethes zu sein, in dessen Geburtshaus man sich in eine andere, längst vergangene Welt versetzt fühlt. Wer Jubel, Trubel und Kontakte sucht, wird sich im Ebbelwei-Viertel Alt-Sachsenhausen und in Bornheim und Seckbach wohlfühlen, wo das goldfarbene 'Stöffche' in Bembeln ausgeschenkt und mit "Handkäs' mit Musik" serviert wird. Noch vieles wäre aufzuzählen und zu empfehlen, um Frankfurt annähernd gerecht zu werden, von den ausgedehnten Parkanlagen und dem exotischen Palmengarten über den weltbekannten Zoo bis zu den einladenden Einkaufs- und Flanierstraßen – eine bunte Palette zwischen Skyline und Ebbelwei.

Alt und neu

Hinter Gründerzeitfassaden erheben sich moderne Hochhäuser

Mainhattan

drängt sich als Spitzname für die Stadt am Main auf

Goethe

verlebte seine Kindheit und Jugend in Frankfurt

FRANKFURTER – KUNSTVEREIN
Malerei

Natur, Kultur Geschichte

Zahlen und Fakten

Wappen
der Stadt
Frankfurt am Main

Allgemeines

Wirtschaftsknotenpunkt

Frankfurt am Main ist einer der wichtigsten Finanzplätze der Welt und die größte Stadt des Bundeslandes Hessen.

Wappen

Das Wappen von Frankfurt zeigt einen silbernen, die Stadtkrone tragenden Adler mit ausgebreiteten Schwingen auf rotem Grund. Die Stadtfarben sind Weiß und Rot.

Frankfurt

Lage: 50° 6' nördl. Breite und 8°41' östl. Länge

Fläche: 248 km²

Einwohnerzahl: 660.000

Fläche

Das Stadtgebiet Frankfurts bedeckt eine Fläche von 248 km², mit einer größten Nord-Süd-Ausdehnung von 23,3 km und einer größten Ost-West-Ausdehnung von 23,4 km.
Die Länge der Stadtgrenze beträgt ca. 113 km. Die Gesamtfläche unterteilt sich nach Art der Nutzung in 7044 ha Wiesen, Acker- und Gartenland, 3785 ha Waldgebiete, 543 ha Seen, Flüsse, Kanäle, Bäche, 6191 ha Gebäudeflächen; 3484 ha öffentliche Straßen, Wege, Plätze und 3789 ha sonstige Nutzungsarten.

◀ *Die schön rekonstruierte Ostzeile des Römerbergs mit dem Gerechtigkeitsbrunnen*

Der Stadtteil Bockenheim wurde als einer der ersten bereits Ende des 19. Jh.s nach Frankfurt eingemeindet.

Geographische Lage

Frankfurts höchstes Kulturdenkmal, der Domturm, ist auch trigonometrischer Festpunkt und liegt auf 50° 6′ 42,5″ nördlicher Breite und 8° 41′ 22,4″ östlicher Länge. Der Sockel des Domturmes ist auf 100 m über NN eingemessen.
Die höchste Erhebung im Stadtgebiet ist der Standort der Berger Warte (212 m ü.d.M.) im Osten, den tiefsten Punkt erreicht der Main (88 m ü.d.M.) beim Verlassen des Stadtgebietes nahe Sindlingen im Westen. Das Stadtgebiet wird im Norden begrenzt durch das Flüßchen Nidda, gegen Süden bildet der Stadtwald die Grenze.
Frankfurt liegt beiderseits des Mains, ca. 36 km oberhalb der Mündung des Flusses in den Rhein, ungefähr in der Mitte der fruchtbaren Landschaft zwischen Spessart und Taunus. Hier erleichterte die Verengung des sonst sehr breiten Schwemmgebietes, hervorgerufen durch die sich oberhalb der Altstadt bis auf ca. 400 m dem Fluß beidseitig nähernden Höhenzüge, den Flußübergang – wichtige Verbindung zwischen Nord und Süd und Ausgangspunkt der Ansiedlung.

Klima

Das Frankfurter Klima wird bestimmt durch die im Nordwesten und Norden schützenden Taunushänge, den Vogelsberg im Nordosten, den Odenwald im Südosten und die tiefe Lage der Mainebene. Diese Gegebenheiten sorgen normalerweise für einen milden Winter, einen zeitig einsetzenden Frühling und einen langen Herbst.
Die relative Häufigkeit windstiller Tage und die teilweise Verbauung von Frischluftschneisen verhindern oft einen ausreichenden Luftwechsel innerhalb der Stadt. Industrie-, Verkehrs- und Haushaltsemissionen verdichten sich vor allem im Winter zum Smog.

Verwaltung

Die Frankfurter Bürgerschaft wählt die 93 Stadtverordneten des Stadtparlaments, diese ihrerseits wählen den Magistrat als politische Führung der Verwaltung. Der Magistrat setzt sich aus dem Oberbürgermeister, dem

Frankfurt
Stadtteile

Verwaltung (Fortsetzung)

Bürgermeister als seinem Vertreter, dem Stadtkämmerer, acht hauptamtlichen und zwölf ehrenamtlichen Mitgliedern zusammen.
Die hauptamtlichen Magistratsmitglieder, als Dezernenten für verschiedene Sachgebiete in der Verwaltung zuständig, werden von den Stadtverordneten für sechs Jahre, unabhängig von der Amtsperiode des Stadtparlaments, gewählt. Dadurch ist eine gewisse Kontinuität in der Verwaltung gewährleistet.

Stadtteile

Die Stadt Frankfurt ist in 46 Verwaltungseinheiten aufgeteilt, die zum größten Teil mit den Grenzen der ehemaligen Vororte übereinstimmen. Vor dem Jahr 1877 setzte sich das Stadtgebiet aus Altstadt, Innenstadt, Bahnhofsviertel, Gutleutviertel, Gallusviertel, Westend, Nordend, Ostend und Sachsenhausen zusammen.
Eingemeindet wurden Bornheim (1877), Bockenheim (1895), Niederrad, Oberrad und Seckbach (1900); Berkersheim, Bonames, Eckenheim, Eschersheim, Ginnheim, Hausen, Heddernheim, Niederursel, Praunheim, Preungesheim und Rödelheim (1910); Höchst, Sindlingen, Zeilsheim, Unterliederbach, Sossenheim, Nied, Griesheim, Schwanheim und Fechenheim (1928).
Erst spät folgten Kalbach, Nieder-Eschbach, Nieder-Erlenbach und Harheim (1972) und schließlich Bergen-Enkheim (1977).

Bevölkerung

Bevölkerungszahl

Zwischen 1970 und 1987 verlor Frankfurt knapp 12% seiner Bevölkerung, vor allem der alte Stadtkern wurde entvölkert. Eine Immigrantenwelle stoppte dannn diesen Einwohnerverlust. Die Wohnbevölkerung wandert allerdings immer mehr ins Umland ab. Die Gesamteinwohnerzahl der Stadt beträgt derzeit rund 660 000, davon 184 000 Ausländer. Von diesen stammen die meisten aus dem ehemaligen Jugoslawien, gefolgt von Türken, Italienern und Marokkanern.

Religionszugehörigkeit

Die katholischen und evangelischen Religionsgemeinschaften sind in Frankfurt etwa gleichstark vertreten. 195 000 Katholiken und 183 000 Protestanten werden von 56 katholischen und 72 evangelischen Pfarreien betreut. Die einzige jüdische Gemeinde hat knapp 6000 Mitglieder.

Bildung und Wissenschaft

Neben der Johann-Wolfgang-Goethe-Universität gibt es in Frankfurt verschiedene Fachhochschulen, die Hochschule für Musik und die Staatliche Hochschule für bildende Künste (Städelschule). In Seckbach befindet sich zudem die Schule des Deutschen Buchhandels, die zentrale Berufsbildungsstätte des deutschen Verlags- und Sortimentsbuchhandels.

Wirtschaft

Allgemeines

Frankfurt, einer der bedeutendsten Finanzplätze der Welt, verfügt über die enorme Anzahl von 500 000 Arbeitsplätzen, zu denen täglich 300 000 Pendler in die Stadt kommen. Über 75% der Stellen finden sich im Dienstleistungsgewerbe. Der städtische Haushalt weist eine höhere Verschul-

Bankhochhäuser: Symbole für die Finanzmetropole Frankfurt

Allgemeines (Fortsetzung)

dung als der anderer deutscher Städte auf, was die Verwaltung zum Sparen zwingt, z. B. beim Unterhalt von Straßen und Gebäuden.

Handel

Seit den ersten im Mittelalter abgehaltenen Jahresmessen entwickelte sich Frankfurt am Main zum europäischen Handelsplatz und internationalen Geld- und Wechselmarkt. Gegen die Unsicherheit des Münzwesens gründeten Messekaufleute 1585 eine Selbsthilfeorganisation zur Festlegung verbindlicher Wechselkurse, aus der die Frankfurter Börse entstand.
Auch heute noch nimmt der Handel einen bedeutenden Platz im Frankfurter Wirtschaftsleben ein. Bestimmend ist der Groß- und Außenhandel mit den Bereichen Nahrungs- und Genußmittel, Getreide, Futter- und Düngemittel, Fahrzeuge und Maschinen, Pharmazeutika, Textilien sowie Leder- und Pelzwaren. Einer der wichtigsten Umschlagplätze für Obst und Gemüse in Deutschland ist die Großmarkthalle. Der Einzelhandel Frankfurts, konzentriert in den Fußgängerzonen der Innenstadt – Zeil, Schillerstraße, Große Bockenheimer Straße ('Freßgass'), Kaiserstraße –, hat wesentlich dazu beigetragen, daß Frankfurt mit zu den größten Handelsplätzen Deutschlands zählt.

Messen

Als Messe- und Ausstellungsplatz nimmt Frankfurt einen hervorragenden Platz in der Welt ein, wobei sein hoher Internationalitätsgrad ein wichtiges Qualitätsmerkmal ist. Über 44 000 Unternehmen stellen auf etwa 50 Messen und Ausstellungen aus, und bis zu 2,7 Mio. Einkäufer aus 130 Ländern sind dabei vertreten.
Von den internationalen Fachmessen seien hier nur die Internationalen Frankfurter Messen, die Internationale Automobil Ausstellung (IAA) und die Frankfurter Buchmesse genannt, die schon seit dem Jahr 1480 in Frankfurt stattfindet.

Verbände

Zahlreiche Verbände haben ihren Sitz in Frankfurt: z. B. die Deutsche Zentrale für Fremdenverkehr, der Bund Deutscher Verkehrsverbände, der Verband der deutschen Rauchwaren- und Pelzwirtschaft, der Börsenverein des Deutschen Buchhandels, die Deutsche Landwirtschaftsgesellschaft, der Verein Deutscher Maschinenbau-Anstalten (VDMA), der Zentralverband der elektrotechnischen Industrie (ZVEJ), der Chemieverband und der Verband der Automobilindustrie.

Banken

Aus dem Geldwechselgeschäft der Messen entstanden im 16. und 17. Jh. in Frankfurt Bankgeschäfte, von denen noch heute einige als Privatbanken existieren. Internationale Staats- und Eisenbahnfinanzierungen machten aus Frankfurt im 19. Jh. eine Stadt mit überdurchschnittlich hohem Bankenanteil pro Einwohner (1850: 170 Einw. pro Bank). Nach der Reichsgründung entwickelte sich Berlin zum neuen Bankenzentrum. Erst nach dem Zweiten Weltkrieg wurde mit der Gründung der Bank Deutscher Länder, der Vorläuferin der Deutschen Bundesbank, der Grundstein für den Wiederaufstieg Frankfurts zur deutschen Bankenmetropole gelegt. Heute ist 'Bankfurt' neben New York, Tokio, Hongkong und London der wichtigste Finanzplatz der Welt.
Im von Hochhäusern geprägten Bankenviertel, das sich um die Taunus- und Gallusanlage herum konzentriert, haben sich 428 Kreditinstitute niedergelassen, 279 davon aus dem Ausland. Unter den deutschen Banken befinden sich mit den drei Großbanken – Deutsche Bank, Dresdner Bank, Commerzbank – die führenden Institute des privaten Geschäftsbankenbereichs sowie die Spitzeninstitute des öffentlich-rechtlichen und des genossenschaftlichen Bankensektors. Außerdem ist Frankfurt der erste Platz für Privatbanken, von denen es noch 22 gibt. Eine der bekanntesten Bankiersfamilien waren die Rothschilds, die im 19. Jh. die führenden Financiers für Fürsten- und Königshäuser waren und zusammen mit anderen Bankiers wesentlich zur Finanzierung der Nordstaaten im amerikanischen Bürgerkrieg beitrugen.
Seit 1994 ist Frankfurt darüber hinaus Standort des Europäischen Währungsinstituts, Vorläufer der Europäischen Zentralbank –, eine weitere Auf-

Banken (Fortsetzung)

wertung der Stadt als bedeutender Finanzplatz. Im Bankgewerbe sind 50000 Menschen beschäftigt.

Börsen

Auch der wichtigste deutsche Wertpapierhandelsplatz befindet sich hier, die Wertpapierbörse, deren Vorläuferin die Burs von 1585 ist. Daneben machen in Frankfurt aber auch die Devisen-, Immobilien-, Getreide- und Produktbörse sowie die Goldbörse Geschäfte. Über zwei Drittel aller deutschen Börsenumsätze und 90% aller Devisengeschäfte werden hier abgewickelt.

Die Börse in Frankfurt ist der wichtigste Wertpapierhandelsplatz Deutschlands.

Industrie

Frankfurt beteiligte sich sehr spät an der allgemeinen industriellen Entwicklung in Deutschland. Erst mit der Einführung der Gewerbefreiheit 1864 wurde die Ansiedlung von Fabrikationsbetrieben im Frankfurter Stadtgebiet für Unternehmen interessant. Weit entfernt von Rohstoffen, wurden in Frankfurt hauptsächlich Betriebe der weiterverarbeitenden Industrie ansässig, die sich durch Produktspezialisierung und hohe Qualität internationales Renommee verschafften.
Die wichtigsten Branchen der Frankfurter Industrie sind der Maschinenbau, die elektrotechnische und die chemische Industrie, neben denen Unternehmen des Baugewerbes und Firmen der Nahrungs- und Genußmittelherstellung zu nennen sind.
Zudem gibt es im Großraum Frankfurt mehr als 500 Verlage und ungefähr 400 Werbeagenturen, die ca. 40% des deutschen Werbevolumens aufbringen. Auch die hier ansässigen PR-Agenturen decken in etwa denselben Anteil an PR-Aufträgen in Deutschland ab.

Verkehr

Nahverkehr

Der Nahverkehr des Großraumes Frankfurt ist im Verkehrsnetz des RMV (Rhein-Main-Verkehrsverbund) zusammengeschlossen. Zwischen Wiesbaden im Westen, Fulda im Osten, Marburg im Norden und Darmstadt im Süden sind Straßenbahnen, U- und S-Bahnen sowie Busse mit einheitlichen Fahrausweisen zu benutzen.

Eisenbahn

Ähnlich dem Flughafen ist der aus der Gründerzeit stammende Frankfurter Hauptbahnhof Knotenpunkt internationalen Ranges mit jährlich Millionen von Fahrgästen. Von hier sind alle Städte Deutschlands und Europas erreichbar (⟶ Sehenswürdigkeiten von A bis Z, Hauptbahnhof).

Straßennetz

Frankfurt ist von den Trassen vieler Bundesstraßen erschlossen. Zudem weist es ein weitverzweigtes Autobahnnetz auf, wobei es am Frankfurter Kreuz öfters zu Staus kommt.

Flughafen

Gemessen an der Zahl der Passagiere nimmt der Rhein-Main-Flughafen nach London-Heathrow mit mehr als 38 Mio. Fluggästen jährlich den zweiten Platz in Europa ein. In der Luftfrachtbeförderung steht er an erster Stelle. Der Flughafen wird von 110 Fluggesellschaften und von über 200 Chartergesellschaften pro Jahr angeflogen (⟶ Sehenswürdigkeiten von A bis Z, Flughafen).

Stadtgeschichte

Auf dem Gebiet des heutigen Osthafens von Frankfurt fand man die frühesten Spuren einen Ansiedlung, die 4000 Jahre alt sind und damit in die jüngere Steinzeit gehören. Seit der Bronzezeit ist der spätere Domhügel ständig besiedelt. — Vorgeschichte

Römische Zeit
83/84

Nach dem siegreichen Chattenfeldzug Kaiser Domitians kommen Taunus und Wetterau unter römische Herrschaft. Zur Grenzsicherung wird ein Limes von der Mündung der Kinzig in den Main bis zum Vinxtbach angelegt und durch zahlreiche Kastelle gesichert. Das Hauptkastell befindet sich am Nordufer der Nidda in Heddernheim (entspricht etwa der Altstadt innerhalb der Staufermauer). Auf dem Domhügel wurden Reste eines römischen Bades ausgegraben.

um 110

Kaiser Trajan läßt die Kastelle der Wetterauer Ebene ('Civitas Tavnensium') auflösen; die Truppen werden unmittelbar an den Limes vorverlegt. Aus dem Heddernheimer Kastell entwickelt sich der Ort Nida.

Alemannen
um 260

Die Alemannen überrennen den obergermanischen Limes; fast das gesamte rechtsrheinische Gebiet geht den Römern verloren. Das inzwischen von einer Mauer umgebene Nida wird zerstört und bleibt bis zum Spätmittelalter verwüstet (heute 'Römerstadt' und 'Nordweststadt'). Auf dem Domhügel entsteht eine alemannische Siedlung, die sich zur fränkischen 'Villa regia' ('Königsstadt') entwickelt.

Franken
um 500

Die Franken unter Chlodwig vertreiben die Alemannen und machen die Gebiete an Main und Mittelrhein zu ihrem Kernland. Es entstehen überall Höfe und Siedlungen wie Bockenheim (767), Ginnheim (772) und Preungesheim (778), die nach ihren Besitzern benannt werden; die Silbe 'heim' deutet auf fränkischen Ursprung hin.

22. 2. 794:
Erste urkundliche Erwähnung

Erste urkundliche Erwähnung des fränkischen Königshofes am Domhügel als 'Villa Franconofurd' (Franconofurd = Furt der Franken): Karl der Große verwirft hier auf einer Reichssynode die Beschlüsse des Konzils von Nikäa (787) und betont seine Selbständigkeit gegenüber Byzanz. Die im Zusammenhang mit dieser Synode ebenfalls erstmals urkundlich erwähnte Pfalz wird zur bevorzugten Residenz der ostfränkischen Könige. Die Tatsache, daß in Franconofurd eine Kirchenversammlung stattfindet, weist auf die bereits vorher bestehende Bedeutung des Ortes hin.

804

Karl der Große unterwirft endgültig die Sachsen. Auf die Zwangsumsiedlung von Sachsen nach Franken könnte der Name des Frankfurter Stadtteils Sachsenhausen verweisen, dessen Name jedoch erst 1193 urkundlich belegt ist.

um 852

Nach der Aufteilung des Reiches in West- und Ostreich unter den Enkeln Karls (843) macht König Ludwig der Deutsche Frankfurt zu seinem Hauptsitz. Er läßt die Kirche St. Salvatoris und ein Stift für Weltgeistliche errichten, woraus später der Kaiserdom St. Bartholomäus und das angegliederte Kollegiatsstift hervorgehen.

856/887

856 findet die erste Königserhebung in Frankfurt statt – Lothar II. erhält Lothringen – und 887 die erste Königswahl – Arnulf von Kärnten wird zum König der Ostfranken gewählt.

9. Jh. (Fortsetzung) Unter den Ottonen verliert Frankfurt etwa ein Jahrhundert lang an politischer Bedeutung.

941 Es kommt zur Aussöhnung zwischen König Otto I. und seinem aufständischen Bruder Heinrich: In der Pfalz Frankfurt unterwirft sich Heinrich im Büßergewand seinem Bruder.

1074 Der Salier-Kaiser Heinrich IV. verleiht den Wormsern Zollfreiheit in Frankfurt – Indiz für dessen wachsende Bedeutung als Handelsplatz.

Staufer

1138 Konrad III., der erste Stauferkönig, wird gewählt. Zwischen 1140 und seinem Tod 1152 ist er achtmal in Frankfurt (1140, 1141, 1142, 1146, zweimal 1147, 1149, 1152). In dieser Zeit wird mit dem Bau der neuen Pfalz, dem sog. Saalhof (aula regia), begonnen, der im Mittelalter Schauplatz wichtiger historischer Ereignisse wird. Allein 16 Reichstage werden hier abgehalten, die sich mit den Problemen des Heiligen Römischen Reiches befassen. Die Stadt erhält eine Mauer ('Staufermauer').

Der Saalhof war im Mittelalter Schauplatz wichtiger historischer Ereignisse

1142/1147 Auf dem Fürstentag zu Frankfurt 1142 kommt es zum Ausgleich zwischen Staufern und Welfen. Fünf Jahre später wird ein Reichstag einberufen, auf dem König Konrad III., der zum Kreuzzug entschlossen ist, einen allgemeinen Reichsfrieden verkünden und seinen zehnjährigen Sohn Heinrich (gest. 1150) zum König wählen läßt.

1152: Erste Königswahl Konrad III. stirbt in Frankfurt, und sein Neffe Friedrich I. Barbarossa wird hier zum König gewählt. Barbarossa hält sich noch sechsmal in der Stadt auf (1158, 1163, zweimal 1166, 1170, 1173).

Frankfurt entwickelt sich von einer Pfalz (palatium) zu einer Stadt (civitas). Sie blüht aufgrund ihrer verkehrsgünstigen Lage wirtschaftlich durch Handel auf. Nach und nach geht die Macht von der durch Beamte ausgeübten königlichen Macht auf das sich selbst verwaltende Patriziat über, das durch den zunehmenden Handel zu Reichtum kommt. So wird um 1200 der Vogt, oberster Beamter der Königspfalz, durch den Schultheißen abgelöst, der mit einem Schöffenkollegium das Königliche Gericht und die Stadtverwaltung wahrnimmt – erster Schritt zu einem Stadtrat.

1208 In diesem Jahr wählt man den Welfen Otto IV. in Frankfurt einstimmig zum König, und die Staufer müssen den Welfen die Reichsinsignien übergeben. Als Aufbewahrungsraum läßt Otto IV. eine provisorische Kapelle an den Saalhof anbauen, die heute noch bestehende Saalhofkapelle.

1221 Kaiser Friedrich II. schenkt dem Deutschen Orden das Hospital in Sachsenhausen. Im Jahr darauf ist zum ersten Mal urkundlich eine Holzbrücke über den Main erwähnt.

1240: Erste Messe Frankfurt erhält vom Kaiser das Privileg einer Messe, die von nun an jährlich im Herbst auf dem Römerberg stattfindet. Zahllose Menschen kommen zu den Messen und zur Königswahl in die Stadt, die eine Einwohnerzahl von ca. 8000 aufweist, und tragen damit zu ihrem Wohlstand bei.

1254–1256 Frankfurt tritt dem Rheinischen Städtebund bei, in dem bis 1256 mehr als 70 Städte, aber auch verschiedene weltliche und geistliche Fürstentümer zusammengeschlossen sind zur Sicherung des allgemeinen Landfriedens und zur Wahrung der städtisch-wirtschaftlichen Interessen in der unsicheren Zeit des Interregnums. 1255 übernimmt König Wilhelm von Holland die Führung des Städtebundes.

1266 Der Frankfurter Rat wird erstmals erwähnt. In ihm sind neben dem Schultheißen, dem Schöffenkollegium, den einflußreichsten Ratsherren (erste Bank), nun auch die Bürger (zweite Bank) und ab ca. 1320 die 'ratsfähigen' Zünfte (dritte Bank) vertreten; in dieser Bank hat das restliche Volk von den vierzehn Sitzen nur zwei inne. Allein Adlige, Akademiker und reiche Kaufleute können Ratsherren werden. Die Macht liegt in den Händen weniger Patrizierfamilien, wodurch die Mehrheit der Einwohner keinen politischen Einfluß besitzt. Auch der städtische Boden ist im Besitz weniger Familien, und die Handwerker geraten als Mieter und Pächter in immer größere Abhängigkeit.

1273 Das Jahr markiert das Ende des Interregnums; die Kurfürsten wählen in Frankfurt den Grafen Rudolf von Habsburg zum deutschen König.

1285 Frankfurt, Friedberg, Wetzlar und Gelnhausen schließen sich zum Wetterauischen Städtebund zusammen.

1297 In dieses Jahr fällt die erste Stadtrechtsaufzeichnung.

1314–1333 1314 findet die Doppelwahl Ludwigs IV. des Bayern (Wittelsbacher) und Friedrichs des Schönen (Habsburger) statt. Ludwig bringt Frankfurt besondere Aufmerksamkeit entgegen. Er gestattet 1330 die Abhaltung einer zweiten Jahresmesse zur Fastenzeit. Mit dieser 'Frühjahrsmesse' erlangt Frankfurt bis heute internationale Bedeutung als Messestadt. Drei Jahre später stimmt Kaiser Ludwig einer Stadterweiterung um mehr als das Zweifache zu. Neue Befestigungsanlagen, Plätze und Straßen – so z. B. die Zeil – entstehen.

1339 Beim Frankfurter Reichstag bestätigen die Kurfürsten mit Ausnahme des Erzbischofs von Köln, daß der von ihnen gewählte König nicht der Approbation durch den Heiligen Stuhl bedarf.

ab 1343 Die Stadt wird mit einer neuen Befestigungsmauer umgeben, von deren Stadttoren heute noch der Eschenheimer Turm erhalten ist. Die Mauer ist von Wällen mit Durchgängen – die Sachsenhäuser Warte, Bockenheimer Warte, Friedberger Warte und Galluswarte – gesichert.

1349 In Frankfurt wütet die Pest.

1356–1366 Kaiser Karl IV. bestimmt in der Goldenen Bulle (1356; s. Abb. S. 22), dem Reichsgesetz über Königswahl und Kurfürstenrechte, Frankfurt zum Ort de deutschen Königswahlen. Wahlkirche wird die Bartholomäuskirche ('Kaiserdom'). (⟶ Baedeker Special) Die reichen Bürgern Frankfurts können dem verschuldeten Kaiser nach und nach einige Privilegien abkaufen.
In diesem Jahrhundert kommt es zu ersten Auseinandersetzungen zwischen den von der politischen Macht ausgeschlossenen Zünften und den Herren der Stadt, den Patriziern. Als der Kaiser seinen Freund Siegfried zum Paradies zum Schultheiß ernennt, protestieren die Patrizier gegen diesen Eingriff in das Stadtregiment. 1364 dringen die Zünfte in das Haus Siegfrieds ein. Den Aufständischen werden schließlich Geldstrafen auferlegt, und eine neue Zunftordnung tritt in Kraft, die die Zünfte der Aufsicht des Rates unterwirft.

1372: Reichsstadt Der Rat erwirbt dann 1372 vom Kaiser das Schultheißenamt, wodurch Frankfurt Reichsstadt wird. Sie besitzt nun eigene Finanzhoheit, Gerichtsbarkeit und Verwaltung und ist Mitglied des Reichstags. Dieses Ereignis stärkt die Macht der reichen Familien, die sich streng von den anderen Ständen absondern. Außerdem kauft die Stadt dem Kaiser den Königsforst – den heutigen Stadtwald – ab. Dieses Ereignis wird heute immer noch am Dienstag nach Pfingsten, dem Wäldchestag, gefeiert.

1381–1389 In der Folgezeit kommt es zu Auseinandersetzungen zwischen den wohlhabenden Städten und den Fürsten und Rittern in ihrer Umgebung, die an dem städtischen Reichtum teilhaben wollen. Nach einem Angriff des Ritterbundes 'Zum Löwen' schließt sich Frankfurt mit Mainz, Worms, Speyer, Straßburg, Pfeddersheim und anderen Reichsstädten zum Rheinischen

Baedeker Special

Krönungsstätte und Wiege der Demokratie

Der Hauch der Geschichte weht auch heute noch durch die geschäftige Mainmetropole, denn kaum eine andere deutsche Stadt hat den Wandel vom mittelalterlichen Kaiserreich zum modernen Nationalstaat so hautnah miterlebt wie Frankfurt.

Bereits die Frankenherrscher erkennen im Frühmittelalter die verkehrsgeographisch günstige Lage einer Furt am Main zur Errichtung einer Königspfalz, wo sich der Nachfolger Karls des Großen, Kaiser Ludwig der Fromme (814–840), mit Vorliebe aufhält und sein jüngster Sohn, der spätere Kaiser Karl II. der Kahle, 823 geboren wird. 856 versammeln sich die Edlen des Reichs in Franconofurd, um Lothar II. als neuen König Lothringens auf den Schild zu heben. Der ostfränkische König Ludwig der Deutsche erklärt Frankfurt zu seiner Lieblingspfalz mit hauptstadtähnlicher Funktion, wo er 876 stirbt.
Danach verliert die Mainstadt an Bedeutung, denn die Machtzentren verlagern sich andernorts unter den sächsischen und salischen Herrschern.

Erst die Staufer, die die Städte im Reich gezielt fördern, bringen neue wirtschaftspolitische Impulse. Als Konrad III. in Frankfurt stirbt, wählen die Fürsten des Reichs Friedrich I. Barbarossa 1152 zum deutschen König und begründen damit die Tradition der Königswahl in der Mainstadt. Die Regularien der Wahl sind jedoch noch nicht eindeutig festgelegt, bis sich Karl IV. 1356 in seiner Goldenen Bulle zu einem Reichsgesetz über die Königswahl entschließt und ein für allemal festlegt, daß die sieben Kurfürsten, also die Erzbischöfe von Köln, Mainz und Trier, der König von Böhmen, der Herzog von Sachsen, der Markgraf von Brandenburg und Pfalzgraf bei Rhein, das alleinige Recht der Königswahl haben, wobei eine einfache Mehrheit zur Entscheidung genügt. Als Wahlort wird Frankfurt bestimmt, die Krönung findet nach wie vor in Aachen in der einstigen Pfalzkapelle Karls des Großen statt. Dem Papst wird kein Mitspracherecht mehr zugestanden, doch muß der deutsche König zur Krönung als römischer Kaiser immer noch nach Rom ziehen.

Der Schauplatz der Königswahl ist die aus der Pfalzkapelle hervorgegangene und in ein Reichsstift umgewandelte Bartholomäuskirche, auch Kaiserdom genannt, wo sich die Kurfürsten in einer Art Konklave in der sog. Wahlkapelle südlich des Chores versammeln. Anschließend wird der neu gewählte König vom Lettner des Chorbogens proklamiert.

Im Zeitalter der Reformation verzichtet Aachen auf das Recht als Krönungsstätte der deutschen Könige, das daraufhin an Frankfurt fällt. Auch die Romzüge zur Kaiserkrönung verlieren an Bedeutung. In der zweiten Hälfte des 16. Jh.s entschließen sich die Habsburger Königswahl und Kaiserkrönung an einem Ort zusammenzulegen.

Imperialer Glanz erstrahlt daher erstmals in den Mauern Frankfurts 1562 bei der Kaiserkrönung Maximilians II. von Habsburg. Auf die Wahl und Proklamation folgt die feierliche Salbung, Krönung und Einkleidung durch den Erzbischof von Mainz, assistiert von den Erzbischöfen von Köln und Trier vor dem Lettneraltar in der Bartholomäuskirche und nach dessen Abbruch im frühen 18. Jh. in der Vierung vor dem Aufbau eines großen barocken Silberaltars mit der anschließenden Eidesleistung und dem ersten Ritterschlag des Kaisers. Im

Krone, Zepter und Reichsapfel – Insignien kaiserlicher Macht

Kreuzgang stellt sich dann der kaiserliche Zug zur Prozession in Richtung Römer zusammen, um dort das Krönungsmahl einzunehmen.

1612 werden Matthias von Habsburg, 1619 Ferdinand II. von Habsburg, 1658 Leopold I. von Habsburg und 1711 Karl VI. von Habsburg in Frankfurt gekrönt. Es folgen die Krönungen von Karl VII. von Wittelsbach 1742, Franz I. Stephan von Lothringen 1745, Joseph II. von Habsburg-Lothringen 1764, Leopold II. von Habsburg-Lothringen 1790 und Franz II. von Habsburg-Lothringen 1792.
Als unter dem Druck Napoleons Franz II. 1806 die Kaiserkrone niedergelegt, ist damit das Ende des Heiligen Römischen Reiches deutscher Nation besiegelt.

Die besondere Rolle Frankfurts in der Reichspolitik wird allerdings erneut gewürdigt, denn die Stadt wird aufgrund der Entscheidungen des Wiener Kongresses von 1815 zum Sitz der Bundesversammlung gewählt, eines Gesandtenkongresses, um die Angelegenheiten des neu geschaffenen Deutschen Bundes unter dem Vorsitz Österreichs zu verhandeln. Die Bundesversammlung erweist sich jedoch im Rahmen der Restaurationspolitik Metternichs als Instrument fürstlicher Willkür.

Der Ruf nach freier Selbstbestimmung und nationaler Einheit wird vor allem im Bürgertum immer lauter und führt schließlich nach mehreren blutig niedergeschlagenen Aufständen zum Ausbruch der Revolution von 1848. Nach zahlreichen Straßenkämpfen setzt sich der Wille zur Einberufung einer deutschen Nationalversammlung durch. Einige Hundert Repräsentanten des Deutschen Bundes treffen daher am 30. März in Frankfurt zu einem Vorparlament zusammen und beschließen die Wahl zur Nationalversammlung.
Am 18. Mai 1848 ziehen die gewählten Volksvertreter unter Glockengeläut und schwarz-rotgoldenen Fahnen in die Paulskirche als Tagungsstätte ein. Die Bildung eines Nationalstaates mit demokratischer Verfassung scheitert jedoch an den unversöhnlichen politischen Gegensätzen, die wiederum die Landesfürsten geschickt zum eigenen Machterhalt ausnutzen. Die Ablehnung der Kaiserkrone durch König Friedrich Wilhelm IV. bedeutet schließlich das Ende der Revolution.

Dennoch steht der Geist der Frankfurter Paulskirchenversammlung für den Anbeginn der Demokratie in Deutschland, wie ihn noch John F. Kennedy bei seinem Besuch 1963 beschworen hat: "Keine parlamentarische Versammlung hat jemals größere Anstrengungen unternommen, etwas Vollkommenes ins Werk zu setzen. Und obwohl ihre Bemühungen schließlich scheiterten, kann kein anderes Gebäude in Deutschland begründeteren Anspruch auf den Ehrentitel 'Wiege der deutschen Demokratie' erheben".

In der Goldenen Bulle von 1356 wird Frankfurt zum Ort der deutschen Königswahlen bestimmt.

1381–1389 (Fortsetzung)	Städtebund zusammen, der noch im selben Jahr mit dem Schwäbischen Bund einen Beistandspakt schließt. 1388 nimmt es am Krieg der Städte gegen die aufstrebenden Territorialherren teil. In der Schlacht bei Kronberg von 1389 werden die Frankfurter von den Truppen Pfalzgraf Ruprechts I. und der mit ihm verbündeten Taunusritterschaft vernichtend geschlagen. Die Stadt kann sich jedoch durch hohe Lösegeldzahlungen freikaufen.
um 1400	Ein Frankfurter, 'ein Priester und Custos in der Deutschherrn Haus zu Frankfurt', verfaßt das später von Luther unter dem Titel "Eyn Deutsch Theologia" herausgegebene theologisch-mystische Werk. Von diesem Buch existieren heute ca. 200 Ausgaben, darunter auch auf Chinesisch, Japanisch, Russisch, Schwedisch und Dänisch.
1405–1415	Da sich die Stadt wegen der Lösegeldzahlungen nach der verlorenen Schlacht von Kronberg kein neues Rathaus leisten kann, kauft sie die Privathäuser 'Römer' und 'Goldener Schwan' und baut sie zum Rathaus aus. Hier tätigen zu Messezeiten die Kaufleute ihre Geschäfte, wodurch der Stadt große Einnahmen zufließen.
um 1440	Frankfurt hat ca. 9000 Einwohner. Die Gärtner stellen allein 30 Familien (etwa ein Drittel der Einwohner).
ab 1460	Für die Juden wird auf kaiserliche Anordnung ein Ghetto, die Frankfurter Judengasse, geschaffen (⟶ Baedeker Special S. 92/93).
1493	Der Gerichtsschreiber Johannes Kremer schreibt das Frankfurter Passionsspiel nieder, das 4408 Verse umfaßt und drei Tage dauert. Es bildet einen Höhepunkt unter den geistlichen Spielen in Deutschland. Die Aufführung von 1498 dauert vier Tage, die Rollen werden auf 280 Personen verteilt. Die letzte Passionsaufführung ist für 1506 bezeugt, 1515 werden alle Spiele in Frankfurt verboten.
1509	Frankfurter Reformation: Das Frankfurter Stadtrecht wird 'reformiert', d.h. dem Römischen Recht angepaßt.
1525–1547: Reformation	Die vom Bauernkrieg unabhängige städtische Aufstandsbewegung greift 1525 auf Frankfurt über. 60 Bürger überreichen dem städtischen Rat 42

Beschwerdeartikel (Pfarrerwahl durch Rat und Gemeinde, Besteuerung des Klerus, Wahl eines zweiten Bürgermeisters aus der Gemeinde, höhere Löhne, gerechte Verteilung der Steuern u. a.), die zunächst angenommen, nach der Niederschlagung des Bauernaufstands aber wieder verworfen werden. — 1525–1547: Reformation (Fortsetzung)

1535 schließt sich Frankfurt formell dem lutherischen Bekenntnis an. Der Kaiserdom bleibt jedoch katholisch. Die Stadt tritt ein Jahr später dem Schmalkaldischen Bund, einer Vereinigung von protestantischen Städten und Fürsten, bei. Beim Frankfurter Anstand (1539) dehnt Kaiser Karl V. die Bestimmungen des Nürnberger Religionsfriedens (1532) auf die zur Augsburger Konfession übergetretenen Reichsstände aus und erhält dafür Hilfe im Kampf gegen die Türken.

Im Religionskrieg (1546/1547) muß der Schmalkaldische Bund gegen den Kaiser eine große Niederlage hinnehmen. Frankfurt wird von kaiserlichen Truppen unter dem Grafen von Büren besetzt; deswegen belagert nun eine protestantische Streitmacht die Stadt. Der Kaiser gewährt den Bürgern als Dank für deren Unterstützung bei der Belagerung das Münzprägerecht. Als die Protestanten Religionsfreiheit erhalten, brechen sie schließlich die Belagerung ab.

Die Krönung Maximilians II. zum deutschen König und römischen Kaiser findet in Frankfurt statt, das damit von nun an auch Krönungsstadt ist. — 1562

"Der Stadt Frankfurt am Main erneuerte Reformation", das bedeutende Zivilgesetzbuch Johann Fichards, wird rechtskräftig. — 1578

Anläßlich der Frankfurter Messe erscheinen die sog. Meßrelationen, in denen politische und andere Ereignisse zeitungsmäßig zusammengestellt sind. Zwei Jahre später gründen italienische und Nürnberger Kaufleute mit Zustimmung des Rates die Börse. — 1583/1585

Bei dem protestantischen Frankfurter Buchdrucker Johann Spiess erscheint das "Volksbuch vom Doktor Faust". — 1587

Wegen religiöser Spannungen mit den Lutheranern verlassen die meisten reformierten Niederländer, die Mitte dieses Jahrhunderts hierher gekommen waren, die Stadt und siedeln sich in Hanau und Frankenthal an. Um 1600 gibt es im Frankfurter Raum ca. 2000 niederländische Glaubensflüchtlinge, welche die Wirtschaftsstruktur entscheidend mitbestimmen. Außerdem bildet die Stadt ein Zentrum welscher Protestanten. Neben Prag, Wien und Worms ist sie darüber hinaus die einzige Reichsstadt mit großer Judengemeinde (ca. 4500 Juden). — um 1600

Aus Reaktion auf die Willkürherrschaft des patrizischen Rates, den Wucher der Juden und die Verarmung breiter Schichten aufgrund der veränderten Wirtschaftsstrukturen setzen Teile des Bürgertums, Handwerker und Manufakturarbeiter unter Führung des Lebküchners Vinzenz Fettmilch den Rat ab, versuchen eine neue Stadtverfassung einzuführen und vertreiben die Juden. Auch die Niederländer schließen sich dem Aufstand an. Sie sind als Kaufleute und Manufakturbesitzer zwar wohlhabend, haben aber keinen politischen Einfluß. Sie erhoffen sich durch den Aufstand das Recht auf freie Religionsausübung. Nach Verhängung der Reichsacht kann der Rat mit Unterstützung gemäßigter Teile des Bürgertums die Macht zurückerlangen. Die Zünfte, die zunächst die Aufständischen unterstützen, liefern schließlich Fettmilch aus. Schließlich werden die Rädelsführer 1616 auf dem Roßmarkt hingerichtet. Die Juden dürfen wieder in ihr Ghetto zurückkehren, man nimmt die Errungenschaften des Aufstands zurück, und die Zünfte müssen hohe Entschädigungen bezahlen. — 1612–1616: Fettmilch-Aufstand

Trotz der Neutralität der Stadt während des Dreißigjährigen Krieges wird sie von den schwedischen Truppen Gustav Adolfs besetzt (1631–1635). Pest und Hunger kosten Tausenden von Menschen das Leben. Erst mit dem Friedensschluß von 1648 beginnt wieder die wirtschaftliche Entwicklung der Stadt. — 1618–1648: Dreißigjähriger Krieg

Der evangelische Theologe Philipp Jakob Spener wird nach Frankfurt berufen. Die Stadt bildet sich zum Ausgangspunkt für den lutherischen Pietismus heraus. — 1666

Klagen der Bürger über die Willkürherrschaft des patrizischen Rates führen zu einer vom Kaiser angeordneten Verwaltungsreform, die 1732 in — 1705

1705 (Fortsetzung) Kraft tritt. Darin wird u.a. folgendes festgelegt: Einrichtung der Einundfünfziger, einer Bürgervertretung, Kontrolle des Rates und neues Wahlverfahren für Amtspersonen (sog. Kugelung).
Als Folge des Großen Judenbrandes (1711) und des Großen Christenbrandes (1719) beginnt eine umfangreiche Bautätigkeit, die z.T. das Stadtbild verändert.

1712–1721 Georg Philipp Telemann ist Kapellmeister und Musikdirektor in Frankfurt.

1749 Am 28. August wird Johann Wolfgang Goethe, Enkel des Stadtschultheißen Textor und damit einer der maßgebenden Frankfurter Familien entstammend, im Haus am Hirschgraben geboren.
In dieser Zeit ist Frankfurt das wichtigste Bankenzentrum im deutschen Reich mit den Häusern Bethmann, De Neufville, Metzler, Willemer u.a.

1759–1763 Frankfurt wird im Siebenjährigen Krieg von den Franzosen besetzt. In dieser Periode werden die Häuser durchnummeriert und die Straßenbeleuchtung eingeführt.

1763 Der Arzt Johann Christian Senckenberg stiftet das heute noch bestehende Bürgerhospital und vermacht sein Vermögen einer wissenschaftlichen und sozialen Stiftung (medizinisches Institut, botanischer Garten, chemisches Laboratorium u.a.), die 1817 mit der auf einen Aufruf Goethes hin gegründeten Senckenbergischen Naturforschenden Gesellschaft vereinigt wird.

1792/1796 Am 2. Juli 1792 findet die letzte Kaiserwahl in Frankfurt statt. Neuer Kaiser wird Franz II. Kurz nach der Krönung besetzen französische Revolutionstruppen unter General Graf von Custine die Stadt, werden jedoch bald durch Hessen, Preußen und die Bewohner vertrieben. Vier Jahre später wird Frankfurt durch die Franzosen unter Marschall Jourdan beschossen und erneut besetzt, wobei das Judenghetto zerstört wird. Die Stadt muß hohe Kontributionszahlungen leisten.

1803 Infolge des Reichsdeputationshauptschlusses fallen der Stadt durch die Säkularisierung von Kirchen und Klöstern beträchtliche Vermögen zu.

1806–1815: Frankfurt im Rheinbund Der Thronverzicht von Franz II. 1806 besiegelt das Ende des deutschen Reiches. Frankfurt kommt unter napoleonische Herrschaft, verliert seine reichsstädtische Freiheit und wird Regierungssitz des Kurerzkanzlers und Fürstprimas des von Napoleon geschaffenen Rheinbundes Karl Theodor von Dalberg. Dieser erhält 1810 das neu geschaffene Großherzogtum Frankfurt (Frankfurt, Amt Aschaffenburg, Wetzlar, Fürstentum Fulda, Fürstentum Hanau). Am 16. Dezember erläßt Dalberg eine Verfassung mit Ständeversammlung, die die Gleichheit aller Bürger – auch der Juden – vor dem Gesetz und die Aufhebung der Leibeigenschaft beinhaltet. Durch die von Napoleon verhängte Kontinentalsperre, die die britische Konkurrenz ausschaltet, nimmt die Stadt, die inzwischen 50000 Einwohner zählt, einen wirtschaftlichen Aufschwung. Die Stadtbefestigung wird geschleift.
Mit der Niederlage Napoleons 1813 in der Völkerschlacht von Leipzig wird Frankfurt durch Preußen, Österreicher und Russen von der napoleonischen Herrschaft befreit. Dalberg dankt daraufhin ab, und das Großherzogtum Frankfurt wird aufgelöst. Frankfurt wird wieder Freie Stadt, die reichsstädtische Verfassung wiederhergestellt, was auf dem Wiener Kongreß (1815) bestätigt wird.
Mit Inkrafttreten der Deutschen Bundesakte von 1815 wird Frankfurt Sitz der Bundesversammlung (Bundestag), die im Palais Thurn und Taxis tagt. Sie ist unter dem Präsidium Österreichs für alle auswärtigen, militärischen und inneren Angelegenheiten des Deutschen Bundes zuständig. Die Bundesversammlung, die keine Volksvertretung, sondern ein Gesandtenkongreß ist, wird immer mehr zu einem Instrument der Kontrolle und Unterdrückung freiheitlicher Bestrebungen.

1816 Durch die Konstitutionsergänzungsakte erhält Frankfurt einen Senat und eine gesetzgebende Versammlung (bis 1866). Vollberechtigter Bürger ist allerdings nur, wer ein Mindestvermögen von 5000 Gulden besitzt. Den Patriziern gehen ihre Vorrechte verloren, und den Juden werden ihre Bürgerrechte wieder aberkannt. Trotz aller Nachteile spielen diese jedoch eine wichtige Rolle im Leben der Stadt. So stellen die Bankiers Rothschild und Bethmann große Summer für Museen, Schulen und Bibliotheken zur Verfügung. Und der Bankier Johann Friedrich Städel stiftet testamentarisch eine

Kunstschule und eine Gemäldegalerie, woraus das Städelsche Kunstinstitut und die Kunsthochschule hervorgehen. 1816 (Fortsetzung)

Durch den Frankfurter Territorialrezeß beenden Österreich, Preußen, England und Rußland vertraglich die Territorialveränderungen der Napoleonischen Zeit auf deutschem Boden. 1819

Der radikal-liberale Volkswirtschaftler und Politiker Friedrich List gründet in Frankfurt den Allgemeinen Deutschen Handels- und Gewerbeverein, der für die großdeutsche Einheit eintritt und sich gegen den wirtschaftlichen Partikularismus (Binnenzölle) des Deutschen Bundes wendet.

Als souveränes politisches Gebilde wird Frankfurt zum Sammelpunkt der nationaldemokratischen Bewegung, deren Hauptforderungen Meinungs-, Presse- und Versammlungsfreiheit sind. So veröffentlicht beispielsweise der Journalist Ludwig Börne hier seine antifeudalen und demokratischen Schriften.

Am 3. April stürmt eine Gruppe von Studenten und Handwerkern, die mit ihrer Aktion eine revolutionäre Erhebung gegen das System Metternich auslösen wollen, die Frankfurter Hauptwache. Das Militär wirft den Aufruhr unter den Augen der desinteressierten Menge rasch nieder. Der mißglückte Putsch führt zur Belegung Frankfurts mit Bundestruppen und hat eine verstärkte Verfolgung aller liberal Gesinnter im Land zur Folge (Verhaftungen, 'Demagogenverfolgungen', Berufsverbote u. a.). 1833

Um wirtschaftlich den Anschluß nicht zu verpassen, tritt Frankfurt 1836 dem Deutschen Zollverein bei. Durch den Wegfall der Zollgrenzen blüht der Handel wieder auf. 1839 wird die Taunusbahn, die erste Eisenbahnverbindung zwischen Frankfurt und dem Rhein (Wiesbaden), eröffnet. In der Folgezeit wird das Eisenbahnnetz von Frankfurt aus erweitert. Außerhalb der Stadt entsteht nach und nach ein Industriegebiet. 1836–1848

Durch die Industrialisierung bildet sich ein wohlhabendes Bürgertum heraus, Handwerker und Bauern geraten allerdings immer mehr ins Hintertreffen. Eine Wirtschaftkrise 1847/1848 verschärft die sozialen Spannungen.

Eröffnung der deutschen Nationalversammlung in der Paulskirche am 18. Mai 1848

1848–1849: Revolution

1848 nimmt der Bundestag in Frankfurt Schwarz-Rot-Gold als 'deutsche Farben' an, und in der Frankfurter Paulskirche tagt ein Vorparlament, das die Einberufung einer deutschen Nationalversammlung nach Frankfurt beschließt. Am 18. Mai tritt dann in der Paulskirche die Nationalversammlung – unter den 600 Abgeordneten sind auch Ludwig Uhland und Jakob Grimm – zusammen, welche die Aufgabe hat, die Verfassung für einen demokratischen deutschen Nationalstaat auszuarbeiten. Daß sich die Nationalversammlung in der Schleswig-Holstein-Frage auf die Seite der Fürsten stellt, stößt bei der Bevölkerung auf Unverständnis. Deswegen kommt es im September zu schweren Unruhen und Aufständen des Volkes und von Linken der Nationalversammlung; dabei werden die preußischen Abgeordneten Felix von Lichnowsky und Hans von Auerswald ermordet. Um gegen die Aufständischen vorzugehen, muß die Nationalversammlung auf preußische, österreichische und andere Truppen zurückgreifen, was gleichzeitig ihre Schwäche zeigt (Fehlen einer Exekutivgewalt). Die Revolte wird blutig niedergeschlagen. Am 27. Dezember erläßt man das 'Gesetz über die Grundrechte des deutschen Volkes', die die Gleichheit aller Staatsbürger garantieren. Am 28. März 1849 werden die kleindeutsche 'Frankfurter Verfassung', die einen Staatenbund unter der Führung Preußens vorsieht, verabschiedet, und König Friedrich Wilhelm IV. zum Kaiser gewählt. Mit der Ablehung der Kaiserkrone durch den König ('ein Diadem, aus dem Dreck der Revolution geknetet') ist die Revolution in Deutschland gescheitert. Kurz darauf beschließt das Frankfurter Rumpfparlament, die ehemalige Nationalversammlung, die Übersiedlung nach Stuttgart.

Obwohl Frankfurts Wirtschaft mehr von Handel und Banken bestimmt wird, nimmt die Stadt doch an der wirtschaftlichen Gesamtentwicklung in Deutschland teil, die von der industriellen Revolution geprägt ist. Die soziale Situation ist gekennzeichnet durch Arbeitslosigkeit, geringen Lohn durch ein Überangebot an Arbeitskräften (Zuzug von verarmten Landarbeitern), Kinderarbeit und menschenunwürdigen Behausungen.

1856 Es kommt zu Reformen in der Stadtregierung: Trennung von Justiz und Verwaltung, Abschaffung der Bänke, gesetzgebende Versammlung mit 88 Mitgliedern, darunter vier Juden.

1859 Hermann Schulze-Delitzsch, Karl Ludwig Aegidi, Rudolf von Benningsen und andere gründen den (klein-) 'Deutschen Nationalverein'.

1861 Der Physiklehrer Johann Philipp Reis untermauert seine Theorie "Über Telephonie durch den galvanischen Strom" mit der Vorführung seines ersten Telefonapparates während einer Sitzung des Physikalischen Vereins in Frankfurt.

Ein Arbeiterbildungsverein wird gegründet und ein Jahr später der (groß-) 'Deutsche Reformverein'.

1864 In diesem Jahr führt man die Gewerbefreiheit ein, was der Stadt wirtschaftliche Vorteile verschafft.

1866: Frankfurt wird preußisch

Während des Krieges zwischen Preußen und Österreich um die Vormachtstellung in Deutschland ergreift Frankfurt die Partei Österreichs. Nach dem Sieg von Königgrätz über Österreich annektiert Preußen Frankfurt (Annexionsgesetz vom 20. September 1866). Die Stadt muß gewaltige Kontributionszahlungen an Preußen leisten. Zudem verlieren die Frankfurter Börse und Banken ihre zentrale Bedeutung an Berlin.

1867 Der Dom fällt gerade an dem Tag des Besuchs von Preußenkönig Wilhelm I. einem Brand zum Opfer, der eine große Summe zum Wiederaufbau spendet.

Zum ersten Mal in der Stadtgeschichte wird die Stadtverordnetenversammlung gewählt, die wiederum den Ersten und Zweiten Bürgermeister und die Stadträte wählt. Der preußische König bestimmt den neuen Oberbürgermeister Heinrich Mumm von Schwarzenstein.

1871 Der Friede von Frankfurt beendet den Deutsch-Französischen Krieg (1870 bis 1871). Er wird im Hotel 'Zum Schwan' von Bismarck und der französischen Delegation unterzeichnet.

Durch die Eingemeindungen von Bornheim (1877), Bockenheim (1895), Seckbach (1900) sowie Ober- und Niederrad (1900) gewinnt die Stadt neues Gewerbegebiet hinzu, wo sich zunehmend Betriebe ansiedeln.

1871 (Fortsetzung)

Zahlreiche Firmen werden gegründet, z.B. Höchst (1880). Frankfurt wird damit nun auch zu einem wichtigen Industriestandort, und die Einwohnerzahl wächst auf über 200000 Menschen.
Der Liberale Johannes von Miquel, den man 1880 zum Bürgermeister wählt, bereitet den Weg der Stadt hin zu einer Metropole. Der Main wird kanalisiert, Schlachthof und Westhafen gebaut.

1886

Nach anarchistischen Attentatsversuchen und anderen radikalen Umtrieben in den Industrieballungsgebieten um Frankfurt mit überdurchschnittlich starkem Proletariat wird über Frankfurt, Hanau, den Kreis Höchst und den Obertaunuskreis der 'kleine Belagerungszustand' verhängt.

1891

Arbeiter gründen in Bockenheim den Deutschen Metallarbeiter Verband (heute die Gewerkschaft IG Metall).

1902

Franz Adickes, seit 1890 Oberbürgermeister, dämmt durch ein Sondergesetz ('Lex Adickes') die Boden- und Preisspekulation bei Neusiedlungen ein. Er hat entscheidenden Anteil an der Entwicklung der Stadt: u.a. Verbesserung der Infrastruktur, fortschrittliche Sozialpolitik, Osthafen-Ausbau und Förderung der Universität. Zudem werden in seiner Amtszeit Sozialwohnungen gebaut sowie ein Wohnungsamt und Arbeitsvermittlungsstellen eingerichtet. Darüber hinaus entsteht ein System von Ringstraßen, die das Stadtbild heute noch prägen.

1914–1918: Erster Weltkrieg

Im Ersten Weltkrieg erleidet die Stadt zwar keine Zerstörungen, aber mehr als 10000 Bürger fallen in den Schlachten.
Am Ende des Krieges kommt es zu Streiks und zur Bildung von Arbeiter- und Soldatenräten, denen Oberbürgermeister Voigt seine Loyalität versichern muß und denen ein Kontrollrecht in den Verwaltunsorganen zugestanden wird.

1919

Schließlich werden die Arbeiterräte entmachtet, und es entsteht eine parlamentarische Demokratie, die Angriffen von Links- und Rechtsradikalen ausgesetzt ist. – Die erste Internationale Messe stößt auf überwältigende Resonanz.

1920

Nach dem Kapp-Putsch Rechtsextremer in Berlin kommt es in Frankfurt zur Ausrufung eines Generalstreiks und zu Schießereien. Daraufhin marschiert die Reichswehr in die Stadt ein, ohne auf Widerstand zu treffen.
Zudem besetzen in diesem Jahr französische Truppen Frankfurt als Reaktion auf die Entsendung der Reichswehr ins Ruhrgebiet. Dabei kommt es zu einem blutigen Zwischenfall mit mehreren Toten und Verletzten, der antifranzösische Demonstrationen auslöst.

1924–1930: 'Ära Landmann'

Der neu gewählte Oberbürgermeister Ludwig Landmann prägt entscheidend das moderne Gesicht Frankfurts mit. So wird 1926 der Flughafen Rebstock eröffnet, wo auch Luftschiffe landen können. An der Nidda realisiert der Architekt Ernst May modernen Wohnungsbau. Die Eingemeindungen der Orte Fechenheim, Schwanheim, Griesheim, Sossenheim, Höchst und Nied 1928 forcieren die wirtschaftliche Entwicklung, und Frankfurt wird nach Berlin und Köln flächenmäßig die drittgrößte Stadt des Deutschen Reiches. Die ebenfalls von May geplante Großmarkthalle, ein gelungenes Beispiel moderner Industriearchitektur, gewinnt überregionale Bedeutung. Zudem wird der Bau einer Autobahn von Hamburg über Frankfurt nach Basel geplant, die später von den Nationalsozialisten als eigenes Werk ausgegeben wird. Landmann ließ außerdem für mehr als ein Zehntel der städtischen Bevölkerung Sozialwohnungen errichten.
1927 wird der Frankfurter Goethepreis gestiftet, der Persönlichkeiten verliehen werden soll, die in ihrem 'schöpferischen Wirken einer dem Andenken Goethes gewidmeten Ehrung würdig' sind.

1929–1933

Die Weltwirtschaftskrise von 1929 hat auch Auswirkungen auf Frankfurt. Städtische Unternehmen, wie z.B. die Messegesellschaft, geraten finanziell ins Minus. Bei der Kommunalwahl müssen die demokratischen Parteien starke Verluste hinnehmen. Die Menschen sind enttäuscht von der Demokratie und erhoffen sich von einem autoritären Regime die Lösung der wirtschaftlichen und sozialen Probleme. Die Stadt gerät schließlich 1932 in Zahlungsunfähigkeit.

1933–1938

Bei der letzten freien Stadtverordnetenversammlung am 5. März 1933 erhalten die Nationalsozialisten nahezu die Hälfte aller Wählerstimmen.

1933–1938 (Fortsetzung)

Nach dem Ermächtigungsgesetz vom 24. März werden die Stadtverordnetenversammlung aufgelöst und der öffentliche Dienst von Mitgliedern der Arbeiterparteien, Liberalen und Juden 'gesäubert'. Nachdem Oberbürgermeister Landmann geflohen ist, tritt Friedrich Krebs seine Nachfolge an. Im Rahmen der Vernichtung von liberalem, sozialistischem und demokratischen Gedankengut aufgrund der nationalsozialistischen Ideologie werden am 10. Mai auf dem Römerberg Bücher verbrannt. Der Maler Max Beckmann, der jahrelang an der Städel-Kunstschule lehrte, flieht; Bilder der Moderne von Corinth, Gaugin, van Gogh u. a. werden aus den Museen entfernt. Frankfurt ist bei den nationalsozialistischen Größen nicht sehr angesehen, denn es gilt als 'Stadt der Juden und Demokraten'. Die Handelsstadt erhält den Titel 'Stadt des deutschen Handwerks'. Es kommt zur Ausgrenzung und schließlich Ermordung nichtarischer Menschen, d. h. von Sinti und Roma sowie vor allem von Juden. Während der Pogrome am 9. November 1938 geht die Synagoge in Flammen auf, und die alteingesessene jüdische Gemeinde wird vollends zerschlagen. Zur Sicherung der Macht wird ein perfektes Überwachungssystem geschaffen, wozu vor allem die Gestapo sowie SA und SS gehören. Es gibt aber auch Widerstandskämpfer wie z. B. Lore Wolf.

1939–1945: Zweiter Weltkrieg

Nach schweren Luftangriffen seit 1943 wird die Altstadt durch einen erneuten Bombenangriff 1944 völlig zerstört. Tausende von Menschen kommen um. Vier Fünftel der Stadt sind zerstört und die Mehrzahl der Überlebenden obdachlos. Von den einst 550 000 Einwohnern sind noch 269 000 am Leben. Am 29. März 1945 besetzen US-amerikanische Truppen Frankfurt. Der erste Bürgermeister, Wilhelm Hollbach, wird von den neuen Machthabern bestimmt.

1946–1949

Bei der Wahl des ersten Stadtparlaments 1946 erreichen Sozialdemokraten – sie stellen dann bis 1977 den Oberbürgermeister – und Kommunisten die Mehrheit. Oberbürgermeister Walter Kolb strebt die wirtschaftliche Vormachtstellung Frankfurts durch Messe und Flughafen an.

1947 konstituieren Amerikaner und Briten im Börsensaal den Bi-Zonenrat, und ein Jahr später wird in den Frankfurter Dokumenten die Einheit der drei westlichen Besatzungszonen festgeschrieben. Bis zur Gründung der Bundesrepublik Deutschland (BRD) 1949 ist Frankfurt provisorische Bundeshauptstadt, unterliegt dann aber in der Abstimmung im Bundestag gegenüber Bonn. – Aus der "Allgemeinen Zeitung" geht die "Frankfurter Allgemeine Zeitung" (FAZ) hervor.

Fünfziger Jahre: Wirtschaftswunder

Von 1946 bis 1956 verdreifacht sich durch Zuzug die Einwohnerzahl von etwa 200 000 auf über 600 000, was gesellschaftliche und politische Probleme mitsichbringt. So hat die Stadt mit wachsender Kriminalität zu kämpfen, was ihr den Titel 'Klein-Chicago' beschert. Ende der fünfziger Jahre erregt die Ermordung der Prostituierten Rosemarie Nitribitt, die Kontakte zu Politikern gehabt haben soll, großes Aufsehen.

1957 wird Werner Bockelmann Oberbürgermeister, in dessen Amtszeit sich Frankfurt als Finanz- und Dienstleistungszentrum etabliert. Ein Bauboom (Beginn des U-Bahn-Baus) setzt ein.

Sechziger Jahre
Studentenproteste

In diesen Jahren kommt es zu weitreichenden Studentenprotesten, die ihren theoretischen Hintergrund in der sozialphilosophischen Lehre der sog. Frankfurter Schule von Theodor W. Adorno und Max Horkheimer finden. Ein Thema der Außerparlamentarischen Opposition (ApO) ist der Vietnam-Krieg, aber auch überholte gesellschaftliche Vorstellungen und die Notstandverfassung. Aus Protest gegen diesen Krieg legen 1968 Andreas Baader und Gudrun Ensslin, Begründer der Roten Armee Fraktion (RAF), Brandsätze in Frankfurter Kaufhäuser.

Häuserkampf

Als das Westend zum reinen Spekulationsobjekt für Immobilienhändler zu werden droht, gründet sich 1969 eine Bürgerinitiative zur Erhaltung der alten gewachsenen Baustruktur. Ein Jahr später kommt es zu Hausbesetzungen. Als in diesem Zusammenhang auf Anordnung von Polizeipräsident Littman mit unverhältnismäßig großer Härte gegen die Demonstranten vorgegangen wird, enthebt der neu gewählte Oberbürgermeister Walter Möller Littmann seines Amtes. Schließlich können einige Gebäude im Westend vor dem Abriß gerettet werden.

Siebziger Jahre

In der 1972 beginnenden Amtszeit von Oberbürgermeister Rudi Arndt, die von politischen Skandalen geprägt wird, kommt es zu weiteren Häuserkämpfen im Westend.
1977 übernimmt mit Walter Wallmann zum ersten Mal ein Christdemokrat die Regierung. In seiner Amtszeit verändert sich das Gesicht der Stadt, die sich endgültig als bedeutender Finanzstandort etabliert. Immer mehr Banken, Versicherungen und Werbeagenturen siedeln sich an. Der Oberbürgermeister versucht, das schlechte Image der Stadt zu verbessern.

Achtziger Jahre

Wallmann fördert die 'große Kultur', indem er die Idee des Kulturdezernenten Hilmar Hoffmann eines Museumsufers mit enormem finanziellem Aufwand verwirklicht. Den Problemen der wachsenden Kriminalität und Drogengeschäfte begegnet das Stadtoberhaupt mit Härte, was allerdings relativ wirkungslos bleibt. Zudem läßt Wallmann Protestveranstaltungen gegen den wachsenden Rechtsradikalismus verbieten. Bei einer solchen Veranstaltung stirbt 1985 Günther Sare, der von einem Wasserwerfer, der die Gegendemonstration auflösen soll, überrollt wird. Danach kommt es zu tagelangen heftigen Auseinandersetzungen zwischen Demonstranten und Polizei.

Kampf gegen die Startbahn West

Seit 1978, als sich unter Leitung von Pfarrer Kurt Oeser ein 'Aktionsausschuß gegen den Flughafenausbau' – vorgesehen ist der Bau einer Startbahn West – gebildet hat, reißen die Proteste gegen das Großprojekt nicht mehr ab. Vor der Bauvollzugsanordnung von 1980 errichtet die inzwischen gegründete Bürgerinitiative eine Hütte im Flörsheimer Wald, die zum Symbol des Widerstandes wird. Als der Verwaltungsgerichtshof in Kassel den letzten Teil des Baus freigibt, bauen die zahlreich gewordenen Startbahn-Gegner ein Hüttendorf, das etwa ein Jahr lang besteht. Am 11. Oktober 1981 kommt es zu einer Demonstration der Widerständler, die die Polizei brutal auflöst. Anschließend wird das Hüttendorf mit brachialer Gewalt geräumt. Auch in Frankfurt selbst finden Demonstrationen, Blockaden und Protestaktionen statt, gegen die die Polizei ebenfalls mit äußerster Härte vorgeht. Trotz des von dem Frankfurter Magistratsdirektor Alexander Schubart initiierten Volksbegehrens mit 220000 Unterschriften und anhaltender Proteste wird die Startbahn schließlich 1984 eingeweiht.
Nachdem Wallmann 1987 hessischer Ministerpräsident geworden war, wird Wolfgang Brück sein Nachfolger als Oberbürgermeister. Bei den Kommunalwahlen 1989 verliert die CDU 13% der Wählerstimmen, und SPD und Grüne erringen eine knappe Mehrheit. Etwa 7% der Frankfurter entscheiden sich für die NPD. Die Stadtregierung übernimmt eine Koalition von Sozialdemokraten und Grünen, und Oberbürgermeister wird nach einem kurzen Intermezzo von Volker Hauff, der sich nicht bei seinen Frankfurter Genossen durchsetzen kann, der Sozialdemokrat Andreas von Schoeler. Dessen Ziel ist der Ausbau Frankfurts als Wirtschaftszentrum, während die Grünen sich mehr für ökologische und soziale Belange einsetzen. – Die Bundesgartenschau (1989) im Volkspark Niddatal endet mit einem finanziellen Defizit.

Neunziger Jahre

1994 findet die 1200-Jahr-Feier von Frankfurt statt. Ein Jahr später kommt mit der Oberbürgermeisterin Petra Roth wieder die CDU an die Macht.

Träger des von der Stadt Frankfurt verliehenen Goethe-Preises

1927	Stefan George	1939	Karl Bosch	1960	Ernst Beutler
1928	Albert Schweitzer	1940	Agnes Miegel	1961	Walter Gropius
1929	Leopold Ziegler	1941	Wilhelm Schäfer	1964	Benno Reifenberg
1930	Sigmund Freud	1942	Richard Kuhn	1967	Carlo Schmid
1931	Ricarda Huch	1945	Max Planck	1970	Georg Lukács
1932	Gerhart Hauptmann	1946	Hermann Hesse	1973	Arno Schmidt
1933	Hermann Stehr	1947	Karl Jaspers	1976	Ingmar Bergmann
1934	Hans Pfitzner	1948	Fritz von Unruh	1979	Raymond Aron
1935	Hermann Stegemann	1949	Thomas Mann	1982	Ernst Jünger
1936	Georg Kolbe	1952	Carl Zuckmayer	1985	Golo Mann
1937	Guido Kolbenheyer	1955	Annette Kolb	1988	Peter Stein
1938	Hans Carossa	1958	Carl von Weizsäcker	1991	Wislawa Szymborska

Berühmte Persönlichkeiten

Hinweis

Die nachstehende, namensalphabetisch geordnete Liste vereinigt Persönlichkeiten, die durch Geburt, Aufenthalt, Wirken oder Tod mit Frankfurt im weitesten Sinn verbunden sind und überregionale, oft sogar weltweite Bedeutung erlangt haben.

Theodor W. Adorno (1903–1969)

Adorno, neben Max Horkheimer der Hauptvertreter der kritischen gesellschaflichen Theorie, studierte seit 1921 in Frankfurt Philosophie, Psychologie, Soziologie und Musikwissenschaft und seit 1925 in Wien bei A. Berg Kompositionslehre und Klavier. Nach seiner Habilitation in Frankfurt 1931 übersiedelte er 1934 zunächst nach Großbritannien und dann 1938 in die USA, wo er in New York an dem von Frankfurt dorthin verlegten Institut für Sozialforschung arbeitete. Von 1942 bis 1944 verfaßte er mit Horkheimer die "Dialektik der Aufklärung". Nach Adorno ist Freiheit – und damit die Erfüllung menschlicher Bedürfnisse nach politischer Partizipation und Autonomie, nach Bildung, nach Glück – unabdingbar an Aufklärung und Vernunft gebunden – eine These, die sein gesamtes Werk durchzieht.
1949 kehrte er nach Frankfurt zurück, lehrte Philosophie und Soziologie und leitete mit Horkheimer das Institut für Sozialfoschung. 1966 erschien sein Werk "Negative Dialektik". Adorno sieht die Aufgabe der Philosophie darin, die gesellschaftlichen Probleme mit ihren philosophischen Mitteln darzustellen, ausgehend von bestehender Entfremdung, Leiderfahrung und Widersprüchen wie beispielsweise zwischen Individuum und Gesellschaft. Er beeinflußte die Studentenbewegung der sechziger und frühen siebziger Jahren. Seine Gesellschaftsanalysen wurden zwar anerkannt, ihre praktische Unbrauchbarkeit aber bemängelt. Als Komponist hat Adorno Lieder, Kammermusik, Orchester- und Chorwerke geschaffen.

Bettina von Arnim, geb. Brentano (1785–1859)

Die in Frankfurt geborene Bettina, Schwester von Clemens Brentano, war die bedeutendste Frauengestalt der jüngeren Romantik, zu deren Hauptvertreter auch Achim von Arnim, den sie 1811 heiratete, gehörte. Sie lebte mit ihrem Mann zeitweise in Wiepersdorf und Berlin. Die Dichterin verfaßte Briefromane auf der Basis phantasievoll umgedichteter Briefwechsel mit Goethe, Karoline von Günderode und ihrem Bruder, die von ihr enthusiastisch verehrt wurden ("Goethes Briefwechsel mit einem Kinde", 1835; "Die Günderode", 1840; "Clemens Brentanos Frühlingskranz", 1844). Später wandte sich von Arnim sozialen und frauenrechtlichen Fragen zu. Sie setzte sich für politische Gefangene ein und sammelte Material über die Lebensverhältnisse der Armen ("Armenbuch").

Simon Moritz von Bethmann (1786–1826)

Simon Moritz von Bethmann führte das 1748 gegründete Bankhaus Gebrüder Bethmann zu internationaler Bedeutung. Als kaiserlich russischer Staatsrat und Diplomat konnte er Napoleon I. dazu bewegen, seine Truppen nicht durch Frankfurt ziehen zu lassen (1813). Er erwies sich außerdem als Mäzen für das Frankfurter Kulturleben.
Sein Denkmal befindet sich jenseits des von ihm gegründeten Ariadneum (Odeon) in der Friedberger Anlage. Sein Onkel gleichen Namens (1721 bis 1782) war Förderer des Bürgerhospitals.

Clemens Brentano
(1778–1842)

Der Dichter Clemens Brentano, in Ehrenbreitstein geboren, Bruder von Bettina von Arnim, war ein Hauptvertreter der jüngeren Romantik. Er verbrachte seine Jugend in dem Haus "Zum goldenen Kopf" in der ehemaligen Großen Sandgasse, die heute Teil der Berliner Straße ist. Brentano gab u.a. zusammen mit Achim von Arnim die berühmte Volksliedersammlung "Des Knaben Wunderhorn" (1805 bis 1808) heraus.

Paul Johann Anselm, Ritter von Feuerbach
(1775–1833)

Der in Hainichen bei Jena geborene Jurist Anselm von Feuerbach erhielt auf dem Gymnasium Francofortanum die Grundlage seiner klassischen Bildung. Professor in Jena, Kiel und Landshut, wurde er durch seine Werke – u.a. das bayerische Strafgesetzbuch von 1813 und Schriften kriminalpsychologischen Inhalts (z.B. "Kaspar Hauser – Ein Beispiel eines Verbrechens am Seelenleben des Menschen", 1832) – zum Begründer der modernen deutschen Strafrechtslehre. Er ist begraben auf dem Hauptfriedhof 'An der Mauer 105' in Frankfurt.

Anne Frank
(1929–1945)

Die in Frankfurt geborene Anne Frank schrieb als Kind einer 1933 emigrierten und 1940 in Amsterdam untergetauchten deutsch-jüdischen Familie ein Tagebuch über ihre inneren und äußeren Erlebnisse im Hinterhausversteck, in dem sich acht Menschen von 1942 bis 1944 versteckt hielten. Das in niederländischer Sprache geführte Tagebuch wurde von ihrem Vater herausgegeben und erregte größtes Aufsehen. Es wurde in 60 Sprachen übersetzt sowie für Theater und Film verwendet. Seine gelegentlich angezweifelte Identität wurde durch Untersuchungen des niederländischen Justizministeriums bestätigt. Frank schrieb auch Kindergeschichten und Märchen. Im März 1945 starb sie im Konzentrationslager Bergen-Belsen. Das Mädchen wurde zur Symbolfigur für das Leiden der europäischen Juden im Dritten Reich.

Erich Fromm
(1900–1980)

Der in Frankfurt geborene Psychoanalytiker Erich Fromm arbeitete zunächst am Institut für Sozialforschung und emigrierte 1934 in die USA, wo er eine Professur in New York erhielt. Er entwickelte eine psychotherapeutische Methode, die vorwiegend eine Verschmelzung von Psychoanalyse und marxistischer Soziologie darstellt. Weger seiner kritischen Einstellung zu Freud wird er zu den Neopsychoanalytikern gerechnet. Seine wichtigsten Werke sind: "Die Kunst des Liebens" (1956), "Analytische Sozialpsychologie und Gesellschaftstheorie" (1970), "Anatomie der menschlichen Destruktivität" (1973), "Haben oder Sein" (1976) und "Sigmund Freuds Psychoanalyse, Größe und Grenzen" (1980).

Johann Wolfgang von Goethe
(1749–1832)

Der Sohn des kaiserlichen Rates Johann Kaspar Goethe und der aus dem städtischen Patriziat stammenden Elisabeth Catharina Textor verlebte seine Jugend, die er in seinem Werk "Dichtung und Wahrheit" beschrieben hat, in Frankfurt. Das Geburtshaus befindet sich am Großen Hirschgraben. Mit 16 Jahren verließ der junge Mann die Stadt, um in Leipzig Jura zu studieren. Nachdem er drei Jahre später ein Lungenleiden in Frankfurt auskuriert hatte, ging Goethe 1770 nach Straßburg, um sein Studium zu beenden. Ein Jahr später kehrte er wiederum nach Frankfurt zurück und wurde Rezensent der Zeitschrift "Frankfurter gelehrte Anzeigen". In dieser Zeit fand in der Stadt die Hinrichtung der Kindsmörderin Susanna Margaretha statt – das Vorbild für die Figur des Gretchens im "Faust". Der Vater schickte seinen Sohn 1772 für einige Monate als Praktikant ans Reichskammergericht in Wetzlar, wo Goethe sich in Charlotte Buff verliebte. Die unglückliche Liebe zu ihr bildet die Grundlage des Romans "Die Leiden des jungen Werthers" (1774). Schließlich verzichtete der 'Herzens-

J. W. v. Goethe (Fortsetzung)

brecher' auf die juristische Laufbahn. Neben zahlreichen Gedichten entstanden 1773 der "Götz von Berlichingen" und 1774 "Clavigo". Im Jahr 1775 ging Goethe nach Weimar, wo er Minister für Finanzen, Bergbau, Militär und Theater wurde. Er kam dann nur noch selten nach Frankfurt, zum letzten Mal 1797 zu einem Besuch seiner Mutter.
Ein Denkmal in der Gallusanlage erinnert an den Dichter. Auf dem Petersfriedhof befindet sich das Grab für Goethes Vater; im Familiengrab Textor auf dem Hof der Liebfrauenschule hat Goethes Mutter ihre letzte Ruhestätte gefunden.

Johannes Gensfleisch, genannt Gutenberg (um 1397 bis 1468)

Der Erfinder der Buchdruckerkunst mit beweglichen Lettern lebte, nachdem er seine Erfinderwerkstatt in Mainz seinen Gläubigern Hans Fust und Peter Schöffler überlassen mußte, von 1454 bis 1457 in Frankfurt. Hier druckte er den Ablaßbrief und den Türkenkalender sowie die Kreuzzugsbulle des Papstes Calixt III.
Auf dem Roßmarkt steht das Gutenberg-Denkmal, das 1858 von Eduard Schmidt von der Launitz geschaffen wurde. Dargestellt sind – neben allegorischen Figuren – die Buchdrucker Gutenberg, Fust und Schöffler. Gutenberg starb 1468 in Mainz.

Otto Hahn (1879–1968)

Der gebürtige Frankfurter Otto Hahn, seit 1928 Direktor des Kaiser-Wilhelm-Instituts für Chemie in Berlin, entdeckte 1938 zusammen mit Friedrich Straßmann die Kernspaltung der Elemente Uran und Thorium, wofür er 1944 mit dem Nobelpreis ausgezeichnet wurde. Von 1948 bis 1959 war er Präsident der Max-Planck-Gesellschaft und seit 1959 Ehrenbürger von Frankfurt, das am 8. März 1969 die 'Otto-Hahn-Stiftung der Stadt Frankfurt' begründete.

Friedrich Hölderlin (1770–1843)

Der lange verkannte Dichter Friedrich Hölderlin kam erst seit dem Ersten Weltkrieg – vor allem als Lyriker – zu Ansehen. Den Sohn eines früh verstorbenen Klosterhofmeisters aus Lauffen am Neckar hatte man zum Theologen bestimmt, weshalb er die Klosterschulen in Denkendorf und Maulbronn besuchte und am Tübinger Stift von 1788 bis 1793 Theologie studierte. Auf Empfehlung Schillers hatte er 1794/1795 die Stelle eines Hofmeisters bei Charlotte von Kalb in Waltershausen/Thüringen inne. Ab 1796 bekleidete er dann eine Hauslehrerstelle bei der Familie des Frankfurter Bankiers Gontard. Dessen Frau Susette, die er schwärmerisch liebte, hat als 'Diotima' Eingang in seine Dichtung gefunden. Zwei Jahre später kam es unter für Hölderlin erniedrigenden Umständen zum Bruch mit der Familie, worauf der Dichter nach Bad Homburg v. d. Höhe ging.
Hölderlins Frankfurter Zeit war überaus fruchtbar, wohl weil ihn die Liebe zu Diotima inspirierte. Sein Briefroman "Hyperion" entstand zu weiten Teilen hier, ebenso das unvollendet gebliebene Drama "Der Tod des Empedokles".
Von 1807 bis zu seinem Lebensende lebte er in geistiger Umnachtung in Tübingen.
Hölderlins durch Streben nach Reinheit und Frömmigkeit bestimmtes Wesen, das schon früh überschattet war vom Gefühl der Einsamkeit, Unruhe, Unstetigkeit und 'Zerstörbarkeit', prägte seine Dichtung. Mit seiner vom absoluten Anspruch bestimmten Vorstellung vom Dichter, dessen Aufgabe es sei 'zu rühmen Höheres', geriet er in Spannungen zu den Anforderungen der bürgerlichen Welt. Er wurde zum Verkünder einer neuen Zeit der Versöhnung aller Gegensätze, eines neuen goldenen Zeitalters der Schönheit und Götternähe, wie er es bei den Griechen ideal vorgebildet sah.

Hammann von Holzhausen (1467–1536)

Hamman von Holzhausen war der wohl bedeutendste Vertreter einer der ältesten Patrizierfamilien Frankfurts, die über Jahrhunderte durch Ratsherren und Bürgermeister an der Regierung der Stadt beteiligt war. In der Reformationszeit war er der führende Kopf im Rat der Stadt. Zu seinem Besitz zählte u.a. das Holzhausenschlößchen, das seiner Familie als Landsitz diente. Es entstand nach Plänen des französischen Architekten Rémy de la Fosse von 1722 bis 1728 als Ersatz einer mittelalterlichen Wasserburg. Heute befindet sich dort das Museum für Vor- und Frühgeschichte. Im Stadtarchiv ist das Holzhausen-Archiv untergebracht, das zu den umfangreichsten Patriziersammlungen seit dem 13. Jh. zählt.

Paul Hindemith (1895–1963)

Der aus Hanau stammende Komponist Paul Hindemith, Schüler von Arnold Mendelssohn und Bernhard Sekles an Dr. Hoch's Konservatorium in Frankfurt, war von 1915 bis 1926 Konzertmeister an der Frankfurter Oper, danach bis 1937 Professor an der Musikhochschule Berlin. Von 1940 bis 1953 lehrte er an der Yale University, danach an der Universität Zürich. In Frankfurt entstanden in seiner Wohnung im Kuhhirtenturm seine Oper "Cardillac" und Teile von "Mathis der Maler". Hindemith, der als Bahnbrecher der Moderne gilt, verband elementares Musikantentum mit handwerklicher Meisterschaft und entwickelte eine eigene expressive und doch von Ordnungswillen beherrschte Tonsprache, die stets jenseits aller aktuellen Moden stand.

Heinrich Hoffmann (1809–1894)

Der Arzt und Dichter Heinrich Hoffman wurde in Frankfurt geboren. Er gründete 1834 ein Armenspital und leitete von 1851 bis 1889 die städtische Anstalt für Irrsinnige und Epileptiker, die sich auf dem sog. Affensteiner Feld (heute steht auf dem Areal das I.G.-Farben-Hochhaus) befand. Weit bekannter wurde Hoffmann jedoch mit dem Kinderbuch "Struwwelpeter", das er 1844 verfaßte, weil er für seinen Sohn kein passendes Buch als Weihnachtsgeschenk fand.

Ernst May (1886–1970)

Ernst May spielte in der Entwicklung des deutschen Städte- und Wohnungsbaus eine entscheidende Rolle. Als Stadtbaurat von Frankfurt (1925 bis 1930) verwirklichte er die Idee des 'Neuen Bauens'. Im Rahmen des von ihm aufgestellten Generalbebauungsplans entstand in kürzester Zeit ein Ring von Siedlungen an der Peripherie Frankfurts, z.B. die bekannte Römerstadt (1927–1928), die Siedlung Bornheimer Hang (1926–1929) oder die Siedlung Höhenblick in Ginnheim (1926–1927). Sein auf zehn Jahre berechnetes Wohnungsbauprogramm zur planmäßigen Behebung der eklatanten Wohnungsnot wurde bereits in den ersten fünf Jahren weit überschritten. Diese quantitative Leistung allein hätte Frankfurt jedoch nie zum Ausgangspunkt des modernen Siedlungsbaus werden lassen; es war vielmehr die revolutionäre städtebauliche und architektonische Gestaltung der Siedlungskomplexe.
1930 wurde May in Moskau tätig. Er übernahm die Planung der Industriestädte Magnitogorsk, Stalinsk u.a. und arbeitete einen Generalplan für Moskau aus, der auf dem Trabantensystem basierte. Danach ging er für drei Jahre als Farmer nach Tanganjika; 1937 ließ er sich als Architekt in Nairobi nieder. Ab 1954 leitete er die Planungsabteilung einer großen Wohnungsbaugesellschaft in Hamburg; später arbeitete er als Privatarchitekt und Städtebauer.

Matthäus Merian d.Ä. (1593–1650)

Der aus Basel stammende Merian war Maler und Kupferstecher. 1624 kam er nach Frankfurt, wo er durch Einheirat den Verlag des Kupferstechers und Radierers Johann Theodor de Bry, seines Schwiegervaters, übernahm. Er schuf Illustrationen zu dem zeitgeschichtlichen Monumentalwerk "Theatrum Europaeum" (1635 ff.). Von überragender kulturgeschichtlicher Bedeutung sind seine exakten Stadtansichten zu Martin Zeidlers "Topographia" (1635 ff.), die in Frankfurt erschien. Er schuf auch Stadtpläne, u.a. von Basel (1615), Köln (1629) und Frankfurt (1628). Merian d.Ä. starb während eines Kuraufenthaltes 1650 in Langenschwalbach. – Ein Standbild im Rathaushof erinnert an ihn.

Meyer Amschel Rothschild (1743–1812)

Meyer Amschel Rothschild war Begründer des gleichnamigen Frankfurter Bankhauses, das seine fünf Söhne zu Weltruf führten. Sie eröffneten Filialen in Paris, London, Wien und Neapel. Das Stammhaus der berühmten Bankiersfamilie 'Zum Roten Schilde', von dem sich der Familienname ableitete, lag in der Börnestraße (ehemalige Judengasse) und bestand von 1798 bis 1901; 1944 wurde das Haus zerstört.
1806 brachte Meyer Amschel Rothschild das riesige Vermögen des Kurfürsten Wilhelm von Hessen-Nassau in Sicherheit, als dieser 1806 nach der Besetzung seines Landes durch Napoleon floh. Der französischen Geheimpolizei gelang es nicht, den Schatz zu finden. Nach der Rückkehr des Kurfürsten 1813 übergaben die Söhne Meyer Amschels dem Regenten sein Vermögen, das die Bankiers zwischenzeitlich vermehrt hatten. Wilhelm beteiligte sie an diesem Gewinn und machte sie zu seinen Hofbankiers, womit der Grundstock für das Vermögen der Rothschilds gelegt wurde. Frankfurt verdankt der Familie zahlreiche Stiftungen.

Arthur Schopenhauer (1788–1860)

Der in Danzig geborene Philosoph Arthur Schopenhauer übersiedelte 1833 wegen einer Cholera-Epidemie von Berlin nach Frankfurt, wo er – zurückgezogen und von der Fachphilosophie nicht zur Kenntnis genommen – als Privatgelehrter lebte (von 1843 bis zu seinem Tod 'An der Schönen Aussicht' 16 und 17). Mit seinem Hauptwerk "Die Welt als Wille und Vorstellung" (1819) schloß er die Bewegung des deutschen Idealismus ab. 1836 wurde die Schrift "Über den Willen in der Natur" veröffentlicht, in der er die Hauptthesen seines Denkens mit den Ergebnissen der zeitgenössischen empirischen Wissenschaften zu erhärten versuchte. Nach der Herausgabe zweier Schriften zur Ethik begann mit dem Erscheinen der "Parerga und Paralipomena", einer das Hauptwerk kommentierenden Aufsatzsammlung mit dem Hauptteil 'Aphorismen zur Lebensweisheit', die öffentliche Rezeption seiner Philosophie. Für Schopenhauer ist Erkenntnis weniger eine synthetisierende Verstandesleistung als vielmehr durch die Anschauung begründet. Die in der zweiten Hälfte des 19. Jh.s einsetzende Wirkung ist vielseitig und weitreichend. Von seinen Ideen wurden Wagner, Nietzsche, Freud u.a. beeinflußt.
Die Bibliothek des Philosophen, seine Manuskripte, Erinnerungsstücke und die Literatur über seine Philosophie werden im Schopenhauer-Archiv der Stadt- und Universitätsbibliothek verwahrt.

Johann Christian Senckenberg (1707–1772)

Johann Christian Senckenberg war Arzt und Naturwissenschaftler. Sein Vermögen stiftete er 1763 zur Errichtung des von ihm begründeten Bürgerhospitals und eines medizinisch-naturwissenschaftlichen Instituts, die beide Grundlage für die Johann-Wolfgang-Goethe-Universität wurden. Aus der Bibliothek des Arztes ging die Senckenbergische Bibliothek hervor. Die auf Initiative Goethes gegründete Senckenbergische Naturforschende Gesellschaft richtete 1821 das Naturmuseum Senckenberg ein. Beim alten Eingang des Bürgerhospitals befindet sich Senckenbergs Grabstätte.

Johann Friedrich Städel (1728–1816)

Der Frankfurter Bankier Johann Friedrich Städel bestimmte durch Testament seine bedeutende Kunstsammlung zusammen mit einer Million Gulden für die Schaffung eines Kunstinstituts. Die Gemäldegalerie, kurz das 'Städel' genannt, ist heute eine der reichhaltigsten Deutschlands, und in der Städelschule, der Staatlichen Hochschule für bildende Künste – ebenfalls dem Vermächtnis Städels zu verdanken –, werden die freien Künste gelehrt: freie Graphik, figürliche und freie Malerei, Wandmalerei, Architektur und Bildhauerei.

Heinrich Friedrich Karl Reichsfreiherr vom und zum Stein (1757–1831)

Als preußischer Minister von 1804 bis 1807 und wieder 1808 war Stein für die nach ihm genannten Reformen verantwortlich (z.B. Aufhebung der Leibeigenschaft, Städteordnung). 1812 von Zar Alexander I. als Berater gerufen, war er maßgeblich am Zustandekommen des preußisch-russischen Bündnisses beteiligt, das letztlich zur Vertreibung Napoleons führte. Als Vertrauensmann des russischen Zaren am Wiener Kongreß beteiligt, konnte er für Frankfurt die Unabhängigkeit im Deutschen Bund sichern, wofür ihm Frankfurt 1816 die Ehrenbürgerschaft verlieh. 1819 regte er in Frankfurt die Gründung der Gesellschaft für ältere Geschichtskunde an. Stein starb 1831 auf Schloß Cappenberg in Westfalen.

Friedrich Stoltze (1816–1891)

Friedrich Stoltze war Frankfurts beliebtester und bekanntester Mundartdichter. Er wurde 1816 als Sohn eines Gastwirtes geboren. An der Stelle seines Geburtshauses ‘Zum Rebstock’, das um 1830 Treffpunkt radikaler Demokraten war, wurde 1929 das Zollamt errichtet. Stoltze war der Herausgeber der “Krebbelzeitung” (seit 1852) und der satirischen Blätter “Frankfurter Latern”, wegen denen er schließlich ins Exil gehen mußte. Das Stoltze-Museum in der Töngesgasse erinnert an den Lokaldichter.

Kunst und Kultur

Kulturelles Leben

Allgemeines

Obwohl Frankfurt gemeinhin als Handels- und Finanzort gilt, kann es wegen seiner vielen Museen, Galerien und der Kunstmesse Art durchaus auch als Kunststadt angesehen werden. Die historische Kunstentwicklung der Stadt war stark von Mäzenatentum geprägt. So stiftete beispielsweise der Bankier Johann Friedrich Städel (1728–1816) seine Kunstsammlung und der Verleger Brönner seine Kupferstichsammlung.
In den siebziger und achtziger Jahren wies unter der Leitung des Kulturdezernenten Hilmar Hoffmann die 'Kulturhauptstadt' Frankfurt mit einem Anteil von 11% des Haushalts den größten Kulturetat in Deutschland auf. Am Sachsenhäuser Mainufer entstand in den Jahren 1980 bis 1990 als Renommierobjekt das beeindruckende Museumsufer, wo prächtige Villen in architektonisch hervorragender Weise in Museen umgestaltet oder Neubauten errichtet wurden. Heute muß Frankfurt jedoch auch auf kulturellem Gebiet sparen.

Museen

Von den 40 Frankfurter Museen sind u.a. das Städel, das Liebieghaus und das Naturmuseum Senckenberg von überregionaler Bedeutung. Entlang des Museumsufers finden sich eine Reihe außergewöhnlicher Museen, das jüngste ist das Museum für Moderne Kunst. Die Museumsarbeit wird ergänzt durch sieben in Frankfurt befindliche Archive.

Galerien

Parallel zur Entstehung und kontinuierlichen Erweiterung der Museumslandschaft in Frankfurt sowie zur Etablierung der Kunstmesse Art Fankfurt ist das Angebot der Galerien stetig gewachsen. Rund 50 private Galerien und Kunsthandlungen präsentieren eine vielschichtige Auswahl vor allem zeitgenössischer Kunst aus den Bereichen Malerei, Fotografie und Bildhauerei. Die ältesten Galerien sind bereits seit über dreißig Jahren in der Stadt etabliert, hier findet man viele Kunstwerke der Nachkriegszeit. Durch künstlerische Individualität und jahrelange Erfahrung haben die Galeristen eigene Schwerpunkte sowohl im Kunstrepertoire auf hohem Niveau als auch im passenden Ambiente ihrer Räume gesetzt.

Theater

Vor und nach dem Zweiten Weltkrieg gehörten die Städtischen Bühnen Frankfurt zu den wichtigsten deutschen Theatern. Die Zeit nach dem Krieg war von dem Intendanten Harry Buckwitz geprägt, der vor allem durch seine Brecht-Inszenierungen Aufsehen erregte. In der achtziger Jahren fand Hans Neuenfels mit seinen Aida-Inszenierungen große Beachtung, und der Wagnerzyklus von Ruth Berghaus wurde weltbekannt.
Frankfurt verfügt über mehr als 20 Theater und zahlreiche Kleinkunstbühnen. Als die Oper im Jahr 1987 durch einen Brand teilweise zerstört wurde, zog das Schauspiel in ein ehemaliges Straßenbahndepot in Bockenheim. Das Provisorium wurde zu einem von Publikum und Kritikern begeistert aufgenommenen Theaterraum, vor allem durch die Inszenierungen von Einar Schleef. 1991 fand dann die Wiedereröffnung der aufwendig renovierten Oper statt.

Theater (Fortsetzung)

Von den freien Theatergruppen sind vor allem zu nennen der Mousonturm in einer ehemaligen Seifenfabrik mit den Schwerpunkten Tanztheater und Kabarett, das Freie Theaterhaus und das Gallus-Theater, die wichtigste Spielstätte der lokalen freien Theatergruppen. Das bedeutende Theater am Turm (TAT), das einst von Rainer Werner Faßbinder geleitet wurde, setzt erfolgreich avantgardistische Theaterkonzepte um, die Perfomance, Tanz und bildende Kunst umfassen. Fest etabliert im städtischen Kulturleben ist das English Theater der New Yorkerin Judith Rosenbauer; die englischsprachigen Stücke finden ein begeistertes Publikum. Das Frankfurter Volkstheater wurde in den siebziger Jahren von Liesl Christ gegründet, die Berühmtheit als Mama Hesselbach in der Fernsehserie "Familie Hesselbach" erlangte. Es spielt mit Erfolg Klassiker auf hessische Mundart.

Ballett

Seit der New Yorker Choreograph William Forsythe 1984 die Leitung des Frankfurter Balletts übernommen hat, ist es weit über die Stadtgrenzen hinaus bekannt geworden; es kann einhellig sehr positive Kritiken verbuchen. Das Ballett hat eine große Anhängerschaft, besonders bei jüngeren Menschen, gefunden. Forsythe kreiert neue Formen des Balletts mit starker Betonung von Klang und Licht.

In der Alten Oper sind unterschiedlichste musikalische Sparten vertreten.

Musik
Klassik

Konzerte werden veranstaltet von der Frankfurter Museumsgesellschaft (Opernhaus- und Museumsorchester), dem Hessischen Rundfunk (Symphonieorchester des Hessischen Rundfunks), der Frankfurter Kunstgemeinde, der Vereinigung für Musikpflege sowie von kirchlichen Institutionen und Konzertdirektionen.
Seit 1981 besitzt Frankfurt in der Alten Oper einen Konzertsaal mit einer außergewöhnliche guten Akustik für ca. 2400 Besucher. Die Alte Oper strebt die Gleichstellung der musikalischen Ausdrucksformen an, von Musical über Jazz bis zur Klassik. – International bekannt ist das Ensemble Modern.

Die Jazzmetropole

Jazz ist in Deutschland nur mit wenigen Städten so eng verbunden wie mit Frankfurt. Dabei verdankt die Stadt ihren Ruf als Jazzmetropole vor allem dem ungewöhnlichen Engagement spielwütiger Musiker und enthusiastischer Fans.

Als der Trompeter Bohländer im Oktober 1952 für einen Raum im Untergeschoß eines ansonsten zerstörten Hauses die 'Erlaubnis zum Betriebe einer Schankwirtschaft mit Ausschank von Branntwein' erhielt, ahnten wohl nur Eingeweihte, daß dies ein Ereignis von kultureller Bedeutung sein würde. Mit der Eröffnung des 'Domicile du Jazz', das schon bald einfach nur 'Jazzkeller' hieß und unter Musikern noch heute schlicht 'Keller' genannt wird, fanden Frankfurts Jazzer – wozu die Fans hier immer genauso gehörten wie die Musiker – endlich ein Zuhause. Der Jazzkeller war deshalb vor allem in den ersten Jahren weit mehr als eine Spielstätte, er diente abwechselnd als 'subversiver' Treff, Wohnzimmer und musikalische Intensivstation. Es dauerte nicht lange, da hatte sich dies auch unter amerikanischen Musikern herumgesprochen: Dizzy Gillespie, Ella Fitzgerald, Duke Ellington und Zoot Sims spielten hier zu heißen Sessions aus. Chet Baker blieb an der Bar beinahe unerkannt, und Bill Ramsey kam anfangs noch in blauer Fliegeruniform in den Keller.

Der Anspruch war von Anfang an hoch, das strenge Publikum, das meist sowieso zur Hälfte aus Musikern bestand, sorgte dafür, daß der Jazzkeller zum schwer bespielbarsten Club der Republik wurde. Wer es hier bis auf die Bühne schaffte, hatte sich die Berufsbezeichnung redlich verdient.

Dies erklärt vielleicht, warum über viele Jahre wichtige deutsche Jazzmusiker immer aus Frankfurt kamen: Emil und Albert Mangelsdorff zum Beispiel, die Saxophonisten Heinz Sauer, Gustl Mayer und Christof Lauer oder die Gitarristen Michael Sagmeister, Volker Kriegel und John Schröder. Und obwohl es heute in Frankfurt eine ganze Reihe von Klubs und Lokalen gibt, die vor allem dem Nachwuchs Auftrittsmöglichkeiten bieten, den 'existentialistischen' Charme der frühen Jahre findet man nur in der Kleinen Bockenheimer Straße.

Gleich neben dem Jazzkeller steht das Jazzhaus, eine kleine urgemütliche Kneipe, die nicht nur zu klein für Live-Musik ist, sondern sogar so winzig ist, daß man die Getränke per Seilzug auf die Plätze im ersten Stock bugsieren muß.

Und wer im Sommer nach Frankfurt kommt, sollte sich außerdem die Open-air-Konzertreihe 'Jazz im Palmengarten' nicht entgehen lassen. Hier verbindet sich seit vielen Jahren an jedem zweiten Donnerstag anspruchsvoller Jazz mit romantischer Kurhausatmosphäre zu einem familiären Konzertereignis.

Eine weitere Institution ist das Frankfurter Jazz Festival. Es ist das erste deutsche seiner Art, wird inzwischen vom Hessichen Rundfunk veranstaltet und sorgt in jedem Herbst für drei aufregende Abende zwischen Free Jazz, Art Rock und Modern Jazz.

Kulturelles Leben, Musik (Fortsetzung)
Jazz

Frankfurt hat eine über 40-jährige Jazztradition. (⟶ Baedeker Special) Viele Jazzgrößen, vor allem die Brüder Emil und Albert Mangelsdorff, haben hier eine Plattform gefunden, manche Gruppen wurden hier formiert. Der über Frankfurt hinaus bekannte, 1952 entstandene Jazzkeller, in dem einst sogar die weltberühmten Musiker Louis Armstrong und Miles Davis auftraten, ist der älteste Treffpunkt der Jazz-Szene der Stadt. Einen bedeutenden Anteil an den Innovationen im deutschen Jazz hatte das Frankfurter Jazzfestival.

Literatur

Frankfurt war schon immer eine wichtige Literaturstadt, schon allein wegen der bereits seit dem späten Mittelalter bedeutenden, jährlich stattfindenden Buchmesse, der größten und wichtigsten Bücherschau der Welt. Außerdem gibt es hier den Börsenverein des Deutschen Buchhandels, ein Unternehmerverband für Buchhändler und Verlage, die Deutsche Bibliothek, die alle Publikationen nach dem Zweiten Weltkrieg umfaßt, und eine Buchhändler-Schule. Zahlreiche Verlage, z.B. so renommierte wie Suhrkamp, S. Fischer und Deutsche Verlagsanstalt, das Hessische Literaturbüro, das Literaturhaus, die Romanfabrik und viele Buchhandlungen runden das Bild der Literaturstadt ab. Im 1985 gegründeten Hessischen Literaturbüro finden Lesungen und Seminare, aber auch Beratungen für junge Autoren statt; außerordentlich erfolgreich ist die Veranstaltungsreihe 'Literatur im Austausch', d.h. Begegnungen zwischen deutschen und ausländischen Schriftstellern. Vom Börsenverein wird am Ende der Buchmesse in der Paulskirche der Friedenspreis des Deutschen Buchhandels verliehen.
Zudem befindet sich in Frankfurt das einst berühmte Institut für Sozialforschung, das von Theodor W. Adorno und Max Horkheimer geleitet wurde. In den sechziger Jahren beeinflußten die beiden Wissenschaftler die Studentenunruhen mit ihrer kritischen Theorie, die die bestehenden politischen Verhältnisse analysierte und eine emanzipatorische gesellschaftliche Praxis anstrebte.
Frankfurt ist die Heimat des wohl größten deutschen Dichters Johann Wolfgang von Goethe (⟶ Berühmte Persönlichkeiten). Alle drei Jahre wird am 28. August, dem Geburtstag des Dichters, der Goethe-Preis an eine Persönlichkeit verliehen, deren 'schöpferisches Wirken einer dem Andenken Goethes gewidmeten Ehrung würdig' ist.

Stadtbaugeschichte

Anfänge der Stadt

Die heutige Stadt Frankfurt wuchs über einem alten Siedlungsplatz, der sich durch seine günstige Lage in einem durch Gebirge und Wald geschützten Flußtal, am weitgehend hochwasserfreien Nordufer des Mains auszeichnete. Auf prähistorische Siedlungsplätze folgten römische Villen und alemannisch-fränkische Höfe. Als Frankfurt erstmals urkundlich erwähnt wurde - im Jahr 794 - war es hauptsächlich von Händlern und Handwerkern bewohnt. Die ältesten Häuser gruppierten sich um die fränkische Königspfalz auf einer Anhöhe in unmittelbarer Nähe des Flusses. Zusammen mit dem später errichteten Dom bildete die Pfalz bis weit in die Neuzeit hinein das Zentrum der Stadt, die sich von hier aus in konzentrischen Ringen immer weiter ausdehnte.

Mittelalter
Stadtentwicklung, Befestigungen

Im 10. Jh. war die spätere Braubachstraße die Nordgrenze von Frankfurt, nach Süden begrenzte bis ins 11. Jh. der Main die Stadt. Mit dem Bau des ersten festen Flußübergangs in der Achse der Alten Brücke und der Ausbildung eines Brückenkopfes auf der gegenüberliegenden Uferseite, aus dem sich später Sachsenhausen entwickelte, begann die Ausdehnung der Stadt nach Süden. Die Staufer ließen eine romanische Wehrmauer um die Stadt ziehen und errichteten am Ufer des Mains eine neue Kaiserpfalz, von der Teile eines Wohntrakts, eines Turms und der Pfalzkapelle erhalten sind (Saalhof). Im 14. Jh. wurde die staufische Mauer durch eine stattliche, von

Mittelalter
Befestigungen
(Fortsetzung)

60 Türmen bewehrte Befestigung ersetzt (davon heute noch vier erhalten). Einen größeren Ring um die Stadt schloß dann die ab etwa 1400 errichtete Landwehr. Von ihren fünf Warten stehen heute noch die Galluswarte, die Bockenheimer, die Sachsenhäuser und die Friedberger Warte.

Kirchen

Frankfurt besaß im Mittelalter eine Reihe von Kirchen und Klöstern, von denen viele trotz zum Teil schwerer Kriegsschäden bis heute erhalten sind. Im ältesten Teil der Stadt, nur wenig östlich des Marktes, wurde ab dem 13. Jh. über den baufälligen Mauern einer karolingischen Salvatorkirche der Domneubau hochgezogen. Er ist neben dem 1280 vollendeten Gotteshaus der Dominikaner eine der frühesten Hallenkirchen im Mittelrheingebiet. Im 14. Jh. wurde dem Dom ein neuer hochgotischer Chor und ein langes Querschiff hinzugefügt. Der nach Plänen von Dombaumeister Madern Gerthener 1415 begonnene Westturm überragt das Kirchenschiff um etwa das Doppelte und ist mit seiner gewaltigen Höhe ähnlich wie die Turmbauten in Ulm oder Freiburg nicht auf die Proportionen des Kirchenschiffs abgestimmt, sondern als weithin sichtbarer Point-de-Vue im Stadtbild konzipiert. Ungewöhnlich für die deutsche Gotik ist dagegen der Turmabschluß, der nicht den maßwerkdurchbrochenen Spitzhelm, sondern eine Steilkuppel aufweist.

Profane Bauten

Bis weit ins 18. Jh. hinein prägten Wohnhäuser in Fachwerkbauweise das Bild der Stadt. Ein massiv ausgeführtes Erdgeschoß ließ auf einen wohlhabenden Besitzer schließen, reine Steingebäude waren die Ausnahme und blieben meist den Patrizierwohnsitzen vorbehalten.
Im heutigen Stadtbild ist von der mittelalterlichen und frühneuzeitlichen Bebauung nur noch wenig greifbar, da fast die gesamte Altstadt Frankfurts den Bombardierungen des Zweiten Weltkriegs zum Opfer fiel. Allein die weitgehend rekonstruierte Bebauung des Römerbergs, der einstige Mittelpunkt der Stadt, vermittelt noch einen Eindruck dieser Epoche. Hier entstand – der Bedeutung der Messe- und Handelsstadt angemessen – im 15. Jh. der Rathauskomplex um das Haus 'Römer', nachdem die Stadt dieses zusammen mit dem dahinterliegenden Haus 'Goldener Schwan' angekauft hatte. Die Einbeziehung der beiden Gebäude links und rechts des Römers (Nr. 19–23) spiegelte sich auch in den einheitlichen Steinfassaden der drei Gebäude als gotische Staffelgiebel (Dreigiebelfront) wider. Nicht ganz so repräsentativ, aber dennoch von stattlichem Erscheinungsbild zeigte sich die Ostseite des Römerbergs mit den hohen, schmalen Fachwerkgiebelhäusern.

17. und
18. Jahrhundert

Infolge der umwälzenden Veränderungen im Bereich der Kriegsführung durch die Einführung der Feuerwaffen boten die gotischen Wehrmauern den Stadtbewohnern im 17. Jh. nicht mehr genügend Schutz. Auch die Frankfurter Bürgerschaft ersetzte ab 1635 die gotische Stadtmauer durch eine barocke Befestigungsanlage mit Wall und Graben. Ihr sternenförmiger Grundriß mit den vorspringenden Bastionen läßt sich heute noch am Zickzackverlauf der Wallanlagen bzw. der Ringstraßen um Frankfurts Innenstadt ablesen. Im 18. Jh. waren Dom und Römerberg immer noch wichtige Fixpunkte im Stadtgefüge, aber die neu errichtete Hauptwache und die ständig weiter ausgebaute Zeil übernahmen mehr und mehr die Rolle als Zentrum für Handel und öffentliches Leben.
Der Kirchenbau spielte in der protestantisch geprägten und nicht von Landesfürsten regierten Stadt im 17. und 18. Jh. eine eher untergeordnete Rolle. Nennenswerte Sakralbauten aus dieser Epoche sind der barocke Neubau der Katharinenkirche (1678–1681) und die in fast 50jähriger Bauzeit entstandene Paulskirche (ab 1789).

19. Jahrhundert
1800–1850

Wie die meisten europäischen Großstädte wuchs auch Frankfurt, das um 1800 etwa 50 000 Einwohner zählte, im 19. Jh. über die mittelalterlichen Stadtgrenzen hinaus. Anstelle der geschleiften und planierten Festung entstanden in den ersten beiden Jahrzehnten (bis 1818) sternförmige Garten- und Parkanlagen, die ab 1816 vor der weiteren Bebauung geschützt

19. Jahrhundert (Fortsetzung)

wurden. Zur Markierung der Stadtgrenze und zur Erhebung des Zolls wurden an den Stadtzugängen dreistöckige quadratische Wachgebäude errichtet, von denen nur das am Affentorplatz erhalten blieb. Unter dem Diktat einer neu erlassenen Bauordnung und dem Einfluß des Klassizismus setzte sich auch bei Wohnhäusern die massive Konstruktion gegenüber dem Fachwerk durch. Geballt trat die neue Bauweise im Fischerfeld auf, wo kurz nach 1800 planmäßig ein Wohnviertel mit überwiegend schlichten Bürgerhäusern entstanden war.

1850–1900: Frankfurt wird Großstadt

Frankfurts Entwicklung zu einer Großstadt, die vor allem von Handel und Geldwirtschaft geprägt war, vollzog sich in der zweiten Hälfte des 19. Jahrhunderts. Durch die Eingemeindung der Vorstädte, von denen Bornheim und Bockenheim (1877 und 1895) den Anfang machten, vervielfachte sich innerhalb weniger Jahrzehnte die Einwohnerzahl. Die Innenstadt erhielt durch neu angelegte Straßenzüge und eine planmäßige verdichtete Bebauung ein neues Gesicht. Allein von 1850 bis 1905 wurden zwischen den Wallanlagen und dem Main 15 neue breitere Straßen durch die alten Viertel geschlagen und mit vier- bis fünfstöckigen Wohn- und Geschäftshäusern bebaut. Nahezu alle wichtigen Brücken über den Main entstanden in den letzten Jahrzehnten des 19. Jahrhunderts. Mit dem Opernhaus an der Bockenheimer Anlage (1872–1880) schufen sich Adel und wohlhabendes Bürgertum den adäquaten architektonischen Rahmen für gesellschaftliche Begegnungen. Das mit Antiken- und Renaissancezitaten dekorierte, längsrechteckige Gebäude, 1981 originalgetreu wiederaufgebaut, steht in seiner Gesamtdisposition, vor allem in der enormen Aufwertung des Eingangsbereichs, in der Tradition der Pariser Oper von Garnier.

Westend, Ostend, Nordend, Bahnhofsviertel

In den halbkreisförmig die Innenstadt umschließenden Stadtvierteln Ostend, Nordend, Westend und Bahnhofsviertel begann kurz nach der Jahrhundertmitte die systematische Erschließung mit parallelen Straßen und weitläufigen Plätzen mit sternförmig ausstrahlendem Straßennetz. Das Westend, ehemals eine Art Gartenstadt zwischen historischen Feldwegen (z. B. Kettenhofweg), galt traditionell als vornehmstes Wohnviertel. Bis zur Jahrhundertwende dehnte sich die Bebauung des Westends, die mehr und mehr von historistischen Mietshäusern geprägt war, bis zum Grüneburgpark aus, der ab 1871 mit dem Palmengarten an der Bockenheimer Landstraße einen breiten Grüngürtel um das Viertel bildete.
Die planvolle Erschließung des Ostends setzte entlang der Hanauer Landstraße und der Straße nach Bornheim ein. Mit der Verlegung des Zoologischen Gartens und dem Bau des großen Gesellschaftshauses erfuhr dieser Stadtteil eine deutliche Aufwertung. Das Bild eines von Industrie geprägten Stadtviertels erhielt das Ostend erst nach der Jahrhundertwende mit dem Bau des Osthafens (1908 bis 1912). Den Auftakt für die Urbanisierung des Gebiets südwestlich außerhalb der Altstadt bildete der Bau des großzügigen neuen Hauptbahnhofs zwischen 1883 und 1888. Zwischen dem neuen Bahnhof und dem Stadtzentrum entwickelte sich das Bahnhofsviertel mit breit angelegten Boulevards und einer verdichteten, meist fünfgeschossigen Bebauung. Heute ist die einstige Pracht seiner von Barock und Renaissance inspirierten Häuserfronten aus Sandstein nur zu erahnen, da die meisten Fassaden nach dem Krieg nur vereinfacht wiederhergestellt wurden.

Ära Adickes

Unter Oberbürgermeister Adickes (1890–1912) setzte sich die planmäßige Ausdehnung und Verdichtung Frankfurts fort. Als zweite Ringstraße wurde der Alleenring angelegt, der gleichzeitig auch die Anbindung an die beiden eingemeindeten Vororte Bockenheim und Bornheim herstellte. Das alte Stadtzentrum erhielt eine Neuordnung durch den Durchbruch der Braubachstraße, an der von 1900 bis 1908 im Stil der deutschen Renaissance das Alte Rathaus entstand. Für die Messe, die bereits seit der Fertigstellung des neuen Bahnhofs auf dem heutigen Gelände abgehalten wurde, baute die Stadt von 1907 bis 1909 eine großzügige Festhalle, ein mächtiger Kuppelbau, der seinerzeit in Europa einzigartig war.

Zwanziger Jahre
'Neues Bauen'

Der Erste Weltkrieg brachte auch in Frankfurt die gesamte Bauwirtschaft zum Stillstand. Wie überall in deutschen Großstädten mangelte es in den zwanziger Jahren vor allem an Wohnraum. Doch es fehlte nicht nur an Wohnungen, sondern auch an neuen städtebaulichen und architektonischen Konzepten. Daß Frankfurt in den zwanziger Jahren den Anschluß an die architektonische Avantgarde fand, verdankte es vor allem der Tätigkeit seines Baudezernenten Ernst May, der 1925 von dem liberalen Bürgermeister Landmann auf diesen Posten berufen wurde. May suchte die Lösung des Wohnungsproblems nicht in einer weiteren Verdichtung und unkontrollierten Ausdehnung des Stadtraums, sondern in einer Dezentralisierung der Stadterweiterung durch überschaubare, mit allen notwendigen Einrichtungen ausgestattete Trabantensiedlungen, die durch einen Grüngürtel von der Stadt getrennt sein sollten. Geradezu beispielhaft wurden seine Vorstellungen im etwa 10 km nordwestlich von Frankfurt gelegenen Niddatal verwirklicht, wo während seiner Amtszeit die Trabanten Praunheim, Römerstadt und Westhausen entstanden.

Licht, Luft und Sonne

Aber auch die Siedlungen Bornheimer Hang, Bruchfeldstraße – wegen der versetzten Gebäude Zickzackhausen genannt – oder die von dem niederländischen Architekten Mart Stam entworfene Hellerhofsiedlung verkörpern das neue Ideal des Wohnungsbaus. Keine hohen Mietskasernen mit schattigen Hinterhöfen beherrschten in diesen Siedlungen das Bild, sondern zwei- bis dreigeschossige Häuserzeilen mit hellen, möglichst nach Süden ausgerichteten Wohnungen, die über einen Garten, eine Dachterrasse oder gemeinschaftlich nutzbare Grünflächen verfügten. Ein separates Bad, eine eingebaute Küche, Heizungs- und Warmwasserversorgung im ganzen Haus gehörten zum selbstverständlichen Wohnkomfort.

Frankfurter Küche

Ein Beispiel von vielen ist die von Grete Schütte-Lihotzky entworfene, nur 7 m^2 große Standardküche, die als sog. Frankfurter Küche Architektur-Geschichte schrieb. Das neue an dieser Küche war die Anordnung ihrer Bestandteile – Herd, Kühlschrank, Spüle etc. – nach praktischen Gesichtspunkten, so daß bei der Hausarbeit unnötige Wege, im Grundriß ungenutzter Platz gespart werden konnte. Die Definition der Küche als Arbeitsraum und ihre Abspaltung vom Wohn-Aufenthaltsraum hatte auf Jahrzehnte hinaus Gültigkeit für den Wohnungsbau in Deutschland.

Expressionistisches Bauen

Während sich der Funktionalismus aufgrund seines gesellschaftspolitischen Anspruchs vor allem auf den Wohnungsbau konzentrierte, trat die zweite maßgebliche Stilrichtung, das expressionistische Bauen, in Frankfurt vor allem bei repräsentativen Bauaufgaben in Erscheinung. Als prominenteste Beispiele für expressionistische Architektur in der Mainmetropole gelten das von Peter Behrens entworfene Verwaltungsgebäude der Firma Hoechst (1920–1924) und die monumentale Firmenzentrale der I. G. Farbenindustrie, die in den Jahren 1929 bis 1931 nach Plänen von Hans Poelzig entstand.

1945–1980
Zerstörung und Neubeginn

Nach den schweren Bombenangriffen im März 1944 lag die Altstadt von Frankfurt in Schutt und Asche. Am Ende des Zweiten Weltkriegs war fast die gesamte historische Bausubstanz im Zentrum zerstört, ein Großteil der angrenzenden Stadtteile schwer beschädigt. Der Wiederaufbau der Innenstadt beschränkte sich zunächst auf hochrangige Kulturdenkmäler von nationaler Bedeutung wie den Dom, die Paulskirche (beide ab 1948) sowie das Goethehaus (1946–1951), wohingegen die einstige Mitte Frankfurts, die Altstadt zwischen Dom und Römer, erst in den achtziger Jahren mit der Neuerrichtung der Ostzeile und dem Bau der Schirn wieder an Kontur gewann. Das neue, überwiegend moderne Gesicht der Stadt prägte sich in den sechziger und siebziger Jahren aus, als Frankfurt seine Stellung als Metropole der Kreditwirtschaft wieder einnahm. Der Bedarf an Büroflächen für die Geldinstitute und Verwaltungssitze internationaler Unternehmen zwang zu baulichen Verdichtungen im historischen Bankenviertel und ließ hier und entlang der Wallanlagen die ersten Bürohochhäuser heranwachsen (⟶ Baedeker Special).

Blick zum Römerberg nach den Bombenangriffen im Zweiten Weltkrieg

1945–1980
Zerstörung und Neubeginn (Fortsetzung)

In der Innenstadt wurden mit dem Durchbruch der Berliner Straße sowie der Konrad-Adenauer- und der Kurt-Schuhmacherstraße breite Schneißen in die gewachsene Struktur geschlagen, um das steigende Verkehrsaufkommen zu bewältigen. Weder die neuen Verkehrswege noch die Dezentralisierung bzw. Verlagerung von Gewerbe- und Büroflächen an die Peripherie, z. B. in die 1959 gegründete Bürostadt Niederrad konnten das Problem der rasanten städtebaulichen Verdichtung langfristig lösen.

Achtziger und neunziger Jahre
Neue Urbanität

Bemüht, das schlechte Image der Stadt aufzubessern, schlugen die Stadtväter Ende der siebziger, Anfang der achtziger Jahre einen anderen Kurs ein. Das Zentrum von Frankfurt sollte wieder an architektonischer Qualität, die öffentlichen Bereiche an Atmosphäre und Lebendigkeit zurückgewinnen. Die Umgestaltung von Frankfurts bekanntester Einkaufsmeile, der Zeil, in eine Fußgängerzone (1979–1983) war nur eine von vielen Maßnahmen zur Verschönerung und Aufwertung des Stadtbildes. Die besondere Aufmerksamkeit von Architekten und Stadtplanern galt nun dem Areal zwischen Römer und Domhaus. Den Anfang machte die Rekonstruktion der sechs Fachwerkhäuser an der Ostseite des Römerbergs (1983), durch die der Platz seinem historischen Erscheinungsbild wieder angenähert wurde. Alternativ zu dieser strengen Rekonstruktion wählte man für die östlich und südöstlich anschließenden Wohnungen eine moderne, in ihren Proportionen und Formen aber an die historischen Vorgängerbauten angelehnte Architektur mit geringer Hausbreite, Giebelfronten, Ladenpassagen im Erdgeschoß etc. Der Schaumainkai – mit Städel und Liebieghaus bereits museal besetzt – wurde in den achtziger Jahren zum Museumsufer ausgebaut. Architektonisch bemerkenswert sind vor allem das von Richard Meier entworfene, die Tradition des Funktionalismus fortführende Museum für Kunsthandwerk (1985), das durch den Umbau einer klassizistischen Villa entstandene Architekturmuseum (Oswald Mathias Ungers, 1984) sowie der 1990 eingeweihte Neubau des Deutschen Postmuseums (Behnisch & Partner).

Hoch, höher, am höchsten

Die Zeiten sind schnellebig in der Frankfurter City – das mußte auch der Messeturm der Mainmetropole erfahren. Bis vor kurzem war der schlanke Turm das höchste Bürogebäude Europas, doch damit ist es vorbei, seit der Neubau der Commerzbank ihn um 2,20 m übertrumpft und mit einer Gesamthöhe von 258,7 m auf Platz zwei verwiesen hat. Eine kurze Ruhmesphase für das 1991 eingeweihte Wahrzeichen, wenn man bedenkt, daß der Frankfurter Dom mit seinem 95 m hohen Turm rund fünf Jahrhunderte lang konkurrenzlos das Panorama der Stadt dominierte. Ähnlich wie dem spätgotischen Kirchturm des altehrwürdigen Gotteshauses, der sich im Kreise seiner modernen "Kollegen" wie ein Mittelgebirgszug vor dem Hintergrund mächtiger Alpengipfel ausnimmt, geht es inzwischen auch den Vertretern der ersten und zweiten Hochhaus-Generation in der Mainmetropole.

Das erste Hochhaus in Frankfurt (1956), ein Neubau des Fernmeldeamtes, brachte es gerade auf 11 Stockwerke und 64 m Höhe. Mehr als doppelt so hoch wagten sich die Architekten in den siebziger Jahren, als die steigenden Grundstückspreise auch die Geschoßzahlen in die Höhe trieben. Ein typischer Vertreter dieser Generation ist das 1976 fertiggestellte Cityhaus am Platz der Republik: Zwei parallele, leicht gegeneinander versetzte Scheiben, durch einen gemeinsamen Versorgungsschacht verbunden, bilden den schmalen Büroturm, der durch einen maximal siebenstöckigen Erweiterungstrakt in die Blockbebauung seiner Umgebung eingebunden wurde. Mit seiner strengen Fassadengliederung durch dunkle Fensterbänder und seiner reduzierten Form verkörpert er den Typus eines Turmhochhauses, wie es seit den fünfziger Jahren in aller Welt anzutreffen ist. Die Grundlagen für dieses Hochhaus-Konzept hatte in den zwanziger Jahren Ludwig Mies van der Rohe entwickelt, der 1938 in die Vereinigten Staaten emigrierte und dort mit seinen Ideen schulbildend wirkte. Während sich damals die klassischen amerikanischen Wolkenkratzer noch stark an die traditionelle Formensprache anlehnten, zeigte sich das von Mies van der Rohe konzipierte, "moderne" Hochhaus auch nach außen als Produkt einer industrialisierten und rationellen Bauweise und fand so zu einer völlig neuen, eigenen Ästhetik.

Die allmähliche Emanzipation von diesem Prototyp zeigt sich in Frankfurt unter anderem am Neubau der Hessischen Landesbank und Girozentrale in der Neuen Mainzer Straße (1976). Das 23stöckige Hochhaus besteht aus vier unterschiedlich hohen, im Grundriß achteckigen Türmen, von denen zwei als gläserne Kuben und zwei als geschlossene Versorgungsschächte ausgebildet sind. Den Gesamteindruck bestimmen nicht so sehr der Höhenzug und die Ästhetik einer seriellen Fassade, sondern das Zusammenwirken qualitativ verschiedener Baukörper.

Zwei sehr markante Hochhausbauten bereichern seit den 80er Jahren das Stadtbild von Frankfurt: das Messe-Torhaus von Oswald Matthias Ungers (1984) und die Doppelturmanlage der Deutschen Bank von Hanig, Scheid und Schmidt (1984). Besonders deutlich spürbar ist der architektonische Gesinnungswandel bei Ungers' Torhaus, wo die klare, über einem quadratischen Grundmaß entwickelte Rasterung nicht mehr Ausdruck der Konstruktion ist, sondern symbolhaften Charakter hat – ebenso wie die Verwendung von Stein

für das sockelartige Torhaus und Glas für das innere Bürohochhaus.
Den Eindruck monumentaler Größe erwecken durch ihre schlanke, prismatische Form und die durchgängig verglaste Außenhaut auch die beiden Zwillingstürme der Deutschen Bank, die dem Beginn der Mainzer Landstraße unübersehbar städtebauliches Gewicht verleihen.
Trotz der ständig wachsenden Zahl der Banken- und Bürohochhäuser gab es in der Mainmetropole keine Wolkenkratzer – bis Helmut Jahn für Frankfurt den Messeturm entwarf. Der schlanke Campanile setzte mit einer Höhe von 256 m neue Maßstäbe für den europäischen Hochhausbau und brachte architektonisch das amerikanische Erbe wieder stärker ins Spiel. Wie bei den Punkthochhäusern des Art Déco verjüngt er sich nach oben und verändert dabei auch seine Grundrißform und seine Verkleidung: Aus dem quadratischen Steinsockel schält sich in lichter Höhe der runde, gläserne Schaft heraus, der schließlich in einen dreieckigen Spitzkegel übergeht.

Während Jahns Messeturm vor allem formal brilliert, eröffnet der von Sir Norman Foster entworfene, 1997 fertiggestellte Neubau der Commerzbank der Bauaufgabe neue Dimensionen. Das Novum an Fosters Konzept: Durch Gärten, die in die Stahlkonstruktion eingehängt sind, und ein zentrales Atrium werden die 45 Büroetagen mit Tageslicht und Frischluft versorgt – sozusagen eine natürliche Klimaanlage. Im Osten sind die Gärten asiatisch, im Süden mediterran und im Westen nordamerikanisch bepflanzt. Ob der Öko-Wolkenkratzer hält, was sich Architekten und Auftraggeber von ihm versprechen, wird man sehen ...

Die Skyline von "Mainhattan" wird vom Hochhaus der Commerzbank beherrscht.

Frankfurt in Zitaten

Hinweis	Die folgende Sammlung von ausgewählten Literaturzitaten ist chronologisch geordnet.
Deutsche Sage	Als König Karl von den Sachsen geschlagen floh und zum Main kam, wußten die Franken die Furt nicht zu finden, wo sie über den Fluß gehen und sich vor ihren Feinden retten könnten. Da soll plötzlich eine Hirschkuh erschienen, ihnen vorangegangen und eine Wegweiserin geworden sein. Daher gelangten die Franken über den Main, und seitdem heißt der Ort Frankfurt. Aus: Brüder Grimm, Deutsche Sagen
Deutsche Sage	In der Mitte der Sachsenhäuser Brücke sind zwei Bogen oben zum Teil nur mit Holz zugelegt, damit dies in Kriegszeiten weggenommen und die Verbindung leicht, ohne etwas zu sprengen, gehemmt werden kann. Davon gibt es folgende Sage: Der Baumeister hatte sich verbindlich gemacht, die Brücke bis zu einer bestimmten Zeit zu vollenden. Als diese herannahte, sah er, daß es unmöglich war, und, wie nur noch zwei Tage übrig waren, rief er in der Angst den Teufel an und bat um seinen Beistand. Der Teufel erschien und erbot sich, die Brücke in der letzten Nacht fertig zu bauen, wenn ihm der Baumeister dafür das erste lebendige Wesen, das darüber ging, überliefern wollte. Der Vertrag wurde geschlossen und der Teufel baute in der letzten Nacht, ohne daß ein Menschenauge in der Finsternis sehen konnte, wie es zuging, die Brücke ganz richtig fertig. Als nun der erste Morgen anbrach, kam der Baumeister und trieb einen Hahn über die Brücke vor sich her und überlieferte ihn dem Teufel. Dieser aber hatte eine menschliche Seele gewollt und wie er sich also betrogen sah, packte er zornig den Hahn, zerriß ihn und warf ihn durch die Brücke, wovon die zwei Löcher entstanden sind, die bis auf den heutigen Tag nicht können zugemauert werden, weil alles in der Nacht wieder zusammenfällt, was tags daran gearbeitet ist. Ein goldener Hahn auf einer Eisenstange steht aber noch jetzt zum Wahrzeichen auf der Brücke.
Tilemann Elhen Deutscher Notar und Stadtschreiber (1348 bis um 1420)	Also schlug der kleine Hauff den großen Hauff nieder. Das war nicht wunder, denn der große Hauff flohe und der kleine stritte. O Frankfurt! Frankfurt! Gedenke dieser Schlacht! Aus: "Limburger Chronik", Eintrag 1389 nach der Schlacht bei Kronberg
Ulrich von Hutten Deutscher Humanist (1488–1523)	Wohl ja kennst du die Stadt, vorlängst in den Kriegen der Franken ward sie erbaut und heißt nach den Erbauern noch jetzt. Weither suchen die Völker sie auf und wandern die Menschen, denn für die Waren der Welt ist sie der wimmelnde Markt.
König Gustav II. Adolf (1594–1632)	Solange der Main herunter läuft, wie er läuft, werden die Handlungen von der Stadt Frankfurt nicht gezogen werden.

Wenn mich jemand früge, wo ich mir den Platz meiner Wiege bequemer, meiner bürgerlichen Gesinnung gemäßer oder meiner politischen Ansicht entsprechender denke, ich könnte keine liebere Stadt als Frankfurt nennen. Sie hat das edelste Verhältnis und das bedeutendste zur Geschichte unserer Tage, sie ist gerade groß genug, daß sie die Ambitionen eines jungen, regsamen Gemütes befriedige, sie hatte, zum wenigsten in meiner Zeit, eine lebendige Teilnahme, durch die ich allein zu meiner Entwicklung kam.

Johann Wolfgang von Goethe
Deutscher Dichter
(1749–1832)

Gesundes Klima. – Schöne Gegend. – Annehmlichkeiten großer Städte. – Das Naturhistorische Museum. – Besseres Schauspiel, Oper und Konzerte. – Mehr Engländer. – Bessere Kaffeehäuser. – Kein schlechtes Wetter. – Die Senckenbergische Bibliothek. – Keine Überschwemmungen. – Ein geschickter Zahnarzt und weniger schlechte Ärzte. – Keine so unerträgliche Hitze im Sommer. – Weniger beobachtet. – Die Freundlichkeit des Platzes und seiner ganzen Umgebung. – Du bist uneingeschränkter und weniger mit Gesellschaft behelligt, die der Zufall, nicht deine Wahl dir gibt, und hast die Freiheit, dir mißliebigen Umgang abzuschneiden und zu meiden.

Arthur Schopenhauer
Deutscher Philosoph
(1788–1860)

Frankfurt ist die Stadt der Karyatiden. Ich habe noch nirgends so viele Kolosse als Lastträger gesehen wie in Frankfurt. Es ist unmöglich, Marmor, Stein, Bronze und Holz in grausamerer Erfindung und größerem Wechsel arbeiten, winseln und heulen zu lassen ... Das fürchterlichste Ereignis, das Frankfurt treffen könnte, wäre weder die Invasion der Russen, noch der Einbruch der Franzosen, weder der europäische Krieg, der durch das Gebiet zöge, noch die alten Bürgerkriege, die neuerdings die vierzehn Quartiere der Stadt zerstörten, weder der Typhus noch die Cholera – sondern das Erwachen, das Losbrechen und die Rache der Karyatiden.

Victor Hugo
Französischer Dichter
(1802–1885)

Es is kaa Stadt uff der weite Welt,
die so merr wie mei Frankfort gefällt,
un es will merr net in de Kopp enei:
wie kann nor e Mensch net von Frankfort sei!

Un wär'sch e Engel un Sonnekalb,
e Fremder is immer von außerhalb!
Der beste Mensch is e Ärjerniß,
wann er net aach von Frankfort is.

Friedrich Stoltze
Frankfurter Mundartdichter
(1816–1891)

Seit fünf Jahrhunderten ist Frankfurt unter den Städten Deutschlands an Umfang immer die Siebente gewesen, zugleich aber auch in diesem Rang die beständigste im Unbestand und Wechsel der anderen. Ist sie die heimliche Hauptstadt Deutschlands, seine Mitte im philosophischen Sinne, goldene Ader Mediocritas im politischen Glück und Unglück? Diese Stadt war, was sie als Verkehrsstadt heute noch ist schon vor einem Jahrtausend; sie ist, in sichtbaren und unsichtbaren Dingen, unter den motivierten Städten Europas eine der motiviertesten. Es gibt ein anderes Frankfurt im Osten Deutschlands, es gibt in den Vereinigten Staaten sechs Städte, die den Namen Frankfurt angenommen haben, keine ist so lebendig, so Gleichgewicht, Gestalt ...

Alfons Paquet
Deutscher Schriftsteller
(1881–1944)

Immer wenn ich hier war, spürte ich beides: Weite einer Weltgesinnung und Nähe eines Heimatgefühles – Goethe und Friedrich Stoltze.

Theodor Heuss
Deutscher Politiker
(1884–1963)

Sehenswürdigkeiten von A bis Z

Stadtbesichtigung

Hinweis

Die nachstehenden Empfehlungen sollen dem Reisenden, der zum ersten Mal nach Frankfurt am Main kommt und nur wenig Zeit zur Verfügung hat, als Leitlinie dienen, um den Aufenthalt in der Stadt möglichst eindrucksvoll zu gestalten. Die **fettgedruckten** Sehenswürdigkeiten, Orte und Plätze beziehen sich auf die Beschreibungen der "Sehenswürdigkeiten von A bis Z" im Hauptteil dieses Reiseführers.

Stippvisite

Wer sich nur einige Stunden in Frankfurt aufhält und dennoch das Wichtigste sehen will, dem sei die Teilnahme an einer organisierten Stadtrundfahrt (⟶ Praktische Informationen, Stadtbesichtigung) empfohlen. Wer mit wenig Zeit auf eigene Faust losziehen will, sollte sich unbedingt die Gegend um den ****Römerberg** ansehen mit dem Rathaus ****Römer**, der ****Paulskirche**, der ****Schirn Kunsthalle**, dem ***Dom**, dem ***Steinernen Haus** und dem ***Saalhof** sowie dem nahegelegenen ****Museum für Moderne Kunst**. Sehr empfehlenswert ist auch, eines der Museen am Schaumainkai besuchen, z.B. das ****Städelsche Kunstinstitut**, das ****Museum für Kunsthandwerk** oder das ****Deutsche Filmmuseum**.

Dauer der Rundgänge

Jeder Rundgang ist in etwa 2–3 Std. zu bewältigen, entsprechend mehr Zeit sollte man einplanen, wenn man sich in Ruhe einige der bemerkenswerten Museen in der Altstadt bzw. am Museumsufers ansehen möchte.

Rundgang 1

Durch die Innenstadt in die Altstadt

Der Spaziergang durch die Altstadt und Innenstadt wird dem Besucher, der Frankfurt bislang nur als Banken- und Messemetropole kannte, ein anderes Gesicht zeigen: das der 1200 Jahre alten Stadt mit kopfsteingepflasterten Plätzen, mittelalterlichen Kirchen, hübsch restaurierten Fachwerkhäusern und eleganten Einkaufsstraßen. Ausgangspunkt ist der Opernplatz mit der spätklassizistischen ****Alten Oper** im Nordwesten der Innenstadt. Von hier aus läuft man über die Einkaufsstraße **Freßgass'**, offiziell Große Bockenheimer Straße, zur ***Hauptwache**, neben dem Opernplatz einer der zentralen Plätze in der Innenstadt, benannt nach dem schönen alten Wachgebäude in seiner Mitte. Von hier aus ist ein Abstecher über die Schillerstraße zur ***Börse** möglich, deren hektischem Treiben man morgens (nach Voranmeldung) als Besucher beiwohnen kann. Zurück an der Hauptwache gelangt man an der **Katharinenkirche** vorbei zur eleganten ***Zeil**. Biegt man von der Zeil nach rechts in die Hasengasse ein, stößt man nach hundert Metern auf das 'Tortenstück', das dreieckig geschnittene ****Museum für Moderne Kunst**, das bedeutende Kunst der Sechziger und der Gegenwart ausstellt. Nun befindet man sich bereits in der Altstadt und trifft wenige Meter weiter auf den gotischen ***Dom**, in dem von 1562 bis 1792 die Kaiser gekrönt wurden. Vor dem Dom öffnet sich der **Archäologische Garten**, in dem Funde der römischen und karolingischen Zeit zu sehen sind. Die Ausgrabungsstätte wird von der ****Schirn Kunsthalle Frankfurt** flankiert, eine der wichtigsten Ausstellungshäuser Europas. Durch die Schirn hindurch führt ein Durchgang auf den ****Römer-**

◀ *Blick über die Frankfurter Altstadt und Sachsenhausen vom Dom aus*

Rundgang 1 (Fortsetzung)

berg, wo sich die Highlights überschlagen: Vorbei an der **Alten Nikolaikirche** wird der Blick zunächst auf den ****Römer**, das Alte Rathaus und die Stätte der Wahl der deutschen Könige seit 1356, gelenkt. Linker Hand liegt der ***Saalhof** mit dem **Historischen Museum**, westlich am Main ***St. Leonhard**. Dem Römer gegenüber leuchtet die Ostzeile, jüngst restaurierte Fachwerkhäuser, in in vielen Farben. Links der Ostzeile erspäht man eine Ecke des ***Steinernen Hauses**, einem burgähnlichen Geschäftshaus des 15. Jh.s. Links am Römer vorbei gelangt man zum **Museum für Vor- und Frühgeschichte**, das an das **Karmeliterkloster** angeschlossen ist. Zurück zum Römer, führt der Rundweg zur wenige Schritte nördlich gelegenen ****Paulskirche**, in der 1848 die Geburtsstunde der Demokratie gefeiert wurde. Über die belebte Berliner Straße erreicht man den Großen Hirschgraben, wo man sich den Besuch des ****Goethe-Hauses**, in dem Goethe seine Kindheit und Jugend verbrachte, sowie des ***Goethe-Museums** gleich daneben nicht entgehen lassen sollte. Durch die Weißadlergasse, den Kornmarkt und die Bleidenstraße trifft man auf die ***Liebfrauenkirche**, von der aus es nur noch wenige Schritte zurück zur ***Zeil** sind, auf der der Rundgang endet.

Spaziergang 2

Entlang des Museumsufers zum Ebbelwei-Viertel Alt-Sachsenhausen

Dieser Weg führt an allen bedeutenden Museen des ('**Museumsufer**' genannten) Schaumainkais vorbei, der sich das südliche Mainufer entlangzieht. Selbst bei einem kurzen Aufenthalt in Frankfurt sollte man sich den Besuch eines oder zweier dieser zum Teil spektakulären Ausstellungshäuser gönnen. Der Spaziergang beginnt am ***Liebighaus**, dem Museum alter Plastik, das Skulpturen von der Antike bis zum 19. Jh. zeigt. Einen Block weiter können Liebhaber der mittelalterlichen bis zeitgenössischen Malerei im renommierten ****Städelschen Kunstinstitut und der Städtischen Galerie** auf ihre Kosten kommen. Das ***Museum für Post und Kommunikation** illustriert auf abwechslungsreiche Weise die Geschichte der Post und die Entwicklung der Nachrichtenübermittlung. Dicht beieinander stehen das ***Architekturmuseum** mit dem 'Haus im Haus' und das ****Filmmuseum**, das mit großen Kulissen und vielen Exponaten die Entwicklung des Films, die Entstehung von Filmen, Filmtricks u.v.m. zeigt. Überquert man nun die wichtigste Einkaufsstraße Sachsenhausens, die Schweizer Straße, wartet schon das kleine **Museum für Völkerkunde** und schließlich das große ****Museum für Kunsthandwerk**, das sich mit dem Kunsthandwerk Europas, Ostasiens, der islamischen Länder sowie Buchkunst und Graphik beschäftigt, auf die Besucher. An der **Dreikönigskirche** vorbei stößt man über die Große Rittergasse und seine Nebenstraßen auf Frankfurts Ebbelwei-Viertel ***Alt-Sachsenhausen**, wo besonders gegen Abend allerorts dem Frankfurter Nationalgetränk zugesprochen wird.

Spaziergang 3

Über die Wallanlagen zum Zoo

Der fast geschlossene grüne Parkgürtel der ***Wallanlagen**, der sich auf 3,5 km Länge um Frankfurts Innenstadt zieht, beginnt am ***Jüdischen Museum**, das sich der jüdischen Geschichte vom 12. Jh. bis heute am Beispiel der Frankfurter Gemeinde widmet. Vorbei an den **Städtischen Bühnen** und den Denkmälern von Goethe und Schiller geht es in Richtung Opernplatz mit der ****Alten Oper**, wo der Rundweg 1 beginnt. Durch die Bockenheimer Anlage erreicht man den ***Eschenheimer Turm**, einen der schönsten spätgotischen Tortürme Deutschlands. Nun spaziert man am Maurischen Haus vorbei auf den Chinesischen Garten zu, an den die Friedberger Anlage anschließt. Am Uhrtürmchen biegt man nach links in die Pfingstweidstraße ein, über die man auf den weltbekannten Frankfurter ****Zoo** stößt, in dem man am Ende dieses Spaziergangs verweilen kann.

Stadtplan
mit Rundgängen

1 Architekturmuseum 2 Filmmuseum 3 Goethe-Haus 4 Goethe-Museum 5 Schirn-Kuns

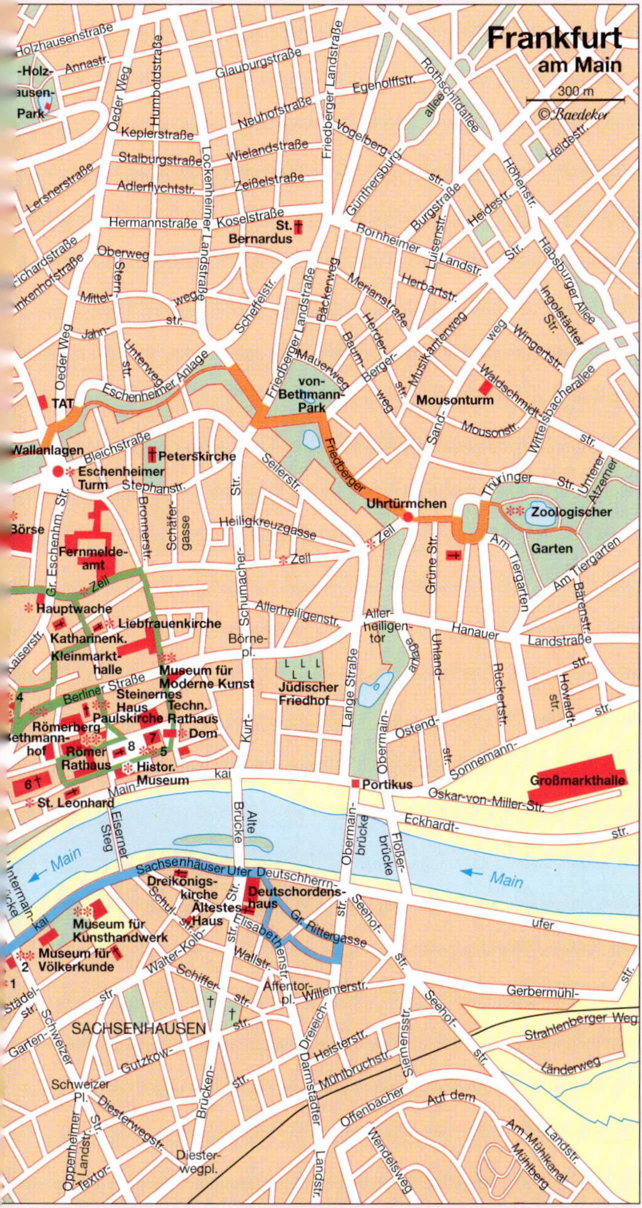

Rundgang 1
Rundgang 2
Rundgang 3

Henningerturm

6 Museum für Vor-und Frühgeschichte
7 Archäologischer Garten
8 Alte Nikolaikirche

Sehenswürdigkeiten von A bis Z

Alte Brücke — K 15

Lage
Verlängerung der Kurt-Schumacher-Straße

Busse
30, 36
(Schöne Aussicht)

Die Alte Brücke, auch Sachsenhäuser Brücke genannt, war bis zum Bau des → Eisernen Steges 1869 die einzige Mainbrücke Frankfurts. Obwohl sie urkundlich erstmals 1222 erwähnt wird, kann man mit Sicherheit davon ausgehen, daß an gleicher Stelle schon sehr viel früher ein hölzerner Übergang über den Main existierte. Die Brücke hatte durch die Jahrhunderte hindurch eine große wirtschaftspolitische Bedeutung, da durch Frankfurt am Main eine der Nord-Süd-Handelsrouten verlief. So erklären sich verschiedene ungewöhnliche Maßnahmen zum Erhalt der mehrmals neu aufgebauten Brücke: Beispielsweise erhielten die Bürger der Stadt 'auf ewige Zeiten' die Erlaubnis, Brückenholz im Reichsforst Dreieich zu schlagen. Im 14. Jh. wurde darüber hinaus gar demjenigen Ablaß gewährt, der zur Erneuerung der vom Hochwasser zerstörten Brückenpfeiler von Frankfurt am Main beitrug. Ihre heutige Gestalt erhielt die 1945 gesprengte Brücke mit dem Umbau von 1965. Sie überspannt mit einer Gesamtlänge von 237 m und 19,5 m Breite den Main. Ein Kruzifix mit 'Brickegickel', einer Kopie eines Mahnzeichens aus dem 14. Jh., steht am nördlichen Brückenaufgang. Der Überlieferung nach wurden ab dem 15. Jh. am Standort des Kruzifixus die zum Tode durch Ertränken Verurteilten ins Wasser gelassen.

Alte Nikolaikirche — K 15

Lage
Römerberg

U-Bahn
U4 (Römer)

Straßenbahn
11 (Römer/
Paulskirche)

Auf der Südseite des → Römerberges, nahe dem Main, wurde 1290 die Hofkirche St. Nikolai dem hl. Nikolaus von Myra († um 350), dem Patron der Schiffer, geweiht, demselben Bischof, auf den das Nikolausfest am 6. Dezember zurückgeht. Die Kirche wurde auf königlichem Grund erbaut, wohl als Ersatz für die zu kleine königliche Hofkapelle im benachbarten → Saalhof. Ab 1292 geriet St. Nikolai in die Abhängigkeit des Domstiftes und wurde im 14. Jh. immer ausschließlicher für Messe und Gebet des städtischen Rates genutzt. Mitte des 15. Jh.s wurden umfangreiche Erneuerungs- und Umbauarbeiten durchgeführt. 1460 war die Turmerhöhung abgeschlossen, seitdem wurden vom Turmwächter die ein- und auslaufenden Schiffe angeblasen. 1466/1467 erhielt die zweischiffige Kirche ihr charakteristisches steiles Walmdach, das von einem Laufgang umkränzt wird, der durch Hans von Lich mit Maßwerkbrüstungen und Eckkanzeln vollendet wurde. Der Laufgang diente dem Rat fortan bei den Festlichkeiten der Krönungen, bei Spielen und Turnieren als Tribüne. Ein Jahrhundert später wurde die Kirche als Warenlager und Getreidespeicher zweckentfremdet. Heutzutage schallt kein langgezogenes Signal mehr über den Main zu den Schiffen, doch es tönt von der Kirche aus alljährlich Posaunenmusik über den Weihnachtsmarkt. Auch im 20. Jh. waren Restaurierungen notwendig geworden: Die gußeiserne Turmspitze wurde durch eine kupferne ersetzt und die Fassade der Kirche, entsprechend dem ursprünglichen Zustand, in Rot und Weiß gestrichen.

Vom Turm der Alten Nikolaikirche am Römerberg bliesen seit dem 15. Jahrhundert die Turmwächter die ein- und auslaufenden Schiffe an.

**Alte Oper J 14

Am westlichen Ende der ⟶ Freßgass' läd der großzügig angelegte Opernplatz mit der spätklassizistischen Alten Oper, den in den heißen Monaten Kühlung spendenden Brunnen und den umliegenden Cafés und Bistros zum Ausruhen ein, ein Angebot, das von jung und alt hier gerne genutzt wird.

Lage
Opernplatz

U-Bahnen
U6, U7 (Alte Oper)

(⟶ Abb. S.37)

Das 1880 als Operhaus eingeweihte Gebäude dient heute als Konzert- und Kongreßzentrum, Opern kommen dagegen in den ⟶ Städtischen Bühnen zur Aufführung. Viele Tagungen, Versammlungen, Ausstellungen und Gala-Abende finden in den Sälen der Alten Oper ein würdiges Ambiente, was nicht zuletzt an den hier jährlich stattfindenden 'Frankfurt Festen' abzulesen ist, ein mehrwöchentliches Festival klassischer und moderner Musik mit Ausstellungen von Mitte August bis Anfang Oktober, sowie dem alljährlichen Opernball im Februar und der monatlichen Ausstrahlung der ZDF-Talkshow 'Live' aus der Alten Oper. Ein Restaurant und ein Bistro im Inneren sorgen für das leibliche Wohl der Besucher.

Geschichte

Ursprünglich war die Oper ein Repräsentationsbau der Gründerzeit, Ausdruck des Selbstbewußtseins des Frankfurter Bürgertums des späten 19. Jahrhunderts. Anfang 1870 wurden der Stadt von wohlhabenden Bürgern 480000 Goldmark als Zuschuß für den Bau zur Verfügung gestellt. In dem 1871 ausgeschriebenen Wettbewerb gab man dem späteren Direktor der Berliner Bauakademie, Richard Lucae, den Vorzug. In dem Projekt verbargen sich hinter prächtiger Dekoration sämtliche technischen Errungenschaften des späten 19. Jh.s. Am 20. Oktober 1880 wurde das Opernhaus in Anwesenheit Kaiser Wilhelms I. glanzvoll eingeweiht. Nachdem es am 23. März 1944 weitgehend durch Bomben zerstört worden war, bedurfte

Geschichte (Fortsetzung)

es heftiger Debatten und öffentlicher Diskussionen, bis es am 28. August 1981, Goethes 232. Geburtstag, feierlich eingeweiht werden konnte.

Fassaden

Die Architektur der Fassaden ist im Stil der italienischen Hochrenaissance gehalten. Die Außenwandverkleidung ist größtenteils aus Savonnière-Kalkstein; besonders beachtenswert sind die Sgraffito-Felder: hier wurden Zeichnungen durch hellere, noch feuchte Putzschichten bis auf dunklere hindurchgekratzt – eine schwierige Technik, die bei den Wiederaufbauarbeiten nach dem Zweiten Weltkrieg erneut geleistet werden mußte.

Ausstattung

Der Bau war gegliedert in Bühnenhaus, Zuschauerraum und Foyer, letzteres ehemals mit einer großen Mitteltreppe. Die Ausstattung wurde nach alten Entwürfen (u.a. von Lucae) von Frankfurter und Berliner Künstlern ausgeführt. In der Loggia stehen Plastiken von Mozart und Goethe, im Südgiebel eine Versinnbildlichung des Lust- und Trauerspiels und im Nordgiebel eine Personifizierung des menschlichen Schicksals, der Kandelaber ist mit tanzenden Jünglingen ausgestattet. Der plastische Schmuck wurde zusammen mit den Fassaden beim Wiederaufbau restauriert, mit Ausnahme des Pegasus – im Volksmund 'Ackergaul' genannt –, der von Bildhauer G. Hüter neu geschaffen wurde, und der "Panther-Quadriga" welche das ehemalige Schauspielhaus krönte. Die Dekoration der repräsentativen Innenräume, der Eingangshalle und des ehemaligen Malersaales, des heutigen Alten Foyers hinter der Loggia im 1. Obergeschoß, ist weitgehend in alter Form und Farbgebung wiederhergestellt.

Säle

Den Kern des modernen Hauses bildet der Große Saal mit ca. 2500 Plätzen, der multifunktional für Konzerte, Kongresse und kleinere Bühnenaufführungen nutzbar ist; von ihm durch eine Hubwand abtrennbar findet sich der Olymp mit ca. 500 Plätzen, der als separater Saal genutzt werden

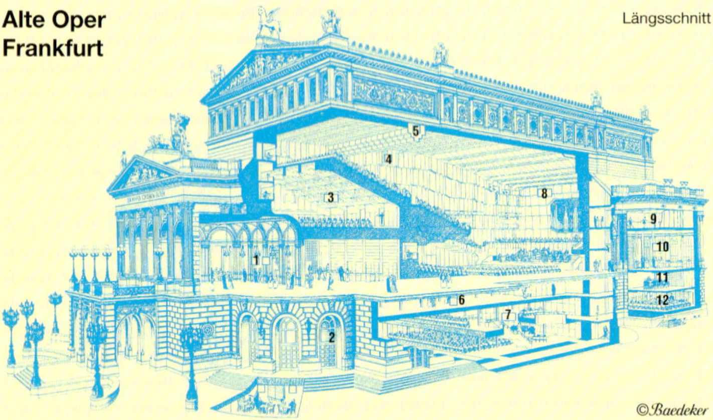

Das Frankfurter Opernhaus, ursprünglich 1872 – 1880 nach Plänen des Schinkel-Schülers Richard Lucae in neoklassizistischen Formen errichtet, brannte im Zweiten Weltkrieg 1944 nach einem Luftangriff aus und wurde 1964 – 1981 als Konzert- und Kongreßzentrum 'Alte Oper' wiederaufgebaut.

1 Foyer (alte und moderne Architektur)
2 Opernbistro
3 Hindemith-Saal (260 qm, 340 Plätze) Olymp (260 qm, 500 Plätze)
5 Teleskop-Hubwand (trennt bei Bedarf den Olymp vom Großen Saal)
6 Ausstellungsfläche (2775 qm)
7 Mozart-Saal (845 qm, 700 Plätze)
8 Großer Saal (mit Olymp: 2063 qm, 2500 Plätze)
9 Pfitzner-Salon
10 Liszt-Salon
11 Telemann-Salon
12 Humperdinck-Salon

kann. Weitere Säle auf verschiedenen Ebenen ermöglichen den synchronen Ablauf unterschiedlicher Veranstaltungen. Die Architektur ist bewußt zurückhaltend im Kontrast zur historischen Substanz.

Alte Oper, Säle (Fortsetzung)

Der Rothschildpark, im Winkel von Reuterweg und Bockenheimer Landstraße gelegen, ist heute von Hochhäusern umgeben.
In ihm liegt der von Georg Kolbe geschaffene 'Ring der Statuen'. Er zeigt zwischen 14 Pfeilern stehend sieben Bronzefiguren: Junges Weib, Hüterin, Auserwählte, Amazone (1939–1941), Stehender Jüngling, Sinnender und Herabschreitender (1945–1948).

Rothschildpark

*Alt-Sachsenhausen K 14/15

Dieser als 'Ebbelwei-Viertel' bekannte Teil von Sachsenhausen bildet mit seinen schiefergedeckten Fachwerkhäusern und seinen mehr als 120 Kneipen in der kopfsteingepflasterten Fußgängerzone einen Anziehungspunkt für Nachtschwärmer und Touristen, die aber leider abends und an Wochenenden in solchen Massen in das Viertel einfallen, daß es mit der Ruhe schnell vorbei ist. Gemütlich wird es nur an frühen Sommernachmittagen, wenn Stühle und Tische vor die Lokale gestellt werden, oder wenn man zwischen den vielen nullachtfünfzehn-Kneipen eine der wenigen verbliebenen alten Ebbelwei-Kneipen gefunden hat (⟶ Praktische Informationen, Apfelweinwirtschaften). Das Amüsierviertel erstreckt sich in einem Dreieck zwischen Alter Brücke und Obermainbrücke, im Süden wird es vom Affentorplatz begrenzt.
Auf diesem Platz stehen zwei klassizistische Wach- und Zollgebäude, die Affentorhäuser, die 1810–1811 als Ersatz für das mittelalterliche südliche Stadttor entstanden. Der ungewöhnliche Name erinnert nicht an um die Häuser herumtollende Affen, sondern an die Auen ('Ave') vor den Toren. (Eine andere Erklärung verbindet 'Ave' (beten) mit einem möglicherweise hier befindlichen Ort des Gebets). Seit 1974 dienen die Häuser mit ihren fünf Versammlungsräumen und einer Gaststätte als Bürgertreff.

Lage
Südlich des Mains zwischen Eisernem Steg und Obermainbrücke

Wirtschaft im Ebbelwei-Viertel.

Das historische Alt-Sachsenhausen dehnt sich über das Kneipenviertel hinaus noch weiter nach Westen aus. Eine Mauer aus dem 14. Jh. umfaßte in etwa die heute durch das Ufer zwischen Eisernem Steg und Obermainbrücke, Dreieichstraße, Neuem Wall, Wallstraße und Schulstraße gebildete Fläche. Der Legende nach ist Sachsenhausen von Karl d. Gr. gegründet worden, der an diesem Platz die Familien der besiegten Sachsen angesiedelt haben soll. Urkundlich erstmals 1193 genannt, wird es 1318 im Stadtfrieden ausdrücklich als zu Frankfurt gehörig bezeichnet und erhielt ab 1390 die beschriebene befestigte Umwallung, von der noch der Kuhhirtenturm (1490) erhalten ist.

Busse
30, 36 (Elisabethenstr. oder Affentorplatz)
46 (Frankensteiner Platz)

Straßenbahn
14 (Frankensteiner Platz)

Dieser rechteckige, mit vier Geschossen erbaute Turm der alten Befestigungsanlage steht als letzter von fünf Wachtürmen, die noch 1870 existierten. Der drohende Abbruch 1884 konnte durch Bürgerprotest verhindert werden. Den Turm mit seinem obersten Fachwerkgeschoß bewohnte von 1923 bis 1927 der damals an der Frankfurter Oper als Konzertmeister tätige Paul Hindemith (1895–1963). Neben dem Turm befindet sich das bekannte Alt-Sachsenhäuser Lokal gleichen Namens.
⟶ Sachsenhausen

Kuhhirtenturm

Archäologischer Garten J 15

Lage
Römerberg

U-Bahn
U4 (Römer)

Straßenbahn
11 (Domstr.)

Archäologischer Garten ist die Bezeichnung für ein Areal mit 1953 begonnenen Ausgrabungen, bei denen Teile der römischen Siedlung zum Vorschein kamen, deren Mauern noch etwa 0,5 m hoch aufragen, u.a. wurde ein römisches Schwitzbad (75–110 n. Chr.) entdeckt. Auch Fundamente der karolingischen Königspfalz (ca. 1,50 m hoch) sind noch zu sehen. Der Archäologische Garten stellt den ältesten Teil Frankfurts dar. Er liegt zwischen dem → Technischen Rathaus, dem → Dom und der → Schirn Kunsthalle auf dem → Römerberg im Zentrum der Stadt.

Bankenviertel J 14

Lage
Westend-Süd

S-Bahnen
S1–S6, S7 (Taunusanlage)

U-Bahnen
U6, U7 (Alte Oper)

Zur Zeit gibt es in Frankfurt neben der Deutschen Bundesbank und der Landeszentralbank Hessen noch über 400 Kreditinstitute mit Sitz, Zweig- und Geschäftsstellen in Frankfurt, darunter knapp 300 ausländische Banken, die im sogenannten Bankenviertel etabliert sind. Das Viertel zeichnet sich vor allem durch seine zahlreichen Hochhäuser aus (→ Baedeker Special S. 44), die den Stadtteil Westend-Süd zu umschließen scheinen bzw. sich um die Taunusanlage herum und entlang der Mainzer Landstraße über die Friedrich-Ebert- und die Senckenberganlage und entlang der Bockenheimer Landstraße gruppieren. Deshalb wird Frankfurt oft als 'Mainhattan' oder 'Chicago am Main' bezeichnet (Chicago ist übrigens eine Partnerstadt Frankfurts). Frankfurt kann als internationaler Finanzplatz zwar mit Paris, Amsterdam oder Zürich konkurrieren, jedoch bleiben London und New York trotzdem die überragenden Finanzzentren der westlichen Welt.

Blick auf 'Bankfurt'

Die Entwicklung Frankfurts zur Handels- und Finanzmetropole begann mit den Messen des Mittelalters, die Währungen verschiedenster Länder in die Stadt brachten. Aus Geldgeschäften und Warenhandel entstanden Privatbanken (Bethmann, Grunelius, Metzler), die zum Teil heute noch bestehen. Mit der Beteiligung am Eisenbahnbau und an internationalen Staatsfinanzierungen im 19. Jh. gewann Frankfurt immer mehr an Ansehen. Nach der Reichsgründung verdrängte Berlin jedoch Frankfurt von seinem führenden Platz auf dem Finanzmarkt. Erst nach 1945 kam wieder eine Wende: In den letzten 50 Jahren mauserte sich Frankfurt zur Finanzhauptstadt der Bundesrepublik Deutschland. Dafür war nach dem Zweiten Weltkrieg entscheidend, daß die Bank Deutscher Länder, die Vorläuferin der Deutschen Bundesbank, in Frankfurt gegründet wurde; die Nähe der Notenbank, die Frankfurter Wertpapierbörse und die günstige geographische Lage der Stadt taten das Ihre.

Bergen-Enkheim

Dieser 1977 eingemeindete Frankfurter Stadtteil mit seiner kleinen Altstadt wurde durch das seit 1974 bestehende Amt des 'Stadtschreibers von Bergen' regelrecht berühmt. Hierbei wird jeweils für ein Jahr ein Schriftsteller bzw. eine Schriftstellerin zum 'Stadtschreiber von Bergen-Enkheim' ernannt, wobei dieses symbolische Amt mit einem Jahresstipendium verbunden ist. Nahmhafte Autoren logierten und arbeiteten bereits in dem dafür bereitgestellten Haus, so Wolfgang Koeppen als erster Stadtschreiber, danach u.a. Jureck Becker, Karl Krolow, Peter Rühmkorff, Helga M. Nowak, Peter Bichsel, Nicolas Born, Ulla Hahn und Peter Härtling, um nur einige zu nennen.

Lage
ca. 10 km nordöstlich vom Frankfurter Stadtkern

U7 bis U-Bahn-Station Enkheim, dann Bus 42 bis Marktstr.
oder Straßenbahn 14 bis Saalburg-/Wittelsbacher Allee, dann Bus 43 bis Marktstr.

Den Ortskern von Bergen-Enkheim mit überwiegend barocken Fachwerkhäusern umgab seit 1440 eine Stadtmauer mit zehn Türmen und – nach Osten und Westen – zwei Torbauten. Von der Wehranlage erhalten sind noch der Weiße Turm von 1472 (Gangstraße) und Teile der Mauer (Im Sperber und Conrad-Weil-Gasse). Der übrige Teil der Befestigung wurde nach dem siebenjährigen Krieg als Steinbruch genutzt; nachdem Bergen 1866 preußisch wurde, verlor die Mauer ihre Bedeutung endgültig.

Altes Berger Rathaus, heute Heimatmuseum

Der sehenswerte Mittelpunkt des Ortes ist das alte Rathaus (Marktstraße 60). In der ersten Häfte des 14. Jh.s wurde die gotische Steinhalle (spilhus) als Gerichts- und Markthalle errichtet, das Erdgeschoß in der Renaissance 1520–1530 in Fachwerk aufgestockt und das Gebäude als Rathaus genutzt. 1704 wurde es barock ergänzt; seit 1959 dient es als Heimatmuseum (geöffnet: So. 15–18, Do. 20–21.30). An der Westseite ist der sog. Fratzenstein vermauert (1479): neben dem spätgotischem Kopfrelief liest man noch die Inschrift "Far, du Gauch" als Warnung für Gaukler und Landstreicher, den Ort nicht zu betreten.

Schelmenburg

Ebenfalls an der Marktstraße (Nr. 13) liegt die sog. Schelmenburg, die heute von der Stadtverwaltung genutzt wird. Seit 1194 ist hier das Geschlecht der Schelme von Bergen nachweisbar, die bald Vasallen der seit 1279 über Bergen herrschenden Grafen von Hanau wurden, fortan beraubten die Schelme vorüberziehende Kaufleute. 1380/1381 beendeten die Frankfurter mit der Besetzung der Burg das Treiben der Raubritter, die Schelme mußten Urfehde (Frieden) schwören. Nachdem die Festung 1700 geschleift worden war, erbaute ein Schelm-Nachfahre auf den alten Kellerfundamenten ein barockes Wasserschloß, das heute unter Denkmalschutz steht. 1844 starben die Schelme von Bergen aus.
Die Sage von einem Schelm von Bergen, der Henker gewesen sein soll, wurde von Heinrich Heine leicht verändert in eine Ballade umgeformt: Der Berger Henker tanzt – zunächst unerkannt – mit der Kaiserin und wird daraufhin zur Bereinigung dieses 'Unglücks' durch Friedrich I. Barbarossa als Schelm von Bergen geadelt. Von der Sage sind noch andere Versionen überliefert.

Nikolauskapelle

In der Nähe des Rathauses liegt die Nikolauskapelle (Marktstraße 56), eine Saalkirche, die 1524 im Auftrag der Zisterzienserabtei Haina als Ersatz für eine ältere Kapelle errichtet wurde. Dieser heute noch bestehende spätgotische Neubau wurde jedoch seit 1818 einer profanen Nutzung, nämlich als Scheune, zugeführt. Heute sitzt dort die Kultur AG, auch Räumlichkeiten für Konzerte sind vorhanden.

Berger Warte

Nordwestlich von Bergen, an der Vilbeler Landstraße, steht die Berger Warte, die bereits 1340 als 'Geierswarte' erwähnt wird. Im Schmalkaldischen Krieg brannte 1552 der Fachwerkturm ab, 1557 wurde der Bau in Stein erneuert. Da der Wächter nur mittels einer Leiter in die Einstiegsluke gelangen konnte, erhielt die Warte 1844 eine Außentreppe aus den Steinen des dortigen ehemaligen Hanauischen Galgens.

Bethmannhof **J 15**

Lage
Bethmannstr. 7–9

Straßenbahn
11 (Paulskirche)

U-Bahn
U4 (Römer)

Sitz des Bankhauses Gebr. Bethmann ist der Bethmannhof an der Ecke Buchgasse/Bethmannstraße. Das Bankhaus wurde 1748 von Simon Moritz von Bethmann gegründet, führte noch im 18. Jh. die Frankfurter ⟶ Börse zu internationaler Bedeutung und ist heute die größte Privatbank Hessens. Als großzügige Mäzene haben die Mitglieder der Familie Bethmann viel für das Frankfurter Kulturleben, die Wohlfartspflege und das Verkehrswesen getan. Sie unterstützten als eine der ersten Banken sowohl den Eisenbahnbau als auch die Dampfschiffahrt auf Main und Rhein. Auch Goethe ließ sich von der Bethmann-Bank Kredit für seine berühmt gewordene Italienreise geben. Das ehemals 'Basler Hof' genannte Gebäude, das erst im Jahre 1762 von der Familie Bethmann bezogen wurde, erhielt erst nach dem Wiederaufbau 1948 seinen heutigen Namen.
An das Haus 'Zum Strauß', das von Bethmann 1818 gekauft und 1896 niedergelegt wurde, erinnert ein Wandbild im zugemauerten Tor neben dem Westflügel des Bethmannhofes. In diesem Haus soll Luther 1521 auf seiner Reise zum Wormser Reichstag übernachtet haben. Das Torgewände Buchgasse 9 stammt noch aus dem Ende des 17. Jh.s, Tür und Gitter sind modern.

'Bethmännchen'

Auch der Ursprung dieser stadtbekannten köstlichen Süßigkeiten liegt bei den Bethmanns: Bethmännchen werden in Frankfurt Marzipankugeln genannt, die mit drei seitlich eingedrückten Mandelhälften verziert werden. Die Anekdote führt die anfängliche Vierzahl der halbierten Mandeln auf die vier Söhne des Staatsrates Simon Moritz von Bethmann zurück. Beim Tode seines Sohnes Heinrich 1845 wurde von den vier Mandeln eine fortgelassen.

Bockenheimer Warte **J 13**

Lage
Bockenheimer Landstraße

Straßenbahn
16

U-Bahnen
U6, U7

Busse
33, 50

Die Bockenheimer Warte, zwischen Universität und Palmengarten gelegen, ist einer der vier spätgotischen Wachtürme, die im Mittelalter die die Stadt umgebende Landwehr verstärkten. Die Anlage einer Landwehr, die bis zu 2,5 km vor die Stadtbefestigung gerückt war, wurde 1393 zur Sicherung der ständig durch Raubritter bedrohten Umgebung des Stadtgebietes beschlossen. Die ursprünglich errichteten Holztürme wurden ab 1414 im Zuge der neuen Befestigung durch steinerne Warten ersetzt, welche die Hauptstraße sicherten. 1481 war der Bau des neuen Sicherungssystems abgeschlossen.
Heute ist die Landwehr nur noch an der Topographie ablesbar, die Warten blieben erhalten. Sie nehmen Entlüftungsrohre des Kanalnetzes auf. Nur die ⟶ Sachsenhäuser Warte ist noch bewohnt.

Sehenswert ist hier auch die U-Bahn-Station Bockenheimer Warte: ein Zug scheint mit der Nase voran tief in die Erde gerammt worden zu sein.

Bornheim **H 17**

Lage
ca. 5 km nordöstlich vom Frankfurter Stadtkern

Bornheim ist der bevölkerungsreichste Stadtteil Frankfurts. Er war bereits 1475–1866 Frankfurter Dorf und wurde 1877 eingemeindet. Er wird oft als das 'Lustige Dorf' bezeichnet. Der alte Dorfkern läßt sich noch an der Johanniskirche, einem in den Jahren 1752–1793 als Pfarrkirche erbauten Barockbau mit Zwiebelturm, der nach einem Brand von Johann Andreas Liebhardt 1778–1781 wiedererrichtet wurde, und einigen um die Kirche gelegenen Fachwerkhäusern erkennen.
Auf der Berger Straße, die als Fußgängerbereich und Einkaufszone ('Ber-

nemer Zeil') ausgebaut ist, steht noch der Hohe Brunnen, ein 1827 für die öffentliche Wasserleitung nach einem Entwurf von Philipp Jakob Hoffmann entstandener Obelisk. Dort befindet sich auch das sogenannte Alte Rathaus (Nr. 314), ein barocker Fachwerkbau, der heute als Wohnhaus dient. Eigentlich war es auch niemals das offizielle Rathaus, sondern vielmehr der Hof der Familie Rühl, die mehrfach den Schultheiß stellte und dann von ihrem Haus aus die Geschäfte des Bürgermeisters betrieb. Der Platz am Uhrtürmchen (Berger Str./Ecke Arnsberger Str.) wird mittwochs und samstags als Marktplatz genutzt.

Am Bornheimer Hang liegt eine 1926–1929 nach Plänen von Ernst May im Stil der Neuen Sachlichkeit entstandene Wohnsiedlung mit der Heiligkreuzkirche, 1928–1929 von Martin Weber entworfen (Wittelsbacher Allee Nr. 203–205), und der Hallgartenschule (1929–1930).

Bornheim (Fortsetzung)

Straßenbahn
12

U-Bahn
U4

Busse
34, 43, 69, 103 (Haltestelle jeweils Bornheim-Mitte)

Der Hektik in der Börse kann man als Besucher gelassen zuschauen.

*Börse J 15

Die führende deutsche Aktien- und Devisenbörse ist zwar auch von außen ein imposantes Gebäude, faszinierender ist aber für die meisten das Innenleben: unglaubliche Hektik, lautes Geschrei und nervenzerreißende Spannung um viel – oder wenig – Geld. Zwei Stunden währt das tägliche Spektakel zwischen 11.30 Uhr und 13.30 Uhr, dem man auf der Besuchergalerie nach Voranmeldung (Tel. 069/2997 70) beiwohnen kann.
Der 109 m lange Bau wurde 1874–1879 errichtet. Zwischen den die Fassaden akzentuierenden Risaliten (Vorsprünge) öffnet sich der Mittelbau mit einer von dorischen Doppelsäulen getragenen Vorhalle zum Börsenplatz. Der große Börsensaal, der 1955–1957 neu eingerichtet wurde, wird nach außen durch ein großes Kuppeldach sichtbar, das sich 43 m über den Platz erhebt. Die Kalk- und Tuffsteinfassaden im Stil der italienischen Hochre-

Lage
Börsenplatz 6

U-Bahnen
U1–U3, U6, U7 (Hauptwache)

Bus
36 (Eschenheimer Tor)

Besuchsmöglichkeit!

Börse (Fortsetzung)

(Abb. S.15 und S.61)

naissance sind mit reichem Figurenschmuck versehen. Auf den Pavillons des Mittelbaus sind in zwei Gruppen die allegorischen Figuren 'Krieg und Trauer' bzw. 'Frieden und Wohlstand' angeordnet, dazwischen die Wappen von Berlin und Wien, auf dem Mittelbau selbst Statuen, welche Post, Handel, Schiffahrt, Eisenbahn, Industrie und Telegraphie versinnbildlichen. Vor der Börse stehen die Symbolfiguren der Börsianer, Bär (Baisse) und Bulle (Hausse). Für Nicht-Eingeweihte: Baisse steht für sinkende, Hausse für steigende Börsenkurse.

Geschichte

Die heutige Börse geht auf die zum Schutz gegen die Münzverwilderung 1558 gegründete 'Burs' zurück, eine Vereinigung zur Festlegung einheitlicher Wechselkurse für unterschiedliche Währungen. Nachdem sich die Börse zunächst auf dem ⟶ Römerberg befand, diente ab 1789 der Hof des Hauses Braunfels als Geschäftsort. Die alte Börse wurde nur von 1843 – 1879 genutzt.

*Deutsches Architekturmuseum K 15

Lage
Schaumainkai 43

Bus
46 (Untermainbrücke)

Öffnungszeiten
Di.–So. 10.00–17.00, Mi. 10.00–20.00

Architektur als Ausstellungsobjekt – wie spannend und abwechslungsreich dies sein kann, beweist das Deutsche Architekturmuseum, das 1984 als erstes seiner Art in Deutschland eröffnet wurde. Als Sitz für das 1979 gegündete Museum wählte die Stadt eine neoklassizistische Villa am Schaumainkai, mit deren Umbau Architekt Oswald Mathias Ungers das Thema der Ausstellung nicht nur visuell erfahrbar, sondern auch erlebbar machte: Ungers entkernte die Villa und setzte in ihre Mitte, wie ein zentrales Treppenhaus über alle Stockwerke hinweg, ein begehbares ganz in Weiß gehaltenes Haus im Haus. Um das alte Gebäude herum führte er eine glasgedeckte Halle, die auch einen Teil des Gartens überdacht und dem Museum zusätzliche Ausstellungsfläche verschafft.

Der thematische Schwerpunkt des Museums liegt sowohl im Bereich der Neuerwerbungen als auch bei den Wechselausstellungen auf der Baukunst des 19. und 20. Jahrhunderts. Internationales Ansehen genießt das Haus vor allem als Forum für die Architektur der Gegenwart. Es liegt daher nur nahe, daß der größere Teil des Hauses den Wechselausstellungen vorbehalten wurde, die entweder dem Werk einzelner Architekten oder Architekturschulen, aber auch Themen wie der Stadt- und Regionalplanung, Architektur und Design oder benachbarten Gebieten wie der Architekturfotografie gewidmet sind.

Das begehbare Haus im Haus ist eine Besonderheit des Architekturmuseums.

Die Dauerausstellung im obersten Stockwerk steht unter dem Motto "Von der Urhütte zum Wolkenkratzer" und beleuchtet Geschichte und Entwicklung des menschlichen Wohnens von den Ursprüngen bis zur Gegenwart. Als Anschauungsmaterial dienen vor allem Zeichnungen und Pläne, der besondere Stolz der Sammlung sind aber die Modelle, die aufgrund ihrer Dreidimensionalität völlig andere Eindrücke vermitteln als das Entwurfsmaterial.

**Deutsches Filmmuseum K 15

Man muß nicht gleich Cineast oder Filmwissenschaftler sein, um an diesem Museum seine Freude zu haben – im Gegenteil: Die umfangreiche Schau zum Thema Film ist keine trockene Fachaustellung, sondern eine ungeheuer pfiffige, für Laien und Kenner gleichermaßen interessante Einführung in die Geschichte, Theorie und Ästhetik dieses gerade 100 Jahre alt gewordenen Mediums. Begonnen hatte alles mit dem Kommunalen

Lage
Schaumainkai 41

In der Abteilung "Filmtricks" kann man sich u.a. darüber informieren, wie Animationsfilme gemacht werden und wie man das Blue-Screen-Verfahren einsetzt.

Kino, das der damalige Kulturdezernent Hilmar Hoffmann 1971 ins Leben rief – als erstes städtisches Kino in Deutschland wohlgemerkt. Nachdem Frankfurt 1976 eine bedeutende filmhistorische Sammlung erworben hatte, reifte der Plan, die cineastischen Schätze einem breiten Publikum zugänglich zu machen. Im Jahr 1984 war es dann soweit: Das neu gegründete Filmmuseum (Dauer- und Wechselausstellungen) bezog gemeinsam mit dem Deutschen Institut für Filmkunde und dem Kommunalen Kino ein Haus am Schaumainkai, das ausschließlich dem Film gewidmet ist.
Dauer- und Wechselausstellungen, Filmarchiv, Filmbibliothek, Videothek und eine spezialisierte Buchhandlung runden das breite Angebot dieses Museums ab.

Die auf zwei Etagen eingerichtete Dauerausstellung des Filmmuseums ist in zwei große Themenblöcke unterteilt. Auf der ersten Etage steht die Vorgeschichte des Kinos im Mittelpunkt – nach dem Motto "Vom Guckkasten zum Cinématographe Lumière". Panoramen, Lebensräder, Bildertrommeln, Camera obscura und noch viele andere Erfindungen, die die technischen Voraussetzungen für die laufenden Bilder schufen, werden in ihrer Funktionsweise gezeigt. Den Wendepunkt zur eigentlichen Filmgeschichte

Bus
46 (Untermainbrücke)

U-Bahnen
U1 – U3
(Schweizer Platz)

Öffnungszeiten
Di., Do., Fr.
10.00 – 17.00
Mi. 10.00 – 20.00
Sa. 14.00 – 20.00

Führungen

Deutsches Filmmuseum (Fortsetzung)

markiert der 28. Dezember 1895, als die Brüder Lumière erstmals gegen eine Eintrittgebühr einen Film vorführten. Die von ständigen technischen Neuerungen und Verbesserungen begleitete Verbreitung des Films, seine künstlerische Entwicklung sowie sein Aufstieg zum wichtigsten Kommunikationsmedium des 20. Jahrhunderts wird im zweiten Teil der Dauerausstellung auf unterschiedliche Weise thematisiert. Das breite Spektrum der Exponate reicht von anschaulichen Modellbauten über berühmte Originalkostüme bis hin zu Tontechnikgeräten und zu Kameras aus allen Phasen der Kinogeschichte.

In einem großzügigen Studiokomplex mit nachgebildeten Bühnenaufbauten berühmter Kino-Streifen, so u.a. einem Szenenbild aus dem legendären Hollywood-Klassiker "Der Malteser Falke" von 1941, kann der Besucher beispielsweise einen Blick hinter die Kulissen der Filmproduktion werfen sowie die Entstehung eines Filmes von den Studioaufnahmen bis zur Arbeit am Schneidetisch verfolgen.

Eine Bildertrommel im Vordergrund, dahinter ein 'Lebensrad'.

Wer schon immer mal erfahren wollte, wie ein Comic-Film entsteht, wird es nach einem Gang durch die Ausstellung wissen, denn auch Spezialeffekte und Trickfilmverfahren gehören zu den 'Exponaten'. So manches von dem, was wir im Film für lebensecht gehalten haben, entpuppt sich beim Besuch des Filmmuseums als pure 'Trickkiste'.

✻Deutsches Ledermuseum (Offenbach)

Lage
Frankfurter Str. 86
63067 Offenbach

S-Bahnen
S1, S8
(Ledermuseum)

Straßenbahn
16 (Ludwigstr.)

Öffnungszeiten
Mo. 10.00–13.00
Di., Do.
10.00–17.00
Mi. 10.00–20.00

Das Deutsche Ledermuseum wurde 1917 als Vorbildersammlung durch den Architekten Hugo Eberhardt (1874–1959) gegründet.

Es zeigt die Herstellung von Leder sowie die künstlerische und modische Gestaltung von Leder von der Vorgeschichte bis in unsere heutige Zeit. Mit dem angeschlossenen Deutschen Schuhmuseum (1951) ist es das einzige Spezialmuseum seiner Art auf der Welt. Seit 1990 wird in den europäischen Sammlungen die Entwicklung vom Handwerk zur Industrie vorgestellt, ihr Aufbruch und ihre rasante Entwicklung im 19. Jahrhundert, die Lederwarenindustrie von heute und die Handwerke der Vergangenheit von Sattler und Buchbinder. Daneben werden Gestaltungsmöglichkeiten an und mit Leder bis hin zur freien Plastik an herausragenden Objekten erklärt. Im Ausstellungsabschnitt 'Lebenswelt' wird der Einsatz von Leder in verschiedenen Bereichen vorgestellt z.B. beim Reisen, in christlichen Kulten, beim Schnupfen und Rauchen, als Geldbeutel, beim Militär, im Haushalt und Wohnbereich oder bei Sport und Spiel. In seinen völkerkundlichen Abteilungen werden die Themen Afrika, Nordamerikanische Indianer, Inuit (Eskimos), Cowboys und Schattentheater in Südostasien gezeigt. Die Schattentheatersammlung ist eine der bedeutendsten in Europas Museen, die Nordamerika-Abteilung und die Cowboy-Ausstellung die einzige im Rhein-Main-Gebiet.

Sitz des Museums war ab 1922 die Villa Mainpfalz in Offenbach, 1936 zogen die Sammlungen in das Alte Lagerhaus (von 1828) in der Frankfurter Straße. Nach der Umgestaltung des Gebäudes durch den Gründer (1936–1938) konnte das neue Museum wiedereröffnet werden. In den Jahren 1961 und 1980/1981 wurden weitere Umbauten und Erweiterungen vorgenommen.

Deutsches Ledermuseum (Fortsetzung)

Deutschherrnbrücke J 17

Die bereits Ende des 19.Jh.s bestehende Idee, die rechts- und linksmainischen Bahnlinien im Osten der Stadt zu verbinden, wurde mit dem Bau des → Osthafens in die Tat umgesetzt. Die Stahlfachwerkkonstruktion der Deutschherrnbrücke, 1911–1913 als Eisenbahnbrücke mit Fußgängersteg gebaut, schließt die Frankfurter Ufersilhouette gegen Osten mit ihrer imponierenden Form ab.

Lage
Östlich der Innenstadt

Deutschordenshaus K 15

Überquert man die → Alte Brücke in Richtung Sachsenhausen, stößt man zur Linken auf die barocke Dreiflügelanlage der ehemaligen Deutschordenskommende, die in den Jahren 1709–1715 auf den Fundamenten eines Spitals (12. Jh.) errichtet wurde. Das Portal entstand 1714–1715 nach Entwurf des erzbischöflichen Baumeisters Maximilian von Welsch aus Mainz. Das im Krieg zerstörte Gebäude wurde 1963–1965 in veränderter Form wieder aufgebaut. Historisch sind eine Marienfigur an der Nordwest-Ecke von Bernhard Schwarzburger, Ritterfiguren über dem Hauptportal (um 1715), im südlichen Hof ein barockisierter Wohntrakt mit Wappen von 1565 und am neugotischen Pfarrhaus ein staufisches Kapitell der ältesten Kapelle (um 1200). Im 14. Jh. schrieb hier ein unbekannter Ordenspriester das Traktat "Vom vollkommenen Leben", 1516 von Martin Luther mit dem Titel "Eyn Theologia deutsch" herausgegeben – das von Luther neben der Bibel meistgeschätzte Buch.
Die Kommende wurde 1958 vom Deutschen Orden zurückerworben. Neben den Diensträumen des Ordens mit dem Rittersaal sind hier ein Studentenwohnheim und das städtische Amt für Wissenschaft und Kunst untergebracht.

Lage
Brückenstr. 3–7

Busse
30, 36 (Elisabethenstr.)

Straßenbahn
14 (Frankensteiner Platz)

Das ehemalige Refektorium des Deutschordenshauses wurde 1990 in einen sachlich-funktionalen Museumsraum mit Galerie umgestaltet. Den Grundstock des Ikonenmuseums, eine Dependance des → Museums für Kunsthandwerk, bildet die Privatsammlung des Königsteiner Arztes Jörg Schmidt-Voigt. Rund 200 der insgesamt 800 meist russischen Heiligenbilder werden dem Publikum gezeigt. Schwerpunkt der thematisch geordneten orthodoxen Kunstwerke bilden die Christus- und Gottesmutterbildnisse im Erdgeschoß. Doch werden auch andere, meist russische Heilige bedacht. Die heilende Kraft, die den Ikonen nachgesagt wird, hat den Arzt Schmidt-Voigt dazu angeregt, auch medizinische Aspekte in seiner Sammlung zu berücksichtigen.

Ikonenmuseum

Öffnungszeiten
tgl. außer Mo. 10.00–17.00, Mi. 10.00–20.00

Nach der Überlieferung wurde 1309 die für das Spital gebaute Kirche St. Maria geweiht, Spital und Kirche sind seit 1221 durch Schenkung Kaiser Friedrichs II. im Besitz des Deutschen Ritterordens. Im Inneren der einschiffigen rippengewölbten Kirche sind die spätgotischen Nebenaltäre unbekannter Meister beachtenswert sowie eine gotische Holzplastik "Enthauptung Johannes' des Täufers".
Mit der Angleichung an das Deutschordenshaus durch eine vorgeblendete Fassade (1747–1751) erhielt Frankfurt sein ältestes und wirkungsvollstes Architekturensemble des Barock.

Kirche St. Maria

Diamantbörse (ehemals) J 15

Lage
Stephanstr. 3

Straßenbahn
12 (Vilbeler Straße)

Gegenüber dem → Petersfriedhof liegt die ehemalige Diamantbörse, 1971–1974 als neuer 'Marktplatz' für Diamanten nach einem Entwurf von Richard Heil († 1985) errichtet. Da sie mit den alten Märkten des Edelsteinhandels jedoch nicht konkurrieren konnte, u.a. da die Schleifereien für die Steine nicht in Frankfurt ansässig sind, mußte sie 1976 schließen. In dem Gebäude der ehemaligen Diamantbörse sind heute Läden, Touristikbüros und die Ost-West-Handelsbank untergebracht.

*Dom J 15

Lage
Domplatz

U-Bahn
U4 (Römer)

Straßenbahn
11 (Domstraße)

Busse
30, 36
(Schöne Aussicht)

Die ehemalige Stifts- und Pfarrkirche, seit dem Mittelalter 'Dom' genannt, war ab 1356 der Ort der deutschen Königswahl und von 1562 bis 1792 auch Krönungskirche der deutschen Kaiser. Danach bezeichnete man sie als Kaiserdom. Der gotische Turm beherrscht das Bild der Altstadt und gewährt eine gute Aussicht über Frankfurt.

Baugeschichte

Als Vorgängerbau sah man lange Zeit nur die von König Ludwig dem Deutschen nach 840 gestiftete Salvatorkirche an. 1992 entdeckte man dann aber bei Ausgrabungen im Dom ein merowingisches Kindergrab (um 700). Nun gehen die Archäologen davon aus, daß um dieses Grab herum bereits eine frühe Kirche bestanden haben muß. Nach Restaurierungsarbeiten an der nachfolgenden Salvatorkirche zu Beginn des 13. Jh.s wurde die Kirche 1239 dem hl. Bartholomäus geweiht, einem Märtyrer, der laut Legende die Bekehrung eines heidnischen asiatischen Königs mit seinem Leben bezahlen mußte. 1248 wurde das Langhaus durch eine Halle ersetzt – eine der frühesten in Hessen. Ein neuer Chor wurde 1315 begonnen (Umbau der karolingischen Apsis) und 1349 geweiht. Angebaut waren quadratische Kapellen (1355) und die Sakristei, darüber lagen der Kapitelsaal im Norden und die Wahlkapelle im Süden (bis 1438). Nach der Niederlegung des karolingischen Querhauses (1348) wurde mit dem Neubau des Querschiffes, dessen Nord- und Südarm jeweils länger als das Langhaus waren, begonnen. Dadurch näherte sich das Grundrißbild ungefähr einem gleichschenkligen Kreuz an.

Pfarrturm

Vor der Kirche standen ursprünglich zwei weitgehend karolingische Türme, die den Proportionen des nunmehr gotischen Domes nicht mehr entsprachen. Nach ihrem Abbruch wurde 1415 mit dem Bau des Westturmes (sog. Pfarrturm) nach den Entwürfen Madern Gertheners begonnen. Bis zu Gertheners Tod (1430/1431) wurde der Turm bis zum Übergang des quadratischen Unterbaus in den oktogonalen Turmschaft realisiert und in fast hundertjähriger Bauzeit von seinen Nachfolgern bis zur Kuppel ausgeführt. Die dekorativen Elemente sowie die abschließende achteckige Laterne wurden erst 1877 – zehn Jahre nach einem zerstörerischen Dombrand – unter Dombaumeister Franz Josef von Denzinger nach Gertheners Plänen ausgeführt. Das ursprüngliche Langhaus wurde auf die gleiche Höhe wie das Querhaus gebracht. Für die nördlich vorgebaute Turmvorhalle und die nach Denzinger benannte Eingangskapelle mußte der westliche Teil des ehemaligen Kreuzganges abgebrochen werden. Im selben Jahr (1877) wurde auch das Geläut erneuert.
Im Nordosten grenzte ein ummauerter Friedhof, für den Hans Backoffen eine Kreuzigungsgruppe geschaffen hat (Original im Innern des Doms), an das Bauwerk. Durch das Nordportal betrat einst der Krönungszug den Dom, die Krönungsfeierlichkeiten fanden unter der Vierung statt.
1948–1953 wurde der durch Kriegseinwirkung stark beschädigte Dom unter Verzicht auf die Innenausmalung Steinles (1882–1890) restauriert.

Der gotische Domturm prägt das Frankfurter Stadtbild. ▶

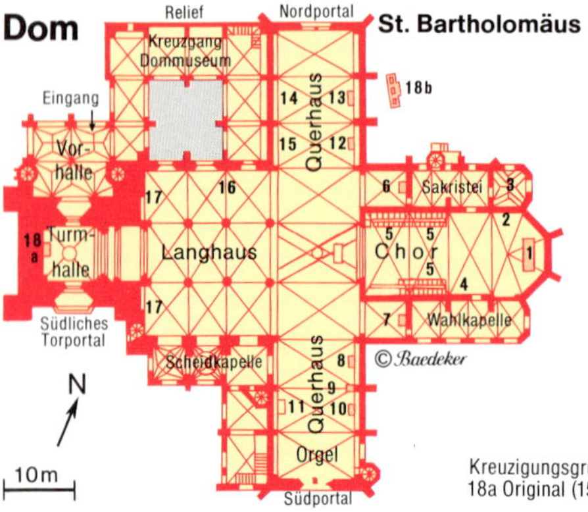

1 Hauptaltar (2. Hälfte 15. Jh.)
2 Sakramentsgehäuse (1415–20)
3 Domschatz (liturg. Gerät; Reliquie)
4 Grabdenkmal des Gegenkönigs Graf Günther von Schwarzburg († 1349)
5 Gestühl (1352); darüber Fries (1427)
6 Maria-Schlaf-Kapelle (Altar 1434)
7 Christi-Grab-Kapelle (Grablegung 1442)
8 Liebfrauenaltar (um 1500)
9 Sakramentshaus (um 1480)
10 Sippenaltar (um 1500)
11 Apostelaltar (1523)
12 Annenaltar (um 1520/30)
13 Herz-Jesu-Altar (1505)
14 Grabdenkmal für den Stadtschultheißen Rudolf von Sachsenhausen († 1370)
15 Grabdenkmal für Johann und Gudula von Holzhausen († 1393 bzw. 1371)
16 Bischof von Worms († 1691)
17 Totenschilde von Patrizierfamilien
Kreuzigungsgruppe des Bildhauers Hans Backoffen aus Mainz
18a Original (1509 gestiftet) 18b Kopie auf Originalsockel

Dom (Fortsetzung) Ausstattung

Der Dom war dem Bildersturm kaum ausgesetzt und birgt noch einige gotische Ausstattungsstücke. Im 17. und 18. Jh. wurden jedoch viele Kunstgegenstände durch barocke ersetzt. Original sind noch der Maria-Schlaf-Altar (um 1434) und der jüngere Heilig-Grab-Altar, im Chor der Bartholomäusfries (ab 1427) und darunter das geschnitzte Gestühl (1352), an der Südwand des Chores das Grabmal des Gegenkönigs Günther von Schwarzburg und im Nordquerarm der Grabstein des Bürgermeisters Johann von Holzhausen und seiner Frau Gudela Goldstein. Am Ende des Nordschiffes hängen ferner Totenschilde Frankfurter Patrizier aus dem 14.–16. Jahrhundert.

Dommuseum

Das 1987 im ehemaligen Kreuzgang eröffnete Dommuseum zeigt Kirchenschätze vom 15. Jh. bis heute, u.a. zwei Reliquien des hl. Bartholomäus, nach dem die Stiftskirche benannt ist, eine goldene Turmmonstranz (1498), Meßkelche u.a.

Dominikanerkloster mit Heilig-Geist-Kirche J 15

Lage
Kurt-Schumacher-Str. 23/Ecke Battonnstr.

Busse
30, 36 (Börneplatz)

Straßenbahn
11 (Börneplatz)

U-Bahn
U4 (Römer)

Öffnungszeiten
nach Voranmeldung beim Pförtner des Evangelischen Regionalverbandes (Tel. 2165-1)

An der Kreuzung Batton-/Kurt-Schumacher-Straße liegt das im Zweiten Weltkrieg zerstörte ehemalige Dominikanerkloster. 1954–1958 wiederaufgebaut, dient es heute als Verwaltungsgebäude des Evangelischen Regionalverbandes Frankfurt bzw. als Tagungs- und Konferenzgebäude für die Evangelische Kirche in Deutschland.
Die Dominikaner siedelten sich ab 1233 als erster Mönchsorden in Frankfurt, im Osten der Stadt, direkt an der → Staufenmauer an. Die Heilig-Geist-Kirche, 1259 geweiht, diente ab 1261 dem Frankfurter Patriziat als Grablege. Stiftungen ermöglichten ab 1449 die Einwölbung der Kirche, die durch Jörg Östreicher begonnen wurde, der auch den noch erhaltenen Chor erbaute. Mit der Reformation gingen auch die Stiftungen des Frankfurter Patriziats zurück, denen das Dominikanerkloster bis zum Anfang des 16. Jh.s die kostbarste Ausstattung unter Frankfurts mittelalterlichen Sakralbauten verdankte. Ein bescheidener Aufschwung läßt sich wiederum an den Arkaden des barocken Kreuzgangs ablesen.
Nach der Säkularisierung wurden die Ordensgebäude als Magazin und Schule neu genutzt, die Kirche diente als Turnhalle, ein Abbruch konnte jedoch verhindert werden. Die Kirche, 1957–1961 wiederaufgebaut, hat jetzt ein einfaches Holzdach über der dreischiffigen Halle, der Chor ein Rippengewölbe. Altar, Kanzel und Taufstein sind modern.
Die bedeutendsten Kunstwerke des Klosters sind auf Frankfurter Museen verteilt. Im → Städel befindet sich der einstige Hochaltar von Hans Hol-

bein d. Ä., ebenso die Altartafeln von Hans Baldung Grien. Das → Historische Museum zeigt die Flügelbilder des Matthias Grünewald vom 'Helleraltar', dessen Hauptbild 'Himmelfahrt und Krönung Marias' von Albrecht Dürer (1509), beim Brand der Münchner Residenz 1673 vernichtet wurde. Im Hof des Kreuzgangs finden im Sommer Konzerte statt, u. a. aus der Reihe 'Alte Musik'.

Dominikanerkloster (Fortsetzung) Kunstwerke des Klosters in Frankfurter Museen

Dreikönigskirche K 15

Die Silhouette des Sachsenhäuser Mainufers wird bestimmt durch den 80 m hohen Turm der neugotischen Dreikönigskirche. 1338 stiftete der Frankfurter Bürger Heile Diemar an gleicher Stelle eine Spitalkapelle, die 1340 den Heiligen Drei Königen geweiht wurde. Ab 1452 Sachsenhäuser Pfarrkirche, war sie bereits 1531 protestantisch. Nach dem Abbruch der baufälligen Kirche wurde im Jahre 1875 mit dem Neubau nach den Plänen des Königlichen Baurats Franz Josef von Denzinger, der auch die Arbeiten am Frankfurter → Dom leitete, begonnen und die neue Dreikönigskirche 1881 geweiht.
Die Kirche öffnet sich mit einem nach fünf Seiten eines Achtecks angelegten Chor zum breiten, fünfjochigen Mittelschiff, dessen drei erste Joche von gleich hohen Seitenschiffen flankiert werden. Der neugotische Stil der Kirche orientiert sich an den spätgotischen Sakralbauten Frankfurts; sie gilt als erster bedeutender Kirchenbau der Neugotik im Stadtgebiet.

Lage
Sachsenhäuser Ufer

Busse
46 (Eiserner Steg), oder 30, 36 (Elisabethenstr.)

Das östliche Ende des Museumsufers am Schaumainkai bildet die Dreikönigskirche, rechts im Bild die Gebäude des Museums für Kunsthandwerk.

In der Nähe der Dreikönigskirche, zwischen Dreikönigsstraße und Oppenheimer Straße 5, befindet sich ein klassizistischer Pumpenbrunnen, bekrönt mit einer Statuengruppe der Heiligen Drei Könige, 1781 anstelle eines mittelalterlichen Ziehbrunnens errichtet.

Brunnen

Eiserner Steg K 15

Die Fußgängerbrücke aus Stahl und Beton, die täglich von etwa 10000 Menschen überquert wird, verbindet die Innenstadt um den Römerberg mit Sachsenhausen auf der anderen Mainseite. Max Beckmanns bekanntes Bild 'Eisgang' von 1923 zeigt die Brücke inmitten von Eisschollen; das Gemälde ist im → Städel zu besichtigen.
Mitte des 19. Jh.s war die → Alte Brücke, die bisher einzige Straßenverbindung zwischen den Frankfurter Stadthälften, dem Verkehr nicht mehr

Lage
Südlich des Römerbergs

Bus
46 (Eiserner Steg)

Eiserner Steg (Fortsetzung)

U-Bahn
U4 (Römer)

Schiffsanlegestelle
Drei Linien bieten hier Ausflüge an:
KD (Tel. 285728)
Primus (Tel. 281884)
Wikinger (Tel. 293960)

gewachsen. Dem abzuhelfen, gründeten Frankfurter Bürger 1867 eine Gesellschaft zur Errichtung einer Brücke am Fahrtor, denn der Rat der Stadt lehnte diesen finanziellen Kraftakt ab. Nach den Plänen des städtischen Oberingenieurs Peter Schmick begann 1868 der Bau der eisernen Fachwerk-Hängebrücke. Von der Eröffnung des Eisernen Steges 1869 bis zur Übergabe an die Stadt in deren Eigentum 1886 mußte jeder Benutzer zur Amortisation der Bausumme von 120000 Gulden durch einen Brükkenzoll von einem Kreuzer beitragen.
Der zwischen den Brückenköpfen aus rotem Mainsandstein ca. 174 m lange Steg wurde mehrmals den veränderten Schiffahrtsbedingungen durch Anheben der Brückenbahn angepaßt. Gegen Ende des Zweiten Weltkrieges gesprengt, ist die heutige Brücke eine Rekonstruktion des alten Eisernen Steges, der seit seiner Generalüberholung 1992/1993, für die er in drei Teilen zerlegt an Land gebracht wurde, in neuem grau-blauen Glanz erstrahlt.

Die Fußgängerbrücke Eiserner Steg schwingt sich in zwei weiten Bögen über den Main – über sie gelangt man vom Museumsufer in die Altstadt.

*Eschenheimer Turm J 15

Lage
ca. 400 m nördlich der Hauptwache

U-Bahnen
U1 – U3 (Eschenheimer Tor)

Bus
36 (Eschenheimer Tor)

Der Eschenheimer Turm, 47 m hoch, einer der schönsten spätgotischen Tortürme Deutschlands, steht heute mitten auf einer verkehrsreichen Straßenkreuzung, in die sieben Straßen einmünden. Er markiert den Übergang von der Bockenheimer in die Eschenheimer ⟶ Wallanlage, wenige Meter entfernt befindet sich das Gebäude der ⟶ Börse.

Der Turm entstand zwischen 1400 und 1428 als Ersatz eines Turmes von 1346. Er gehörte zu einer aus Wassergraben, Wehrmauer und Zwinger bestehenden mittelalterlichen Befestigungsanlage, deren Tore zusätzlich durch stärkere Türme, Brücken und Vorwerke gesichert waren.

Eschenheimer Turm (Fortsetzung)

Während des Dreißigjährigen Krieges ab 1628 durch Wilhelm Dillich mit barockem Wall versehen, wurde die Stadtbefestigung ab 1804 geschleift. Der Eschenheimer Turm entging dem Abbruch.

Der Turm ist ausgeführt nach Plänen des Dombaumeisters Madern Gerthener. Auf der Stadtseite, unterhalb des Bogenscheitels des den Turm umgreifenden Wehrgangs, befindet sich ein Porträtkopf (vermutlich von den Gertheners), oberhalb des Wehrgangs leuchtet ein gemeißelter Stadtadler. Auf der der Stadt abgewandten Feldseite ist über den paarig angeordneten Erkertürmchen das Sandsteinrelief des doppelköpfigen Reichsadlers zu erkennen. Den Abschluß des Turmes bildet ein Wehrgang, ebenso gemauert wie die vier Ecktürmchen, die den Dachkegel rahmen.
Als Turmspitze steht auf einem Basaltknauf die vergoldete Wetterfahne mit neun Löchern, sagenhafte Schußleistung des Wilddiebes Hans Winkelsee, der so sein Leben freigekauft haben soll.

Der Eschenheimer Turm.

* Europaturm **G 13**

Lage
Wilhelm-Eppstein-Straße

Straßenbahn
16 (Markus-Krankenhaus)

Bus
34 (Fernmeldeturm)

Der Fernmeldeturm, der 1976–1978 im Auftrag der Deutschen Bundespost errichtet wurde, ist mit 331 m das höchste Bauwerk in Frankfurt und einer der höchsten Türme der Bundesrepublik: So versteht sich, daß er von den Frankfurtern gern als "Spargel" bezeichnet wird.
Turmschaft und Korb bestehen aus Beton; der obere Teil (ab 295 m) bis zur Spitze ist eine Konstruktion aus kunststoffummanteltem Stahl. Der größte Durchmesser der sechsgeschossigen, 26 m hohen Kanzel beträgt 57,60 m. In 218 m Höhe befindet sich ein Drehrestaurant (220 Sitzplätze), darüber eine Aussichtsplattform und in 222 m Höhe eine Cafeteria. Auf weiteren Ebenen finden 120 Richtantennen Platz. In dem Turm wird auch eine "Multi-Media-Show Frankfurt" gezeigt.
Eine neue außergewöhnliche Attraktion ist der weltgrößte Modelleisenbahn-Rundkurs (geöffnet tgl. 10.00–16.00 Uhr); auf den 420 m langen Gleisen fahren 80 Züge.

Flughafen Frankfurt **P 6–9**

Lage
10 km südwestlich der Innenstadt

Der Frankfurter Flughafen liegt ca. 10 km südwestlich der Innenstadt am Schnittpunkt der Autobahnen Köln–München und Hamburg–Basel (Frankfurter Kreuz), mit der Stadt verbunden durch die Flughafenbahn und die Flughafenschnellstraße. Als größter Flughafen der Bundesrepublik Deutschland wird er, gemessen an der Dichte des Passagierverkehrs, in Europa nur von London-Heathrow übertroffen. Gut 110 Fluggesellschaften im Passagier-Liniendienst und zahlreiche Chartergesellschaften befördern im Jahr mehr als 38 Mio. Fluggäste. Bei der Luftfracht liegt Frankfurt auf Platz 1 der europäischen Airports.

Flughafen Frankfurt (Fortsetzung) Geschichte

Der Flughafen Frankfurt im heutigen Erscheinungsbild wurde 1972 eröffnet; vorangegangen war eine siebenjährige Bauzeit des Terminals 1 (1965–1972). 1990 wurde der Grundstein für ein zweites Abfertigungsgebäude gelegt – im Oktober 1994 ging das Terminal 2 in Betrieb.

Regionalbahnen
80, 90
(Flughafen Bf)

S-Bahn
S8 (Flughafen Bf)

Busse
61, 62, 68, 250, 915, 964 (Terminal 1); 61, 68, 73, 975 (Terminal 2)

Frankfurts Flugzeitalter begann mit der Internationalen Luftschiffahrtausstellung 1909, zu deren Höhepunkt die Landung eines Zeppelins auf dem Rebstockgelände gehörte. Im Ersten Weltkrieg von Fliegern benutzt, wurde der Platz ab 1926 zum Flugplatz Rebstock (⟶ Rebstockpark), der bis 1936 in Betrieb blieb, dem Jahr der Eröffnung des heutigen Flughafens durch die Südwestdeutsche Luftverkehrs AG. Im selben Jahr begann mit den Luftschiffen "Graf Zeppelin" und "Hindenburg" der Atlantikdienst (insgesamt 20 Südamerika- und 10 Nordamerikareisen bis zur Einstellung der Fahrten nach der Katastrophe von Lakehurst 1937). 1939 übernahm die Luftwaffe den Flughafen, der 1944 von der US Air Force zerstört wurde. 1945 wurde er als Militärflughafen wiederaufgebaut. Der zivile Linienverkehr begann 1946 von neuem. Der Flughafen wird heute betrieben von der Flughafen Frankfurt/Main AG (FAG), an der das Land Hessen, die Stadt Frankfurt und die Bundesrepublik Deutschland beteiligt sind.

Abfertigung

Zu den Terminals gehören ein Tiefbahnhof und je eine Tiefgarage. Zwischen beiden Fluggastgebäuden pendeln Automatikzüge der Hochbahn Sky Line. Für die Passagierabfertigung stehen ca. 370 Schalter zur Verfügung; für das Reisegepäck wurde eine elektronisch gesteuerte Gepäckförder- und -sortieranlage von 56,5 km Transportbandlänge installiert.

Start- und Landebahnen

Das Start- und Landebahnsystem besteht aus drei Pisten von je 4 Kilometern Länge. Die Startbahn 18 ("West") darf allerdings nur für Starts benutzt werden.

Wartungshalle V

Westlich vom Terminal 1 auf der Lufthansa-Basis befindet sich die Wartungshalle V für Jumbo-Jets. Dieser größte Flughafenhangar der Welt ist 320 m lang, 100 m breit und erreicht eine Höhe von 34 m. In der Halle können gleichzeitig sechs Jumbo-Jets (z. B. Boeing 747) gewartet werden.

Der Südteil des Flughafens wird teilweise von der Rhein Main-Air Base (US-Luftwaffe) eingenommen. Hier steht ein Pendant zum "Luftbrückendenkmal" in Berlin-Tempelhof.

Cargo City Süd

Im Südteil des Flughafengeländes wird derzeit die Cargo City Süd errichtet, um dringend benötigte zusätzliche Luftfracht-Umschlagskapazitäten zu schaffen.

Angebote für Besucher

Besucherterrassen, wechselnde Ausstellungen und Veranstaltungen sowie Rundfahrten unterschiedlicher Dauer gewähren Einblick in das rege Flughafengeschehen. In beiden Terminals des Flughafens gibt es große Einkaufszentren, drei Dutzend Restaurants und Cafés sowie Galerien.

*Frankfurter Goethe-Museum — J 15

Lage
Großer Hirschgraben 23–25

S-Bahnen
S1–S6, S8
(Hauptwache)

U-Bahnen
U1–U3, U6, U7
(Hauptwache)

Öffnungszeiten
Mo.–Fr. 9.00 bis 18.00, Sa., So. 10.00 bis 16.00

Das 1897 gegründete Goethe-Museum, direkt neben dem ⟶ Goethe-Haus gelegen, ist eine Galerie der Goethezeit. Das Museum und ein Lesesaal nehmen den ersten Stock des Institutsgebäudes des seit 1859 bestehenden Freien Deutschen Hochstifts ein. Gemälde und plastische Arbeiten aus der Epoche Goethes (1749–1832) veranschaulichen in 14 Räumen die Entwicklung der deutschen Kunst vom Spätbarock bis zur Romantik. Die Leitlinie bildet Goethes lebenslange, intensive Auseinandersetzung mit der bildenden Kunst. Am Anfang stehen Frankfurter Maler wie Trautmann, Morgenstern oder Schütz d. Ä. Goethes Italienerlebnis spiegeln die klassizistischen Gemälde von Tischbein, Hackert und Angelika Kauffmann wider, seinen Konflikt mit der Romantik die Landschaften von Friedrich und Carus. Darüber hinaus vergegenwärtigen zahlreiche Bildnisse und Büsten Goethe und seine Zeitgenossen, wobei Herder sowie die Familien Brentano und von Arnim besonders berücksichtigt werden. Den Abschluß bilden Modelle der für Frankfurt entworfenen Goethe-Denkmäler.

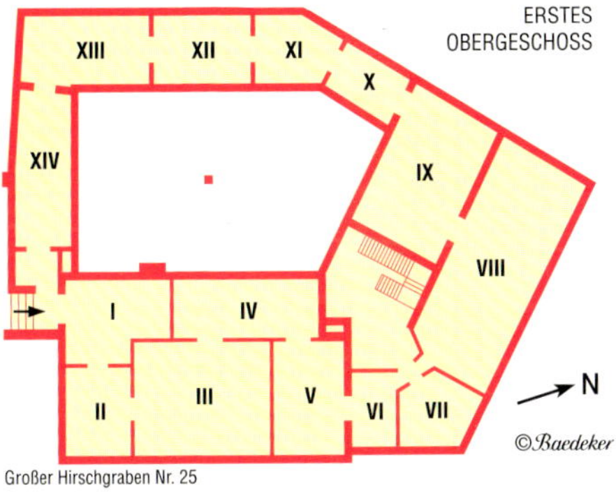

Goethe-Museum

I Frankfurter Malerei der Goethezeit
II Stilwandel
III J.H. Füssli: Neue Wege der Historie
IV A. Graff: Blüte der Porträtkunst
V Goethes frühe Weimarer Zeit
VI Rom und die Klassik
VII „Auch ich in Arcadien"
VIII Goethes Künstlerfreunde Tischbein und Hackert
IX Das klassische Weimar
X J.G. Herder
XI Die Familien Bretano und von Arnim
XII Romantische Landschaftsmalerei
XIII Im Kreis der deutschen Romantik
XIV Goethe: Das Denkmal

Frankfurter Goethe-Museum (Fortsetzung)
Goethe-Bibliothek

Das Freie Deutsche Hochstift unterhält neben dem ⟶ Goethe-Haus und -Museum auch eine Spezialbibliothek mit ca. 120 000 Bänden (einschließlich der Forschungsliteratur) zur deutschen Dichtung von etwa 1730 bis 1850, d.h. der Aufklärung bis zum Biedermeier und dem beginnenden Realismus sowie zur Klassischen Moderne (Hofmannsthal und sein Kreis), ein Handschriften-Archiv mit ca. 30 000 Autographen und eine Graphische Sammlung mit ca. 420 Gemälden bzw. ca. 16 000 Graphischen Blättern (von der Goethezeit bis zur Moderne).

Frankfurter Hof J 14

Lage
Am Kaiserplatz 17 (nördlich des Willy-Brandt-Platzes)

U-Bahnen
U1 - U4 (Willy-Brandt-Platz)

Straßenbahn
11 (Willy-Brandt-Platz)

Das prunkvolle Hotel im Westen der Frankfurter Altstadt ist ein beeindruckender Bau des 19. Jh.s. Frankfurts Stadtverordnete hatten 1871 dem Bebauungsplan für den Straßendurchbruch von der Kaiserstraße zur Zeil zugestimmt. Nachdem die westliche Haupterschließung festlag, konstituierte sich 1872 die Hotel-Actien-Gesellschaft mit dem Ziel der Erbauung eines Grandhotels. In den Jahren 1875–1876 ließ sie an der Ecke Kaiser- und Bethmannstraße den Frankfurter Hof nach Plänen der Architekten Carl Jonas Mylius & Friedrich Albert Bluntschli, beide Schüler Gottfried Sempers in Zürich, errichten. Auf H-förmigem Grundriß entstand für 4,7 Mio. Goldmark ein repräsentatives Bauwerk, dessen Fassade aufwendig in Form der Hochrenaissance aus grünem Pfälzer Sandstein aufgeführt war. Der durch die Seitenflügel gebildete Vorhof ist gärtnerisch gestaltet und gegen den Kaiserplatz durch eine Kolonnade abgeschlossen. Im Zweiten Weltkrieg zerstört, war der Frankfurter Hof bereits 1948 wieder in Betrieb und verfügt heute als Steigenberger-Hotel über 540 Betten, Konferenzräume für mehr als 400 Personen und sechs Restaurants bzw. Bars.

Kaiserbrunnen

Gegenüber dem Hotel steht seit 1876 der Kaiserbrunnen, eine Stiftung des Bankiers Baron Raphael von Erlanger.

Frauenfriedenskirche H 12

Lage
Zeppelinallee 101

Straßenbahn
16 (Frauenfriedenskirche)

Im Norden Bockenheims an den Grünanlagen auf der Bockenheimer Höhe steht die 1927–1929 nach einem Entwurf von Hans Herkommer errichtete Frauenfriedenskirche. Sie wurde zum Gedenken an die Opfer des Krieges von katholischen Frauenverbänden Deutschlands errichtet. Die Marienfigur 'Madonna als Friedenskönigin' in Mosaik über dem Eingang schuf Emil Sutor, die Pietà in der Krypta stammt von Ruth Schaumann; 1962 wurden die von Pick geschaffenen Glasgemälde angebracht.

Freßgass' (offiziell: Große Bockenheimer Straße) J 14

Lage
Große Bockenheimer Straße

U-Bahnen
U6, U7
(Alte Oper)

Die Große Bockenheimer Straße und die Kalbächer Gasse, die Opernplatz und Rathenauplatz verbinden, sind nach dem Ersten Weltkrieg als 'Freßgass' bezeichnet worden, weil sich hier Lebensmittelgeschäfte und Delikatessenläden aneinanderreihten. Früher trieb man von Bockenheim vornehmlich Schweine durch diese Gasse in die Stadt hinein, was jedoch heute angesichts der Konditoreien, Galerien und Boutiquen kaum mehr jemand weiß. 1975/76 wurde die Straße zur Fußgängerzone, der ersten der Stadt, umgestaltet. Trotz stark gestiegener Ladenmieten konnten sich neben neuen großen Ladenketten auch kleinere Gaststätten und Läden halten, die der Freßgass' immer noch ein besonderes Flair geben und den Besuchern Spaß am Bummeln vermitteln. Stühle und Tische vor den Lokalen und Cafés lockern wie die Bäume, Brunnen und Bänke das Straßenbild zusätzlich auf. In der Verlängerung führt die Freßgass' an der Hauptwache vorbei auf die Zeil.

Friedberger Warte G 16

Lage
Friedberger Landstr. 360

Busse
30, 34, 69

Der Wachturm mit Wehrhof im Norden der Stadt im Stadtteil Bornheim wurde 1478 innerhalb der die Stadt sichernden Landwehr an der Friedberger Landstraße errichtet. 1634 wurde er durch Brand zerstört, 1637 wiederaufgebaut.
Heute befindet sich in der Warte mit ihren Nebengebäuden ein Apfelweinlokal (Tel. 592465, täglich geöffnet außer Montag).

Friedensbrücke K 14

Lage
Baseler Straße/ Stresemannallee

Straßenbahnen
15, 16, 19, 21
(Stresemannallee)

Busse
35, 46
(Stresemannllee)

Die Friedensbrücke, westlichste Mainüberquerung der Innenstadt, übernimmt den Berufspendelverkehr aus den südwestlichen Einzugsgebieten Frankfurts und den Verkehr zwischen Autobahn bzw. → Flughafen im Süden und → Hauptbahnhof, → Messegelände und City im Norden. In ihrer heutigen Gestalt als Stahlflachbrücke mit fünf Öffnungen wurde sie am 1. März 1951 dem Verkehr übergeben.
Ihre Vorgängerbrücke stammte aus den Jahren 1844–1848, in denen sie als doppelgleisige Eisenbahnbrücke der Main-Neckar-Bahn nach Plänen des städtischen Oberingenieurs Eyssen gebaut wurde. Nach Eröffnung des Hauptbahnhofes 1889 ging die Brücke in städtischen Besitz über.

Galluswarte K 12

Lage
Mainzer Landstraße, westlich des Hbf

Die Galluswarte im Westen der Stadt, nahe des Hauptbahnhofes, ist der älteste von vier innerhalb der Landwehr errichteten spätgotischen Wachtürmen (Galgenwarte). Die Warte wurde im Jahre 1414 als Ersatz für eine Holzwarte von 1396 erbaut. Im Jahre 1552 brannte sie aus, wurde jedoch bald erneuert. 1830 wurden Wirtschafts- und Wohngebäude angegliedert, die heute jedoch nicht mehr existieren. Die Warte liegt inmitten des Gallusviertels, an das im Westen die architektonisch interessante → Hellerhofsiedlung entlang der Frankenallee anschließt.

Man erreicht die Haltestelle Galluswarte mit den S-Bahnen S3–6 und S 30, mit den Straßenbahnen 10, 11, 21 oder dem Bus 52.

**Goethe-Haus J 15

Das Elternhaus von Johann Wolfgang von Goethe gilt als typisches Beispiel für die Wohnkultur gutsituierter Bürger im Spätbarock. Das Haus ist in der Tat nicht nur aufgrund seines berühmten Bewohners einen Besuch wert, sondern auch seiner hübschen Zimmer und Einrichtung wegen, bei deren Anblick man sich in ein anderes Jahrhundert versetzt fühlt.
Das Gebäude wurde im Zweiten Weltkrieg völlig zerstört und 1946–1951 entsprechend dem ursprünglichen Zustand rekonstruiert. Seine Straße, der Große Hirschgraben, war im Mittelalter ein von der Stadt als Hirschgehege genutzter Graben, der im 16. Jh. aufgefüllt und seit 1584 bebaut wurde. Goethes Großmutter Cornelia erwarb hier 1733 zwei nebeneinanderliegende Fachwerkhäuser, in denen sie mit ihrem Sohn, dem Kaiserlichen Rat Dr. Johann Caspar Goethe, und dessen Familie lebte. In dem südlicheren Gebäude wurde hier am 28. August 1749 Johann Wolfgang

Lage
Großer Hirschgraben 23

S-Bahnen
S1–S6, S8 (Hauptwache)

U-Bahnen
U1–U3, U6, U7 (Hauptwache)

Zu dem Wohnbereich von Goethes Eltern gehörte auch das Gemäldezimmer im zweiten Stock, an das die Bibliothek des Vaters grenzt.

Goethe geboren, dem sein Geburtshaus jedoch wenig behagte, wie in seiner Autobiographie "Dichtung und Wahrheit" nachzulesen ist: "Die alte, winkelhafte, an vielen Stellen düstere Beschaffenheit des Hauses war übrigens geeignet, Schauer und Furcht in kindlichen Gemütern zu erwecken." Nach dem Tod der Großmutter 1754 wurden die engen Häuser aber zusammengefügt und in ein einheitliches und wesentlich freundlicheres Gebäude im Stil des bürgerlichen Rokoko verwandelt. Johann Wolfgang Goethe lebte hier während seiner Kindheit und Jugend, insgesamt 26 Jahre. Nach dem Tode seines Vaters (1782) bewohnte Elisabeth Goethe, Frau Aja, wie Johann Wolfgang Goethes Mutter meist genannt wurde, das Haus noch 13 Jahre lang, bevor sie es 1795 samt der Einrichtung und Ausstattung verkaufte. In der Folgezeit wurde das Haus auch gewerblich, z.B. als Möbelgeschäft genutzt. Schließlich erwarb Dr. Otto Volger 1863 das

Öffnungszeiten
1. 4.–30. 9.: Mo.–Sa. 9.00–18.00,
1. 10.–31. 3.: Mo.–Sa. 9.00–16.00,
So., Fei. 10.00–13.00

Führungen
Mo.–Sa. 10.30, 14.00
So. 10.30 u.n.V.

(Fortsetzung)

Goethe-Haus für das von ihm mitbegründete Freie Deutsche Hochstift. Nach der vollständigen Zerstörung des Hauses im Zweiten Weltkrieg wurde es 1947–1951 rekonstruiert.

Einrichtung

Die Einrichtung des Goethe-Hauses ist nicht die originale des 18. Jh.s, die schon vor 200 Jahren in alle Winde verstreut wurde, doch versucht man seit Ende des 19. Jh.s, diese immer genauer zu rekonstruieren.
Die Zimmer spiegeln gleich drei Stilepochen des 18. Jh.s wider, in denen man je nach Mode seine Wohnung einrichtete: Barock im Erdgeschoß, Rokoko in der ersten und Louis-seize in der zweiten und dritten Etage.

Erdgeschoß

Im Erdgeschoß fällt insbesondere die Küche von Goethes Mutter auf, in der neben einem alten Herd eine Pumpe angebracht ist, die das Wasser aus dem im Keller befindlichen Brunnen beförderte.

Erster Stock

Im ersten Stock liegt die 'gute Stube', die aus den drei Zimmern an der Ostseite gebildet wird, in deren Mitte sich der wegen seines chinisischen Tapetenmusters 'Peking' genannte Raum befindet. Hier wurden die Feste, die kleinen Bälle und 1773 auch die Hochzeit von Goethes Schwester Cornelia gefeiert.

Zweiter Stock

Eine Etage höher befinden sich die Räumlichkeiten von Goethes Eltern, das Gemäldezimmer, die Bibliothek und die Stube der 'Frau Rat'. Auf der gegenüberliegenden Seite hatte Cornelia ihr Zimmer.

Dritter Stock

Ganz oben endlich öffnen sich die Wohn- und Arbeitsräume des berühmten Dichters, und man kann im westlicheren Zimmer das originale Puppentheater bewundern. In den zwei Räumen an der Südseite dokumentiert eine Kabinettausstellung das Frankfurt des jungen Goethe und sein Leben im Elternhaus. In einem weiteren Raum ist der hier entstandene Joseph-Zyklus von J. G. Trautmann ausgestellt.

Nördlich des Goethe-Hauses (zur seiner Rechten) liegt das → Frankfurter Goethe-Museum im ersten Stock des Institutsgebäudes des Freien Deutschen Hochstifts.

Pekingzimmer in der ersten Etage ...

... und Goethes Schreibtisch im dritten Stock.

Goethe-Haus

Geburtshaus Johann Wolfgang von Goethes
(geb. 28.8.1749, gest. 22.3.1832 in Weimar)

Haus
'Zu den drei Leiern'
am Großen Hirschgraben Nr. 23

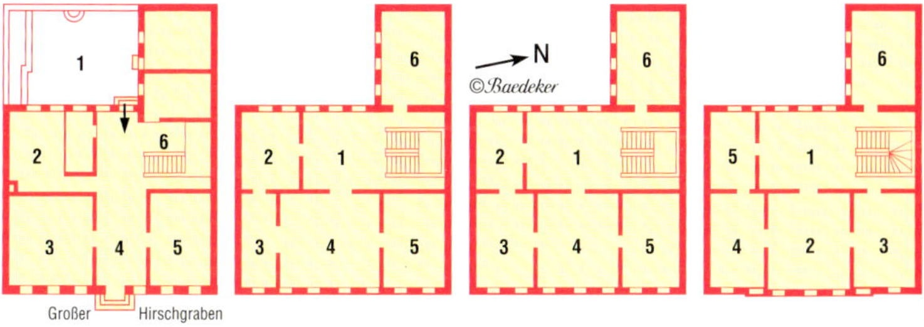

ERDGESCHOSS (Barock)
1 Hof
2 Küche
3 Blaue Stube (Speisezimmer)
4 Gelbe Stube
5 Hausflur
6 Treppenhaus

ERSTER STOCK (Rokoko)
1 Vorplatz (2 Schränke)
2 Kaminstübchen (geschl.)
3 Südzimmer
4 Mittleres Zimmer ('Peking')
5 Nordzimmer
6 Musikzimmer

ZWEITER STOCK (Louis XVI)
1 Vorplatz (astronomische Uhr)
2 Geburtszimmer (sog.)
3 Zimmer der Frau Rat
4 Gemäldezimmer
5 Bibliothek (des Vaters)
6 Corneliazimmer

DRITTER STOCK (Louis XVI)
1 Vorplatz
2 Dichterzimmer
3 Nebenraum (Puppentheaterzimmer)
4-6 Museumsräume (u.a. Frankfurter Ansichten der Goethezeit)

Goetheturm L 17

An der Goetheruhe, am östlichen Rand des Stadtwaldes, über den Gärten des Mühlbergs, stand schom im 19. Jahrhundert ein Aussichtsturm, erbaut vom Verschönerungsverein. Der Goetheturm, mit 43 m höchster Holzturm Deutschlands, wurde im Jahre 1931 mit Holz des → Stadtwaldes errichtet. Von ihm hat man einen herrlichen Rundblick über die gesamte Stadt und die nähere Umgebung Frankfurts. Plant man einen Spaziergang durch den Stadtwald, bietet sich der Goetheturm als Ausgangspunkt an, da sich hier eine Bushaltestelle befindet und man in unmittelbarer Nähe auch Fahrräder ausleihen kann.
Nebenan befinden sich die Kinderspielparks "Goetheturm" und "Scheerwald".

Lage
Sachsenhäuser Landwehrweg, im Stadtwald

Busse
30, 36
(Hainer Weg)

Großmarkthalle K 16/17

Die Großmarkthalle, die seit 1972 unter Denkmalschutz steht, ist ein klinkerverkleideter Eisenbetonbau, der mit 15 tonnenförmigen und im Scheitel nur 7,5 cm dicken Betonschalen stützenlos überdacht ist und von zwei 46 m hohen Türmen, die Büros bzw. Kühlräume aufnehmen, flankiert wird. Die Halle wurde in den Jahren 1927/1928 nach Plänen Martin Elsaessers als Ersatz für die in der Hasengasse gelegene → Kleinmarkthalle von 1879 erbaut. Die Halle mit einer Fläche von 250×50 m gilt als eine der größten Anlagen dieser Art in Deutschland. Ungefähr 160 Erzeugerfirmen, 115 Großhändler und 30 Importeure sind vertreten. Weitere 70 Firmen sind anderweitig dem Marktgeschehen verbunden. Durch die verkehrsgünstige Lage der Halle zwischen Ausfallstraße und Gleisanschluß sowie durch die Citynähe ist ein rascher Umschlag der Waren möglich.
Da die Markthalle sanierungsbedürftig ist, wird die Verlegung des Großmarkts nach Fechenheim und der Umbau des Gebäudes in ein Sport-, Kultur- oder Einkaufszentrum diskutiert.
Für Blumen gibt es eine eigene Markthalle an der → Friedberger Warte.

Lage
Rückertstr. 6

Straßenbahnen
11, 14
(Ostbahnhof)

Busse
31, 32
(Ostbahnhof)

Öffnungszeiten
Mo.–Fr.
4.00–11.00

*Grüneburgpark mit Schönhof-Pavillon H 13/14

Lage
Westend-Nord

U-Bahnen
U1–U3
(Holzhausenstr.)

Busse
32 (Grüneburg-park) oder 36 (Grüneburgweg)

Als zweitgrößte Grünanlage der Stadt lädt der Grüneburgpark mit seinen schönen Wegen zwischen (hauptsächlich) Kastanienbäumen und großen Wiesen zum Spazierengehen, Fußballspielen oder nur zum Sonnen ein. Auf dem Areal des Grüneburgparks stand im 14. Jh. die sog. 'Grüneburg', ein befestigter Gutshof, der 1789–1837 nach den Vorstellungen des neuen Besitzers Bethmann-Metzler umgebaut wurde. Ab 1837 wurde dann unter der Familie Rothschild der Park im Stil englischer Landschaftsgärten angelegt. Heinrich Siesmayer und Veit gaben ihm seine heutige Gestalt (1880–1903). 1964 wurde das klassizistische oktogonale Gartenhaus, das seinen ursprünglichen Standort am 'Schönhof' in Bockenheim hatte, in den Grüneburgpark versetzt. Der Pavillon war gegen Ende des 18. Jh.s gebaut worden, 1819 brannte er aus. Wiederaufgebaut und ergänzt wurde er von Friedrich Rumpf. Gegenüber dem Gartenhaus liegt ein reizvolles Portierhäuschen, das Franz von Hoven um 1875 errichtet hat.
Im südöstlichen Teil des Parks befindet sich das ⟶ I.G.-Farben-Hochhaus von Hans Poelzig.

Gutenberg-Denkmal J 15

Lage
Goetheplatz

S-Bahnen
S1–S6, S8
(Hauptwache)

U-Bahnen
U1–U3, U6, U7
(Hauptwache)

Anläßlich der 400-Jahr-Feier 1840 zu Ehren der Erfindung der Buchdrukkerkunst wurde das Modell des Denkmals vorgestellt. Ausgeführt wurde es erst 1854–1858. Ein gotischer Sandsteinunterbau trägt drei Kolossalstatuen, Gutenberg, Fust und Schöffer darstellend. Die Förderer der Buchdruckerkunst – Theologie, Dichtkunst, Naturwissenschaft und Industrie – sitzen als allegorische Figuren an den Ecken des Sockels, der selbst mit einem Fries von Porträtköpfen berühmter Buchdrucker, Verleger und Buchhändler geschmückt ist. Die Wappenfiguren stehen für Mainz, Straßburg, Frankfurt und Venedig, die ältesten Buchdruckstädte.

Hauptbahnhof K 13/14

Lage
Bahnhofsplatz

S-Bahnen
alle (Hbf)

U-Bahn
U4 (Hbf)

Straßenbahnen
10, 11, 16, 19, 21
(Hauptbahnhof)

Busse
35, 37, 46 (Hbf)

Bei seiner Erbauung noch außerhalb der Stadt liegend, befindet sich der monumentale Sackbahnhof heute fast schon im Stadtzentrum innerhalb des Dreiecks Messe – Main – Innenstadt.
Der breite Kopfbau, der von 'Atlanten mit der Weltkugel' gekrönt wird, zeigt eine repräsentative Sandsteinfassade, gegliedert durch die weit vor die Fassadenflucht vorspringende Schalterhalle und die turmartigen Eckpavillons. Eine reiche Bauplastik erhöht die repräsentative Wirkung. Dazu gehören über dem Scheitel der Schalterhalle die Atlantengruppe von Franz Krüger sowie die Figuren 'Morgen' und 'Abend' zu beiden Seiten der Uhr; dargestellt sind die Allegorien Handel und Verkehr sowie eine Typologie vom Hochzeits- bis zum Bildungsreisenden.
Die Perronhalle von 168 m Länge ist in drei je 56 m breite Schiffe eingeteilt. Die Konstruktion der Dreigelenkbogenbinder stammt von dem Königlich Preußischen Baurat Schwedler, der an den Berliner Bahnhöfen und im Gasometerbau Erfahrungen mit Großraumüberdachungen gesammelt hatte. Ursprünglich für 18 Gleise gebaut, wurde die dreischiffige Halle 1924 um zwei Schiffe mit je drei Gleisen verbreitert. Unter dem Bahnhof befindet sich im nördlichen Bereich ein Tiefbahnhof als Knoten für U- und S-Bahnen sowie eine Einkaufspassage.

Geschichte

Im Laufe eines halben Jahrhunderts hatte sich in Frankfurt, entsprechend der allgemein wachsenden Bedeutung des Schienenverkehrs, der Güterverkehr von anfangs 1 Mio. Zentner pro Jahr auf das ca. Fünfzigfache gesteigert. Die unter anderen Voraussetzungen gebauten Kopfbahnhöfe

Hauptbahnhof, Geschichte (Fortsetzung)

der Taunusbahn (1838), Main-Weser-Bahn (1852) und Main-Necker-Bahn (1848) waren dieser Steigerung nicht mehr gewachsen. Vollends hatten die Truppentransporte des Deutsch-Französischen Krieges die Unzulänglichkeiten der Westbahnhöfe aufgezeigt. Dem Projekt zum Bau eines 'Centralbahnhofes' 1875 ging der Ankauf der meisten privaten Eisenbahngesellschaften durch den preußischen Staat voraus. Nach Abschluß der technischen Vorarbeiten wurde 1880 ein Wettbewerb ausgeschrieben, für den die namhaftesten Architekten Deutschlands Entwürfe ablieferten. Unter

Sandsteinfassade des repräsentativen Hauptbahnhofes.

den in ihrer Architektur bevorzugt die Antike zitierenden Arbeiten erhielt die von Eggert den 1. Preis und wurde ausgeführt. 1883–1888 entstand unter seiner Leitung der damals größte Bahnhof dieses Bautyps, der erst 1915 vom Neubau des Leipziger Hauptbahnhofes übertroffen werden sollte. Die Zerstörungen durch den Zweiten Weltkrieg wurden im folgenden Jahrzehnt nach und nach behoben.

Hauptfriedhof G/H 15/16

Lage
Eckenheimer Landstr. 190

U-Bahn
U5 (Hauptfriedhof)

Busse
30 (Münzenberger Str.) oder 34 (Marbachweg)

Wer als Erholung vom Stadttrubel über den Hauptfriedhof in nördlicher Richung (in 2 km Entfernung von der Innenstadt) spazierengeht, kann die schöne Gestaltung der Anlage bewundern und zugleich die Gräber einiger bedeutender Persönlichkeiten der Frankfurter Geschichte besuchen. Hier liegen u.a. der Philosoph Arthur Schopenhauer (1788–1860) und die Dichterin Ricarda Huch (1864–1947), der Philosoph, Soziologe und Musikwissenschaftler Theodor W. Adorno (1903–1969) und der Verfasser des 'Struwwelpeter' Dr. Heinrich Hoffmann (1809–1894). Auch die Familien Brentano, Bethmann und Holzhausen haben hier ihre letzte Ruhestätte gefunden.

Der 'Friedhof vor der Stadt' wurde am 1. Juli 1828 eingeweiht, als Ersatz für den überfüllten, seit dem 15. Jh. belegten zentralen ⟶ Petersfriedhof. Das Eingangsgebäude (Altes Portal) nach Entwürfen Friedrich Rumpfs verbirgt hinter der monumentalen dorischen Ordnung das Verwaltungsgebäude und die Leichenhalle. Gegenüber dem Haupteingang als östlicher Abschluß befindet sich eine die ganze Breite des Friedhofes einnehmende Arkadenreihe mit den Grabstätten bekannter Frankfurter Familien. Dazwischen die Gewanne A bis D, als älteste Teile von Stadtgärtner Sebastian

Hauptfriedhof (Fortsetzung)

Rinz in der Art englischer Gärten gestaltet. Noch im 19. Jh. um das Doppelte vergrößert, wurde der Friedhof schon 1907–1912 auf die Fläche von 47 ha erweitert. Zur gleichen Zeit wurde das Neue Portal mit Trauerhalle, Totenhalle und Krematorium in Anlehnung an spätantike Formen errichtet. Auf dem heute ca. 75 ha großen Hauptfriedhof befinden sich neben den zahlreichen Grabstätten bedeutender Persönlichkeiten auch die Gedenkstätten für die Gefallenen des Ersten und Zweiten Weltkrieges und für die Opfer des Nationalsozialismus.

Alter Jüdischer Friedhof

Im Süden schließt ein gegenüber dem Hauptfriedhof noch viel romantischer wirkender ⟶ jüdischer Friedhof an, auf dem u.a. die Familie Rothschild begraben ist.

Neuer Jüdischer Friedhof

Das moderne Friedhofsgebäude Eckenheimer Landstraße (Nr. 238) ist 1928–1929 nach Entwürfen des Regierungsbaumeisters Fritz Nathan für den gleichzeitig angelegten Friedhof anstelle des 100 Jahre älteren jüdischen Friedhofs an der Rat-Beil-Straße erbaut worden. Der 1828 angelegte israelitische Friedhof, dessen Vorläufer der mittelalterliche Judenfriedhof an der Battonnstraße war, erhielt einen klassizistischen Torbau von Friedrich Rumpf.

*Hauptwache — J 15

Lage
Im Nordwesten der Innenstadt, an der Kreuzung Roßmarkt – Eschenheimer Str. – Zeil

S-Bahnen
S1–S6, S8 (Hauptwache)

U-Bahnen
U1–U3, U6, U7 (Hauptwache)

Die Hauptwache bezeichnet sowohl den baumbestandenen Platz als auch das Gebäude; zusammen sind sie eines der Wahrzeichen Frankfurts, ein Treffpunkt, ein Ort zum Kaffeetrinken und Ausgangspunkt zu einem Bummel durch die Zeil. Heute als S- und U-Bahn-Station Knotenpunkt des städtischen Nahverkehrs war der Platz ‘An der Hauptwache’ schon im 17. Jh. wichtig zur Kontrolle des Betriebes auf der Zeil und dem Roßmarkt und der wichtigsten Ausfallstraße zum ⟶ Eschenheimer Turm. Das 1671 vom Frankfurter Rat errichtete Wachgebäude mußte schon 1728 wegen Baufälligkeit durch einen Neubau ersetzt werden. Daraufhin entstand 1729–1730 auf dem Paradeplatz ein eingeschossiger, rechteckiger Bau, dem sich vor dem Wachlokal, zur Seite der ⟶ Katharinenkirche, großzügig bemessene Pfeilerarkaden vorlegten. Die drei mittleren Arkaden, dem Dach vorgestellt, überspannt ein von Johann Bernhard Schwarzenberger skulptierter Flachgiebel mit dem von Fahnen und Waffen umgebenen Stadtwappen. Hinter den Gaupen des Daches befanden sich die Gefängnisräume für harmlose Delinquenten, im gewölbten Keller die Räume für Schwerverbrecher, in dem z.B. der berühmte Räuberhauptmann, der ‘Schinderhannes’, 1803 einen Tag lang einsaß. Gegen den Platz abgeteilt war das Gebäude einschließlich zweier Kanonen durch ein Geviert aus Pollern und eisernen Ketten.
An dem Versuch, durch die Einnahme der Wache ein Signal für eine deutsche Revolution zu setzen, scheiterte am Karfreitag 1833 eine Koalition aus Konstitutioneller Bewegung, Vaterlandsverein und Burschenschaften. Eine Gedenktafel erinnert an dieses Ereignis. Seit 1904 dient die Hauptwache als Café; zuletzt wurde sie 1981/1982 renoviert.
Nördlich der Hauptwache befindet sich der terrassierte Zugang zum S- und U-Bahnhof Hauptwache, dessen B-Ebene sich als Fußgängerzone mit zahlreichen Läden und Informationsmöglichkeiten unterirdisch bis zum Rathenauplatz erstreckt.

Hauptwache-Brunnen

Hinter dem Wachgebäude liegt der Hauptwache-Brunnen, als klassizistischer Pumpenbrunnen um 1800 Nachfolger eines Ziehbrunnens der Renaissance, der wegen seiner von Obelisken getragenen vergoldeten Kugeln ‘Goldener Brunnen’ genannt wurde.

Palais Thurn und Taxis

In der Großen Eschenheimer Straße liegt, von der Hauptwache Richtung Eschenheimer Turm laufend, zur Rechten das ehemalige Palais Thurn und

Hauptwache, Palais Thurn und Taxis (Fortsetzung)

Taxis, von dem heute nur noch die großen Eingangsportale zu sehen sind; daneben befindet sich heute das Fernmeldehochhaus.
Die Fürsten und Reichspostmeister von Thurn und Taxis residierten nur für kurze Zeit in Frankfurt, hinterließen aber bei ihrer Umsiedlung 1748 nach Regensburg ihren Barockpalast, den aufwendigsten der Stadt – und das kam so: Durch Karl VI. 1724 um Verlegung der Postverwaltung von Brüssel nach Frankfurt gebeten, ließ Fürst Anselm Franz von Thurn und Taxis gegen den Widerstand der Stadt von 1727–1741 das Palais bauen. Nach Verlegung der Residenz diente das Palais neben der ständigen Funktion als Posthalterei auch durchreisenden Fürstlichkeiten als Wohnung. 1806–1813 war es Residenz des Fürstprimas Karl von Dalberg, 1816–1848 und 1851–1866 Tagungsort der Deutschen Bundesversammlung; in preußischer Zeit wurde es Sitz der Kaiserlichen Oberpostdirektion. Nach seiner Zerstörung im Zweiten Weltkrieg wurden von der imposanten barocken Dreiflügelanlage nur die Eingangspavillons wiederhergestellt. Eine Minerva (von Paul Egell) hält auf der sie verbindenen Mauer das Familienwappen mit Turm und Dachs (Kopie von 1898).

Die Hauptwache ist einer der zentralen Plätze der Innenstadt: Hier treffen Zeil und Freßgass' aufeinander, wenige Schritte entfernt befindet sich die Börse. Auch zur historischen Altstadt am Römerberg ist es nicht weit.

Fernmeldehochhaus

An der Stelle des Palais Thurn und Taxis zwischen Eschenheimer Str. und Stiftstraße (im Norden der Hauptwache) entstand bis 1955 das Fernmeldehochhaus der Deutschen Bundespost, welches zu den bedeutendsten Fernmeldezentren der Welt gehört. In der größten deutschen Vermittlungsstelle für den nationalen und internationalen Fernmeldeverkehr werden täglich ca. 1,8 Mio. Inlands- und ca. 400000 Auslandsferngespräche vermittelt. Die Schaltstellen für die Sonderleitungsnetze für nationalen und internationalen Programmaustausch für Hörfunk und Fernsehen befinden sich ebenfalls hier.
Im Fernmeldezentrum an der Zeil ist die Zentrale für Telex-, Gentex- und Datexnetz untergebracht.

Hellerhofsiedlung K 11

Lage
Frankenallee, westlich des Hbf

Straßenbahnen
10, 11, 21 (Rebstöcker Str.)

Bus
52 (Eppenhainer Straße)

Die im Gallusviertel nördlich der Frankenallee gelegene Hellerhofsiedlung (⟶ Stadtbaugeschichte, Natur, Kultur, Geschichte) entstand 1929–1931 für die Wohnungsbaugesellschaft Hellerhof-AG nach dem Entwurf des holländischen Architekten Mart Stam.
Die Siedlung – Teil des Mayschen Stadtplanungskonzepts – ist zum einen ein überzeugendes Beispiel für die durch das 1926 gegründete Bauhaus vertretene Architektur der Neuen Sachlichkeit, zum anderen exemplarisch für die Wohnraumbeschaffung nach dem Ersten Weltkrieg, deren Aufgabe es war, Wohnungen mit geringstmöglichen Mieten zu bauen, ohne Abstriche von den selbstgestellten Forderungen für das Wohnen machen zu müssen. Es entstanden 800 Wohnungen mit Balkon, eingebauter Küche, Bad und Fernheizung. Die Randbebauung mit Läden an der Südseite ist bewußt niedriger gehalten, um eine Verschattung der dahinterliegenden Gartenparzellen zu vermeiden.
Die Siedlung wurde 1979/1980 zum Teil restauriert (Frankenallee 176–182). 1976 wurde das Gebäude Frankenallee 202–218 trotz zahlreicher Proteste abgebrochen und durch Altenwohnungen ersetzt.

Friedenskirche

Die an der Frankenallee stehende Friedenskirche (1925) ist ein bemerkenswertes Beispiel expressionistisch beeinflußter Architektur.

Hessischer Rundfunk G 14/15

Lage
Bertramstr. 8

U-Bahnen
U1–U3 (Miquel-/Adickesallee)

Bus
32 (Bertramstr.)

An der Bertramstraße liegen die Studios für Hörfunk und Fernsehen und die Verwaltungsgebäude des Hessischen Rundfunks.
Das Gebäude des Funkhauses, früher Sitz einer Pädagogischen Akademie, wurde 1949 von Gerhard Weber umgebaut und durch einen Rundbau ergänzt. Entworfen war die Anlage als Plenar- oder Kongreßsaal für den Bundestag. Als jedoch die Wahl zur Bundeshauptstadt auf Bonn fiel, wurden die Baulichkeiten an den Hessischen Rundfunk, vormals 'Radio Frankfurt', übergeben, der seit dem 28. 1. 1949 von der amerikanischen Militärregierung wieder in deutsche Hände übergegangen war. Daraufhin wurden die im Rohbau fertigen Tribünen seines neuen Domizils abgebrochen und durch Gustav Schäfer und seinen Nachfolger normale Geschosse mit Studios eingebaut.

Fernsehen

Das Fernsehprogramm Hessen 3 setzt vor allem auf regionale Themen: Informatives und Unterhaltsames aus Hessen steht im Mittelpunkt. Fernsehmagazine wie die "Hessenschau", "PPP", "City" oder die Reportage-Reihe "hessen 3 unterwegs" berichten über die politischen, wirtschaftlichen und kulturellen Ereignisse in Hessen.

Hörfunk

Information, Kultur, Bildung und Unterhaltung bieten auch die vier Hörfunkprogramme: hr1 profiliert sich als das Informationsprogramm für Hessen, und die jüngste Programmreform hat die Kulturwelle hr2 breiteren Hörerkreisen geöffnet. hr4 erfreut sich mit leichter Unterhaltung und regionaler Information seit Jahren großer Beliebtheit, vor allem bei älteren Hörern, während auf die jüngeren die Popwelle hr3 zugeschnitten ist.

Führungen

Durch das Frankfurter Funkhaus finden montags bis freitags vor- und nachmittags für Gruppen bis zu 40 Personen Führungen statt, jeweils um 17.30 Uhr wird eine Führung mit anschließender Teilnahme an der Hessenschau angeboten; spezielle Kinderführungen werden im Hörfunk für Kinder von sechs bis zwölf Jahre veranstaltet. Einzelpersonen können sich nach Absprache anschließen (Tel. (069) 155 31 19).
Auf dem Gelände liegen auch der ehemals zur Landwehr gehörende Wehrturm des Kühhornhofes (14. Jh.) sowie das Feldgericht.

*Höchst

K/L 6

Das durch die chemische Industrie bekannte Höchst, ca. 10 km westlich der Frankfurter Stadtmitte am Main gelegen, gehört erst seit 1928 zu Frankfurt. Ein Ausflug lohnt sich, um durch die hübsche Altstadt mit ihren verwinkelten Gassen und vielen Fachwerkhäusern zu schlendern und das Höchster Schloß mit seinem kleinen Museum zu besuchen sowie den gotischen Zollturm und die Kirchen, das Alte Rathaus und den monumentalen Bolongaro-Palast zu besichtigen. Das Flußpanorama mit Schloß, Befestigungstürmen und Justinuskirche gehört zu den reizvollsten in Hessen und ist am besten nach dem Übersetzen mit der Fähre vom linken Mainufer aus zu betrachten. Auch das Verwaltungsgebäude der Hoechst AG mit Brücke, Turm und dem bekannten expressionistischen Treppenhaus von Peter Behrens lohnt den Abstecher nach Höchst.

Lage
ca. 10 km westlich vom Frankfurter Stadtkern

S-Bahnen
S1 – S3 (Höchst Bf)

Straßenbahnen
10, 11 (Zuckschwerdtstr.)

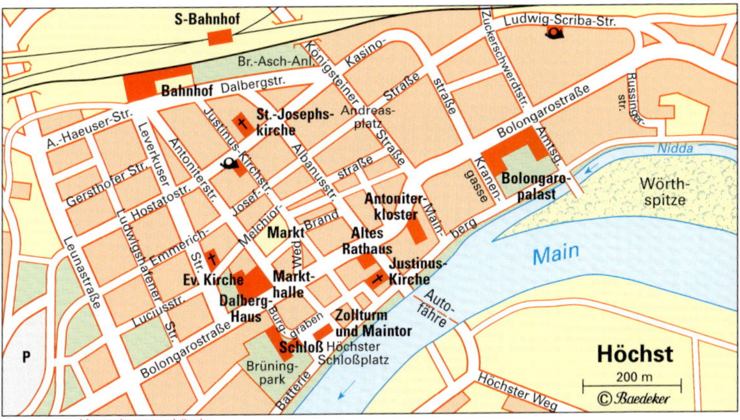

Geschichte

Einst war Höchst ein westlich der Niddamündung gelegener Handelsplatz, der durch ein Kastell gesichert wurde, das Kaiser Augustus im Gebiet der Justinuskirche anlegen ließ (bis ca. 260 n. Chr.). 790 wird der Platz erstmals "Hostat" genannt.
Unter den Karolingern wurde die Justinuskirche gegründet; die erste Anlage einer Stadtbefestigung staufischer Zeit ist in Mauerresten mit großen Buckelquadern am Main westlich der "Batterie" zu sehen. Gegen Ende des 12. Jh.s fiel das Dorf dem Erzbistum Mainz zu, das seine Grenzen gegen die Freie Reichsstadt Frankfurt verteidigen mußte. Karl IV. verlieh Höchst 1355/1356 Stadt- und Befestigungsrechte, so daß Höchst nun zu seiner Sicherung eine Wehranlage mit Wassergraben, Mauer, deren Innenseite ein überdachter Wehrgang begleitete, und elf Türmen und Toren erbauen konnte. Diese Befestigungsanlage umschloß ein beiderseits der Hauptstraße (heute Bolongarostraße) nach Norden vergrößertes Areal in annähernd rechteckiger Form. Eine spätgotische Zwingeranlage wurde im 15. Jh. als Verstärkungsbauwerk ergänzt.
Im 18. Jh. begann die Ansiedlung von Industrie in der 1768 gegründeten Neustadt. 1772 – 1774 wurde der Komplex für die Schnupftabakfabrikanten Bolongaro (Bolongaropalast) ausgeführt. Bis heute bedeutend ist die Höchster Porzellanmanufaktur, die schon ab 1746 für ein halbes Jahrhundert bestand und 1947 neugegründet wurde. 1863 nahmen die Farbwerke Meister, Lucius & Brüning den Betrieb auf, heute Hoechst AG, das größte Wirtschaftsunternehmen in Frankfurt-Höchst.

Vom Schloß zum Bolongaro-Palast

Die Beschreibung der Sehenswürdigkeiten folgt der Bolongarostraße von Westen nach Osten, man kann zu ihrer Besichtigung auch über den Burggraben oder den Batterieberg laufen.

Schloß

In der Mitte zwischen Main und Bolongarostraße liegt der Schloßplatz, von malerisch nach einheitlichem Farbkonzept gestalteten Häusern umgeben. Südwestlich davon – durch eine Brücke über den ehemaligen Wassergraben mit dem Platz verbunden – erhebt sich das Höchster Schloß. Erzbischof Gerlach von Mainz ließ 1356 den Bau einer Zollburg beginnen, ungeachtet der Tatsache, daß Friedrich Barbarossa 1156 die Mainzölle zur Belebung des Handels abgeschafft hatte. Die Wasserburg, 65 m im Quadrat mit Innenhof und ca. 20 m breitem Wassergraben, entstand wahrscheinlich auf Resten einer romanischen Burg. Die Erhebung des Mainzolls in Höchst bedeutete eine Störung des Messegeschäfts für die Frankfurter, die deshalb 1397 die Burg niederbrennen ließen. Kurfürst Wolfgang von Dalberg erbaute an gleicher Stelle zwischen 1586 und 1608 ein Renaissanceschloß, das schon 1635 niedergebrannt wurde. Von der ehemals vierflügeligen Anlage blieb nur der nordöstliche Teil erhalten.

In allen Farben leuchten am Schloßplatz die alten Fachwerkhäuser, die zum Teil sogar Preise für gelungene Restaurierung erhalten haben.

1665 begann mit der Trockenlegung des Wassergrabens die Instandsetzung der Überreste. Der gotische Bergfried erhielt 1681 die Galerie und eine steinerne Haube mit Laterne, der Wohnbau mit geschweiften Giebeln stammt wie der aufwendig gestaltete Torbau aus dem Ende des 16. Jh.s; der Eckrundturm ist um 1400 entstanden.

Heimatmuseum und Museum der Farbwerke

Im Schloß befindet sich seit 1975 das Museum für Höchster Geschichte mit vor- und frühgeschichtlichen Funden, Zeugnissen der römischen Vergangenheit und Dokumenten zur Stadtgeschichte. Im Erdgeschoß ist das Werksmuseum der Farbwerke Hoechst untergebracht.

Porzellanmanufaktur im Dalberghaus

Überquert man nun die Bolongarostraße, stößt man unmittelbar an der Stadtmauer neben dem ehemaligen Untertor auf das Dalberghaus: über gewölbtem Keller zwei massiv gemauerte Geschosse und ein Fachwerkgeschoß unter hohem Walmdach. Errichtet wurde es 1582 für den Mainzer Amtmann Hartmut von Cronberg; 1586 wurde es an den Erzbischof Wolfgang von Dalberg verkauft und sofort nach dem großen Brand vom 10. Dezember 1586 erneuert. Heute dient es der neuen Höchster Prozellanmanufaktur als Sitz.
Gegründet wurde die Manufaktur 1746 als dritte des Kontinents nach Dresden (1711) und Wien (1719), nachdem man in den Besitz des Herstellungsgeheimnisses von Meißner Porzellan gekommen war. Die Firma existierte mit kurzen Unterbrechungen und wechselnder Geschäftsleitung zunächst nur 50 Jahre. 1947 wurde sie neu gegründet, knapp 20 Jahre später von der Hoechst AG übernommen, in derer Besitz sie bis heute ist. (Wer an günstigem Porzellan 2. Wahl interessiert ist, findet im Empfangsgebäude der Hoechst AG ein reiches Angebot!) Neben neuen Modellen werden hauptsächlich Stücke nach Originalen des 18. Jh.s hergestellt, von denen die Porzellanplastiken nach Modellen Laurentius Russingers (1753–1767) und seines Nachfolgers Johann Peter Melchior (1768–1779) die beliebtesten sind.

Zollturm und Maintor

Östlich des Schlosses ragt der gotische Zollturm empor, der 1355–1360 im Zuge der Befestigungsanlagen errichtet wurde, dessen Fachwerk aber von 1664 stammt. Neben dem Zollturm liegt der einstige mainseitige Zugang zur Stadt: das Maintor, an dem das Isenburgische Wappen und Hochwassermarken zu erkennen sind.

Altes Rathaus

Weiter in Richtung Osten steht in der Bolongarostraße zwischen Schloß und Justinuskirche das Alte Rathaus mit zwei getreppten und mit Steinkugeln verzierten Giebeln. Es wurde nach dem Stadtbrand von 1586 von dem oberitalienischen Baumeister Oswald Stupanus errichtet.

Justinuskirche

Gegenüber des Rathauses findet man auf dem Justinusplatz die katholische Justinuskirche, der älteste Kirchenbau im Stadtgebiet Frankfurts. Die erste Anlage stammt vermutlich aus dem 7.–8. Jahrhundert. Mit der Überführung der Gebeine des hl. Justinus von Rom nach Höchst im 9. Jh. ist auch der Neubau einer Kirche anzusetzen.
Diese Kirche ist durch Grabung als dreischiffige Basilika auf T-förmigem Grundriß mit drei Apsiden nachgewiesen. 1090 schon stark verfallen, wurde sie den Benediktinern von St. Alban in Mainz übergeben. Nach 1432 zunächst Pfarrkirche, erhielt der Bau durch die seit 1441 in Höchst ansässigen Antoniter seine heutige Gestalt. Zwischen 1443 und 1460 erbauten sie an der Stelle der bisherigen Hauptapsis einen hohen Chor, dessen Gewölbe im Jahre 1523 durch eine Flachdecke ersetzt wurde. Die jetzige Wölbung stammt von 1931. Zum Chor gehören die drei Kapellen am nördlichen Seitenschiff mit Kreuzrippen und Netzgewölben; vor der netzgewölbten Vorhalle liegt das repräsentative Hauptportal, flankiert von den Figuren des heiligen Paulus von Theben und des heiligen Antonius des Einsiedlers (Kopien; die Originale befinden sich im Innenraum). Das karolingische Langhaus mit seinen Säulenarkaden, sehenswert vor allem wegen der hervorragenden Blattkapitelle und Kämpfer, blieb durch den Umbau unberührt.

Antoniterkloster

Wieder weiter östlich befinden sich an der Bolongarostraße (Nr. 139 und 143) Reste des Antoniterklosters, der bedeutendsten Niederlassung dieses Laienordens in Deutschland. Das spätgotische Konventsgebäude wurde seit dem 16. Jahrhundert mehrfach umgebaut, geringe Reste davon sind noch in einem zweigeschossigen Erker von 1586 und einer Stuckdecke des Obergeschosses erhalten, um 1739 vermutlich von Georg Hennicke geschaffen. In den Jahren 1809–1811 wurden die meisten Gebäude des Klosters abgebrochen. Erhalten blieb der Nordtrakt mit einem spätgotischem Schildgiebel.

Cronberger Haus mit Porzellanausstellung (geöffnet Sa., So. 10.00 – 17.00)

Gegenüber dem ehemaligen Antoniterkloster steht das Cronberger Haus. Es wurde als Steinhaus 1577 – 1580 für Franz von Cronberg errichtet und später mehrfach umgebaut. Sein heutiges Aussehen erhielt es im 19. Jahrhundert, als es als Rathaus und Schule genutzt wurde.
In dem Adelspalais findet seit kurzem eine Dauerausstellung statt, die die Porzellanerzeugnisse und Fayencen der Höchster Manufaktur von 1746 – 1796 präsentiert. Dabei wird neben der künstlerischen Entwicklung vom Rokokostil bis zum Klassizismus auch ein Schwerpunkt auf den Zusammenhang mit der Kulturgeschichte gelegt: So wird z.B. die Gestaltung von Porzellantassen in Verbindung mit den Trinkgewohnheiten und sozialen Anlässen der Zeit gesehen.
Als Raritäten gelten die weißechten und blauechten Porzellane, besonders sehenswert sind auch die Figuren Johann Peter Melchiors, eines Freundes von Johann Wolfgang von Goethe.

Bolongaropalast

Schließlich trifft man noch weiter östlich Ecke Kranengasse/Bolongarostraße auf den Bolongaropalast, einen monumentalen Gebäudekomplex der Stadt Höchst und Sitz der Stadtbezirksverwaltung.

Der prachtvolle Bolongaropalast nahe des Mainufers.

Er wurde 1772 – 1774 oberhalb der Mündung der Nidda in den Main errichtet, auf dem wohl schönsten Baugrundstück der 'Emmerichstadt'. Bauherren waren die Schnupftabakfabrikanten Josef Maria Markus Bolongaro († 1779) und sein Bruder Jakob Philipp († 1780) aus Stresa am Lago Maggiore. Der Palast ist eine barocke Dreiflügelanlage mit einer Straßenfassade von 117 m Länge bzw. 43 Achsen, gegliedert durch einen Mittelbau mit Risalit. Im Garten, der sich über zwei Terrassen zum Main hin öffnet, stehen zwei Pavillons mit doppeltem Mansarddach; der westliche wurde als Wohnung für den Erzbischof eingerichtet und dient heute als Standesamt. Im Innern des Palastes sind die Kapelle und eine Folge reich stuckierter Zimmer hervorzuheben, in deren Mitte ein Festsaal, geschmückt mit frühklassizistischer Wanddekoration und Deckengewölbe.

Bolongaropalast (Fortsetzung)

Westlich des Palastes, entlang der Kranengasse, steht das dreigeschossige Gebäude der ehemaligen Tabakfabrik, gleichzeitig mit dem Wohn- und Handelshaus ('Palast') errichtet, in der Ausführung aber einfacher gehalten. Nach dem Tod der Brüder Bolongaro und des Erzbischofs von Mainz wurde die Höchster Tabakfabrik 1785 liquidiert. Der Palast wurde im Jahr 1908 als Rathaus erworben, seit 1928 ist hier die Stadtbezirksverwaltung untergebracht. Im ersten Stock ist in drei Räumen eine schöne Porzellanausstellung von etwa 300 Exponaten zu sehen.

In der Altstadt (nördlich der Bolongarostr.)

Greiffenclau-Haus

Kehrt man nun zur Höchster Altstadt zurück, steht östlich des Marktplatzes in der Wed das städtische Wohnhaus der zum Mainzer Dienstadel gehörenden Herren von Greiffenclau. Rückwärtig schließen sich dem Greiffenclauschen Haus die Wirtschaftsgebäude an; im Winkel zur ehemaligen Stadtmauer erhebt sich ein achteckiger Turm.

Gasthaus zum Anker

Bei dem Stadtbrand von 1586 wurde fast die Hälfte der Stadt Höchst zerstört. Zu den repräsentativsten Fachwerkhäusern, die diesen Brand überstanden, gehört das Gasthaus 'Zum Anker'. Über Gewölbekellern und massivem Erdgeschoß kragen zwei Obergeschosse mit identischer Fachwerkkonstruktion aus, deren Hölzerstellung zwischen mittelalterlichem und Renaissancegefüge zu definieren ist. 1973 abgebrannt, wurde der 'Anker' 1975–1976 aus Originalteilen der ursprünglichen Form entsprechend restauriert.

Pfarrkirche St. Josef

Läuft man die Justinus-Kirch-Str. nach Norden, trifft man in der Hostatostraße auf die katholische Pfarrkirche St. Josef, 1907–1908 im neuromanischen Stil als dreischiffige Basilika mit Querhaus erbaut. Die Renovierung des sehenswerten Innenraumes mit Ausstattung und Ausmalung im Jugendstil wurde 1980 abgeschlossen.

Die Hoechst AG im Westen des Stadtteils

Hoechst AG

Das Areal zwischen Höchst und Sindlingen wird ausgefüllt von den Betriebsanlagen der Hoechst AG. Als Farbenfabrik im Jahr 1862 gegründet, nahm die Firma 1863 an der heutigen Schützenbleiche die Produktion von Fuchsin, einem rötlichen Farbstoff, auf. Das schnelle Wachstum der Firma Meister, Lucius & Brüning (seit 1867) nötigte im Jahre 1874 zum Umzug auf das heutige Betriebsgelände, das die räumlichen Reserven bot für den Aufstieg zu einer der größten chemischen Fabriken der Welt. Neben Farben und Arzneimitteln werden heute von den Farbwerken hauptsächlich Kunststoffe hergestellt.
Ein wichtiger Abschnitt der Firmengeschichte ist die Zeit von 1925–1945, als sich die sechs größten deutschen Chemiewerke (Hoechst, Bayer, BASF, Agfa, Casella und Kalle) zur I.G. Farbenindustrie AG zusammenschlossen, die im ⟶ I.G. Farben-Hochhaus im Frankfurter Westend ihren Verwaltungssitz hatten. Aufgrund der Zusammenarbeit der AG mit dem nationalsozialistischen Regime, die sich u.a. in Spenden an die NSDAP ausdrückte, und ihren Verbrechen gegen die Menschlichkeit wurde mehr als die Hälfte der Vorstandsmitglieder von einem Militärtribunal in Nürnberg verurteilt. Die I.G. Farben hatten sich während des Dritten Reiches die Chemieindustrie der besetzten Länder einverleibt, Zwangsarbeiter rekrutiert und im Auftrag des NS-Regimes Sprengstoffe und Treibstoffe geliefert. Da sie auch an der synthetischen Herstellung von Kautschuk (Buna) arbeiteten, wurde zu diesem Zweck das Buna IV-Werk in der Nähe des KZ Auschwitz gebaut: zu den Bauarbeiten wurden etwa 4000 KZ-Häftlingen herangezogen, die bei Arbeitsunfähigkeit oder Krankheit von der SS selektiert und ermordet wurden. Nach Kriegsende mußte die I.G. Farbenindustrie AG aufgelöst werden bzw. zerfiel wieder in Einzelfirmen, u.a. in die Farbwerke Hoechst AG.

Verwaltungsgebäude der Hoechst AG

Ein Jahr vor der Fusion zur I.G. Farbenindustrie AG wurde 1924 das von Peter Behrens 1920 begonnene neue Verwaltungsgebäude fertiggestellt. Im Schnittpunkt zweier viergeschossiger Bürotrakte aus Klinkermauerwerk schiebt sich die große Eingangshalle mit dem berühmten expressionistischen Treppenhaus und dem Aufzugsturm als Risalit vor die Fassade. In der dreiachsigen Halle wachsen stalaktitartig aus dreieckigem Grundriß die Pfeiler, mit zunehemender Höhe an Volumen gewinnend, bis sie nach dem vierten Geschoß zusammenwachsen, unter Aussparung von lichtspendenden Kuppeln. Die Höhe des Raumes wird durch eine von warmen zu kalten Tönen aufsteigende Farbigkeit verstärkt. Das Verwaltungsgebäude gehört formal und von der Qualität der Ausführung her zu den wichtigsten Bauwerken expressionistischer Architektur.

Das denkmalgeschützte Verwaltungsgebäude der Höchst AG

Die von Peter Behrens geplante Brücke von der Treppenhalle zum alten Hauptcomptoir von 1893 (siehe nebenstehendes Bild) ist als Firmenemblem weltbekannt.

Jahrhunderthalle Hoechst

An der Straße nach Zeilsheim, nordwestlich des Verwaltungsgebäudes, liegt die nach Plänen von Friedrich Wilhelm Krämer 1961 begonnene und zur Hundertjahrfeier der Hoechst AG 1963 eingeweihte Jahrhunderthalle (Pfaffenwiese 301). Sechs mit Ringanker verbundene Säulen tragen die dünne, betonierte Kuppelschale von 86 m Durchmesser. Das Gebäude wurde für eine Mehrfachnutzung konzipiert und faßt bei Großveranstaltungen zwischen 2000 und 3500 Personen. Integriert sind ein Hotel, ein Kasino mit 700 und ein Restaurant mit 350 Plätzen.

Siedlung Heimchen

Lage
Höchst-Unterliederbach, nördlich an Höchst anschließend

S-Bahnen
S1–S3
(Höchst Bf.)

Busse
50, 57, 58
(Peter-Bied-Str.)

Im Jahr 1890 stellte Wilhelm von Meister, einer der Gründer der Farbwerke Hoechst, finanzielle Mittel zur Verfügung, um für ältere Mitarbeiter und Aufseher seiner Firma Wohnraum in der Nähe des Arbeitsplatzes zu schaffen. Die Häuser sollten mietfrei sein und auf Lebenszeit überlassen werden. Ab 1891 entstand daraufhin im Südwesten des Stadtteils Unterliederbach das 'Arbeiterheim', im Volksmund 'Heimchen' genannt.
Auf der Pariser Weltausstellung 1900 wurde ein Haus der Siedlung Heimchen preisgekrönt.

Die Häuser liegen wenige Minuten vom Höchster Bahnhof entfernt. Man läuft die Höchster Straße in westlicher Richtung bis zur ersten Querstraße (Liederbacher Straße), in die man nach rechts einbiegt. Nachdem man nach links in den Grasmückenweg eingebogen ist, stößt man auf den Heimchenweg.

Holbeinsteg K 14

Wie der ⟶ Eiserne Steg ist dieser Mainübergang den Fußgängern und Radfahrern vorbehalten. So kann man in Ruhe sowohl das südliche ⟶ Museumsufer mit dem ⟶ Städel als auch die Skyline betrachten, die hinter dem im Norden gelegenen Bahnhofsviertel emporwächst. Beide verbindet die 1990 eröffnete Brücke, die an roten und graublauen Stahltrossen zwischen blau gestrichenen Pylonen aufgehängt ist.

Lage
Nördlich des Städel

Holzhausenschlößchen H 15

Östlich des Grüneburgparks liegt das Holzhausenschlößchen, ein barokkes Wasserschloß, im gleichnamigen kleinen Park, der sich bis 1910 noch von der Holzhausenstraße im Norden bis zum Oeder Weg im Westen erstreckte. So erklärt sich, warum Ecke Kastanienallee/Oeder Weg einsam ein klassizistisches Tor steht: seit 1793 betrat man durch dieses den Park. Das Schlößchen gehörte zu den befestigten Gutshöfen des Frankfurter Stadtadels im Schutze der Landwehr, die später als Sommersitze genutzt wurden. Heute tummeln sich besonders in den Sommermonaten Kinder und Spaziergänger um den Weiher herum. Im Jahre 1398 wird die ‘Oede’, ein Hofgut, erstmals genannt. 1503 wurde sie von Hamman von Holzhausen, aus dessen Familie 70 Bürgermeister hervorgehen sollten, käuflich erworben. Justinian von Holzhausen baute das Hofgut 1540 zum Landsitz aus. Louis Rémy de la Fosse, der als landgräflicher Baumeister das Darmstädter Residenzschloß plante, erhielt 1722 den Auftrag für den Neubau des Landsitzes. Zwischen 1727 und 1729 entwickelte sich nun aus der Wohnburg ein ländliches Schloß im Stil des französischen Barock, in dem unter anderem die Fürsten Thurn und Taxis wohnten, bevor die Holzhau-

Lage
Justinianstr. 5

U-Bahnen
U1–U3
(Holzhausenstr.)

Bus
36 (Hynspergstr.)

Der Holbeinsteg verbindet das Museumsufer mit dem Bahnhofsviertel.

Holzhausenschlößchen (Fortsetzung)

sens selbst erst im 19. Jh. dort einzogen. Im Jahre 1910 verkaufte der letzte Holzhausen seinen Besitz mit Auflagen an die Stadt; durch die Parzellierung entstand um den Park herum ein gehobenes Wohnviertel. Das Schlößchen, letztmals 1994/1995 renoviert, dient heute als "offene Begegnungsstätte", in dem Lesungen und kleine Konzerte stattfinden.

I.G.-Farben-Hochhaus H 14

Lage
Grüneburgplatz

Bus
36 (Simon-Bolivar-Anlage)

U-Bahnen
U1–U3 (Holzhausenstr.)

Das I.G.-Farben-Hochhaus, als Verwaltungsgebäude für die Farbwerke Hoechst geplant, wurde 1928–1930 nach dem preisgekrönten Wettbewerbsentwurf Hans Poelzigs aus Berlin auf dem Gelände der einstigen Anstalt für Nervenkranke und Epileptiker errichtet, die von dem Arzt Heinrich Hoffmann (Verfasser des Kinderbuches "Struwwelpeter") geleitet wurde. Der travertinverkleidete Baukörper ist ein vorbildliches Beispiel für die Architektur des Funktionalismus und der gelungenen Einbindung eines großdimensionierten Gebäudes in eine Parklandschaft. Die das Gebäude umgebende Freifläche wurde von Gartenbaudirektor Max Bromme gestaltet. 1945 machte der damalige US-General Eisenhower das Hochhaus zum US-Hauptquartier in Deutschland. 1955–1995 war es Hauptquartier des V. Corps der US Army sowie Sitz US-amerikanischer Dienststellen. Demnächst werden hier Teile der Universität einziehen.

Jüdischer Friedhof J 15/16

Lage
Battonnstraße

Straßenbahn
11 (Börneplatz)

Busse
30, 36 (Börneplatz)

Die älteste jüdische Begräbnisstätte (1462–1828) liegt innerhalb des Stadtgebietes an der Battonnstraße in der Nähe des ehemaligen Ghettos, das 1460 der jüdischen Bevölkerung zugewiesen und erst 1811 geöffnet wurde. Das Gräberfeld ist einzigartig in seiner Geschlossenheit und historischen Kontinuität. Weitere jüdische Begräbnisplätze existieren beim → Hauptfriedhof, sowie in Heddernheim, Nied, → Höchst, → Niederursel, Bockenheim und in Rödelheim.
Westlich neben dem jüdischen Friedhof in der Battonstraße ragt das Kundenzentrum der Stadtwerke auf, in dem sich eine Mikwe, ein jüdisches Kultbad, befindet. Hier am Börneplatz befand sich einst das jüdische Ghetto, das trotz Protesten überbaut wurde.

*Jüdisches Museum K 14

Lage
Untermainkai 14–15

Zum 50. Jahrestag der "Reichskristallnacht" wurde am 9. November 1988 das Jüdische Museum im klassizistischen Rothschildpalais und seinem Nachbargebäude eröffnet. Ersteres war Mitte des 19. Jh.s einer von Frankfurts glanzvollsten Bürgerpalästen, der von seinem Besitzer, dem Bankier Baron Mayer Carl von Rothschild umgebaut und mit einer bemerkenswerten Innenarchitektur ausgestattet wurde (Stukkaturen und Wandornamente, Parkettfußböden u.a.). Das ansprechend gestaltete, beeindruckende Museum, das seine vielfältigen Exponate mit erläuternden Wandtafeln auf drei Etagen präsentiert, geht zurück auf das Frankfurter "Museum jüdischer Altertümer" (1922–1938), das erste seiner Art in Deutschland. Zielsetzung des neuen Museums ist es, die

Londons Haggada vom Schreiber Joel ben Simeon, um 1451

Geschichte der Emanzipation und sozialen Integration der Juden in Deutschland (von 1100 bis 1950) am Beispiel der Frankfurter Jüdischen Gemeinde zu veranschaulichen. In drei großen Ausstellungsbereichen werden die historische Entwicklung und religiöse Kultur der jüdischen Gemeinden in Frankfurt dargestellt. Im Zentrum der Mittelalter-Ausstellung steht ein Modell der Frankfurter Judengasse im Maßstab von 1:50. In der Abteilung zur modernen Geschichte werden unter anderem die ideengeschichtlichen Voraussetzungen der Aufklärung, der politische Kampf um bürgerliche Gleichstellung und die daraus resultierende Veränderung der Identität der jüdischen Gemeinschaft thematisiert.
Das Thema 'Juden in Frankfurt a. M. 1933–1942' stellt in Etappen der Entrechtung und Enteignung das Bemühen der jüdischen Institutionen um Selbstbehauptung und Widerstand gegenüber. Die 'Wand der Namen' nennt die Menschen, die aus Frankfurt verschleppt und ermordet wurden. Der letzte Teil behandelt den Neubeginn jüdischen Lebens nach 1945 in den Lagern für jüdische Überlebende wie in der Stadt Frankfurt. Ein Film schildert das Nachkriegschicksal der Überlebenden in den Besatzungszonen und den Kampf um einen eigenen Staat.

U-Bahnen
U1–U4 (Willy-Brandt-Platz)

Straßenbahn
11 (Willy-Brandt-Platz)

Öffnungszeiten
tgl. außer Mo. 10.00–17.00, Mi. 10.00–20.00

Führungen

Emanzipation, Assimilation und Ausgrenzung im 19. und 20. Jahrhundert.

Die Abteilung 'Jüdisches Leben' veranschaulicht die durch jüdische Überlieferung bestimmte Lebensweise der jüdischen Gemeinschaft in Familie und Gemeinde. Grundlage der Überlieferung sind die Heilige Schrift und die in die Traditionsliteratur mündende Beschäftigung mit ihr.
Faksimiles illustrierter hebräischer Handschriften sowie Kultgerät aus Synagoge und Haus dokumentieren die Bindung von Juden an ihre Tradition. Kurze Filme zeigen, wie ein Thora-Rolle hergestellt, wie sie benutzt und wie sie feierlich geschmückt aufbewahrt wird. Ein weiterer Film ist den Speisegesetzen (Kaschrut) gewidmet. Ein elektronisches Lexikon ermöglicht es dem Besucher, sich mit Grundbegriffen und Fakten aus Geschichte und jüdischem Leben vertraut zu machen. Eine Dependance des Museums ist das kleinere ⟶ Museum Judengasse am ⟶ Börneplatz.

Baedeker Special

Juden in Frankfurt

"Wer ein Haus baut, will bleiben, und wer bleiben will, erhofft sich Sicherheit", betonte Salomon Korn, Architekt und Vorstandsmitglied der Jüdischen Gemeinde Frankfurts in seiner Ansprache anläßlich der Eröffnung des jüdischen Gemeindezentrums in der Savignystraße. Nach dem Untergang von drei jüdischen Gemeinden in den vergangenen rund neunhundert Jahren hat sich nach der Katastrophe des Holocaust die vierte jüdische Gemeinde voller Zuversicht 1986 ein neues Domizil in der Mainmetropole geschaffen. Die erste jüdische Gemeinde formierte sich hier im Verlauf des 12. Jh.s. In der aufstrebenden Handelsstadt war der Zuzug von Juden als Geldverleiher durchaus erwünscht, zumal damit eine beträchtliche Steigerung der Steuereinnahmen verbunden war. Nachdem sie zunächst Fernhandel betrieben hatten, beschränkten sich die jüdischen Händler aufgrund zunehmender Konkurrenz durch die Kreuzzüge gezwungenermaßen auf den Geldverleih gegen Zins, der den Christen nach dem kanonischen Recht verboten war. Im Mittelalter standen Juden unter königlichem Schutz, hatten Anpruch auf Wohnrecht in den Städten, besaßen jedoch kein vollwertiges Bürgerrecht. Sie waren u.a. von der Wehrpflicht befreit und mußten dafür eine pauschale Steuer entrichten. Unter Verzicht auf bestimmte Rechte war den Juden z.T. durch Einkauf in eine Zunft die Ausübung eines Gewerbes möglich. Juden wohnten zunächst nicht isoliert, sondern inmitten der übrigen Bevölkerung, die sie jedoch als lästige Gläubiger, wegen ihrer Sitten und Bräuche und schließlich aufgrund religiöser Vorbehalte weitgehend ablehnte. Im Streit um die Zwangstaufe eines jüdischen Jungen kam es in Frankfurt 1241 erstmals zu Ausschreitungen gegen die rund 200 Juden, in deren Verlauf wohl 180 ihr Leben verloren. Eine erneute Ansiedlung von Juden in der Mainstadt ist erst seit 1270 nachweisbar. Diese zweite jüdische Gemeinde wurde während der großen Pestepidemie von 1348/1349 durch den religiösen Fanatismus der Christen ausgelöscht, die ihre jüdischen Mitbürger unsinnigerweise als Brunnenvergifter und Verursacher der Pest an den Pranger stellten. Im Rahmen der im ganzen Reich durchgeführten Judenverfolgungen wurden auch in der Reichsstadt Frankfurt fast alle Juden ermordet. Um 1360 zogen erneut Juden nach Frankfurt, denn der Finanzbedarf der Stadt war groß. Diese dritte jüdische Gemeinde unterlag nun aber strengen, vom Magistrat festgelegten Lebens- und Arbeitsbedingungen. Der zunehmenden sozialen Ächtung folgte die räumliche Isolierung. Mit Billigung des Kaisers, ihres obersten Schutzherrn, wurden die Frankfurter Juden 1462 zum ausschließlichen Wohnen und Arbeiten in die Judengasse eingesperrt. Nahezu 3000 Juden lebten im 17. Jh. eingepfercht in der ca. 350 m langen Gasse zwischen der heutigen Konstablerwache und dem Börneplatz. Ganz sicher waren sie auch dort nicht, denn 1614 kam es im Verlauf des Aufstandes unter Vinzenz Fettmilch zur Plünderung der Judengasse, die aber zwei Jahre später auf Kosten der Stadt wiederhergestellt wurde. 1796 beschossen französische Truppen Frankfurt, wodurch auch etliche Häuser in der Judengasse zerstört und 1800 Menschen obdachlos wurden, die nunmehr anderweitig in der Stadt untergebracht werden mußten. Die jahrhundertelange Isolation war damit gebrochen. Darüber hinaus führten die Ideen der Aufklärung und der französischen Revolution sowie die bereitwillige Assimilation zu Beginn des 19. Jh.s zur Judenemanzipation mit dem Ziel der wirtschaftlich-politischen und gesellschaftlich-kulturellen Gleichstellung. 1816 erfolgte de iure die Erlangung der vollen Bürgerrechte als Frankfurter jüdischen Glaubens, vollends gleichberechtige Staatsbürger wurden sie erst 1864. Die Einweihung des Neubaus der Hauptsynagoge im ehemaligen Ghetto 1860 war verbunden mit der Demonstration der neuen gesellschaftlichen Verantwortung der Frankfurter Juden durch das gleichzeitige Bekenntnis zur jüdischen Religion wie zum deutschen Vaterland. Im Jahr 1887 wurde die Judengasse abgerissen und an ihre Stelle die Börnestraße und der Börneplatz gesetzt. Einen weiteren städtebaulichen Akzent setzte der mächtige Kuppelbau der Westend-Synagoge, die 1910 geweiht wurde. Gerade im 19. Jh. spielten die Frankfurter Juden im kulturellen und wirtschaflichen Leben der Stadt eine wichtige Rolle, so der Kunstmäzen Johann Friedrich Städel und die Bankiersfamilie Rothschild (⟶ Berühmte Persönlichkeiten). In der Weimarer Republik lenkte der Jude Ludwig Landmann als Oberbürgermeister von 1924 bis 1933 die Geschicke der Stadt. Wirtschaftskrise und Arbeitslosigkeit machten seit Ende der zwanziger Jahre das friedliche Zusammenleben schwieriger. Jüdische Bürger wurden von rechtsradikalen Ideologen zu Sündenböcken gestempelt, bis ab 1933 nach der Machtergreifung der Nationalsozialisten ihre systematische Verfolgung und Ermordung einsetzte. Noch bevor die Synagoge 1938 in Flammen aufging, flohen etliche der etwa 30 000 Bürger jüdischen Glaubens, die 1933 in Frankfurt lebten, ins Ausland, darunter auch die vierjährige Anne Frank (⟶ Berühmte Persönlichkeiten). Einige Hundert der in Frankfurt verbliebenen Juden begingen angesichts der Deportationsbefehle Selbstmord und weitere 10 000 Frankfurter Juden wurden in Konzentrationslagern ermordet. Nach dem Holocaust folgte ein zaghafter Neubeginn der nunmehr vierten jüdischen Gemeinde in Frankfurt durch Überlebende und aus dem Exil Zurückgekehrte, die inzwischen auf rund 6000 Mitglieder angewachsen ist. Ihr Engagement führte zur Teilrekonstruktion und Neugestaltung der zerstörten Westend-Synagoge (1988–1994) als Symbol der Geschichte und Gegenwart der jüdischen Bürger in Frankfurt.

Ausschreitungen in der Judengasse während des Fettmilch-Aufstands 1614

Kaiserstraße J/K 14

Lage
Vom Hauptbahnhof zur Innenstadt

U-Bahnen
U1–U4 (Willy-Brandt-Platz)

Straßenbahn
11 (Weser-/Münchener Str.)

Weitere Verkehrsmittel
siehe Hauptbahnhof

Vor dem ⟶ Hauptbahnhof hat sich auf einer Fläche von 22 ha das Bahnhofsviertel entwickelt. Mit seinen Längsachsen an den Gleisanlagen zu den ehmaligen Westbahnhöfen an der Taunusanlage orientiert, wurde es durch Querstraßen in etwa gleich große Baublöcke unterteilt. Deren Bebauung mit fünfgeschossigen Mietshäusern ist Frankfurts qualitätsvoller Beitrag zur Stadtbaukunst der Gründerzeit. Hauptachse des Bahnhofsviertels und Verbindung zur Innenstadt wurde die Kaiserstraße mit der Verlängerung des schon seit 1872 bestehenden Stückes zwischen der City und den Westbahnhöfen. Die baumbestandene, ca. 30 m breite Straße ist durch die außergewöhnliche Qualität der Geschäftshaus- und Hotelfassaden ausgezeichnet, deren Entwürfe von den bekanntesten Frankfurter Architekten der Gründerzeit stammen. Die Kreuzungen sind durch gebrochene Ecken platzartig geweitet und durch Kuppelaufbauten betont.
Die Kaiserstraße ist – wie das ganze Bahnhofsviertel – mehr Geschäftszentrum als Wohngebiet. Hier konzentrieren sich u. a. die Büros der Reiseveranstalter und der Luftfahrtgesellschaften, die Betriebe der Rauchwarenkonfektionäre (und Pelzhändler) und die Geschäfte des Fotofachhandels. In den Seitenstraßen, benannt nach den Flüssen Elbe, Weser, Mosel, Neckar und Nidda, befindet sich das Rotlichtviertel.

Karmeliterkloster (Institut für Stadtgeschichte) K 15

Lage
Karmelitergasse 5

U-Bahnen
U1–U4 (Willy-Brandt-Platz)

Straßenbahn
11 (Paulskirche)

Öffnungszeiten
Institut für Stadtgeschichte (Lesesaal)
Mo.–Do. 8.30–17.00,
Fr. 8.30–15.00

Die Klosteranlage der Karmeliter entwickelte sich ab 1246 auf dem Areal zwischen Münz-, Seckbächer-, Alter Mainzer und Karmelitergasse. In die ehemalige Karmeliterkirche und den Neubau ist das ⟶ Museum für Vor- und Frühgeschichte eingezogen, die alten Trakte beherbergen das Institut für Stadtgechichte.
Ein erster Saalbau wurde 1270 geweiht, ihm folgte bis 1290 ein rechteckiger Chor. Grundstückskäufe ermöglichten um 1300 den Beginn der Bauarbeiten am südlichen Querhaus. Stiftungen der Patrizier, u. a. der Familie v. Holzhausen, ermöglichten die Erhöhung des Chores und dessen Einwölbung um 1430. Mit dem Bau eines westlichen Schiffes (aus der Addition mehrerer Kapellen) des südlichen Querhauses gegen 1450 wurde die Front zur Alten Mainzer Gasse als Hauptfassade gestaltet.
Nach Norden dehnte sich das Kloster mit zwei parallelen Trakten aus, darin das Refektorium und der Kreuzgang, die Jörg Ratgeb 1517–1523 mit Fresken ausmalte, die noch heute zu den sehenswertesten Deutschlands gehören. Das Refektorium zeigt den Zyklus der ‘Ordensgeschichte’; im Anschluß daran schuf Ratgeb bis 1523 im Kreuzgang den Zyklus ‘Geburt und Passion Christi’, wohl das umfangreichste Wandgemälde nördlich der Alpen auf der Schwelle vom Mittelalter zur Neuzeit.
In den Jahren 1975–1977 restaurierte man das Refektorium und verglaste gleichzeitig den Kreuzgang zum Schutze der Temperamalerei.
Nach der Säkularisierung wurde auch das Karmeliterkloster weltlich genutzt und stand 1913 vor dem Abbruch. Von 1922 bis 1943 wurden die Klosterbauten wiederhergestellt, eine Arbeit, die nach dem Zweiten Weltkrieg wiederholt werden mußte.

Institut für Stadtgeschichte

Zwischen 1955 und 1957 wurden die Konventsgebäude wieder aufgebaut; sie werden heute zum größten Teil vom Institut für Stadtgeschichte genutzt, das Dokumente und Erinnerungsstücke zur Frankfurter Geschichte sammelt, erschließt und für die Öffentlichkeit zugänglich macht. Die Bestände reichen zurück bis ins 9. Jh., da es auch die Urkunden des ⟶ Domes und der Klöster besitzt. Zu den besonderen Kostbarkeiten gehört die 1366 für Frankfurt gefertigte Abschrift der ‘Goldenen Bulle’, in der Karl IV. Frankfurt als Ort der Wahl künftiger deutscher Könige festlegte. Der nach der Seckbächer Gasse gelegene Teil des Gebäudes beherbergt das Bundesarchiv, Abteilung Frankfurt am Main.

Im Keller spielt das vielgerühmte 'schlechteste Theater der Welt', die 'Schmiere'. Die Mitglieder des satirischen Theaters können sich rühmen, so viele Aufführungen wie sonst keine deutsche Spielstätte zu bringen und dies bei niedrigsten Eintrittspreisen und ohne Subventionen; letzteres eine selbstauferlegte Beschränkung des Ensembles.

Karmeliterkloster (Fortsetzung)
Theater 'Schmiere'

Katharinenkirche J 15

An der Südseite des Platzes An der Hauptwache steht die evangelische Katharinenkirche an der Stelle eines mittelalterlichen Spitals, gestiftet 1343 von dem Magister Wicker Frosch. Die heutige Kirche entstand aus zwei ursprünglich getrennten Kapellen, beide von 1344: Die Heilig-Kreuz-Kapelle diente dem Spital, während die den Heiligen Katharina und Barbara geweihte Kapelle zu dem 1353 angegliederten Stift für die Töchter des Stadtadels gehörte. Reiche Schenkungen führten in der Folgezeit zur Vergrößerung der letztgenannten Kapelle, für die allein der Name Katharina gebräuchlich wurde. Bereits 1522 wurde von dem Prädikanten Hartmann Ibach die erste protestantische Predigt in Frankfurt gehalten, kurz darauf die Kirche für Katholiken geschlossen und das Kloster in ein evangelisches Stift für bedürftige Frauen umgewandelt. Baufälligkeit und Platzmangel führten 1677 zum Abbruch der Kirche, mit dem Neubau wurde am 14. März 1678 begonnen. Nach dem Entwurf des städtischen Ingenieurs Melchior Heßler entstand ein Predigtsaal mit hohem Walmdach und mittig an der Nordfassade stehendem Turm. Dieser, nach drei Geschossen mit einer Maßwerksbrüstung abgeschlossen, trägt auf zurückgesetztem achteckigen Aufbau Kuppel und Laterne. Die Architekturdetails – Polygonalchor, äußere Strebenpfeiler und Maßwerkfenster wie auch die hölzerne Rippendecke – gehen bei der barocken Grundhaltung auf gotische Vorlagen

Lage
An der Hauptwache

S-Bahnen
S1–S6, S8
(Hauptwache)

U-Bahnen
U1–U3, U6, U7
(Hauptwache)

Im Vordergrund die Katharinenkirche und die Hauptwache – hinter der Kirche beginnt die Zeil.

Katharinenkirche (Fortsetzung)

zurück. Der Innenraum war dreiseitig von einer doppelgeschossigen Holzempore umschlossen, in deren Brüstungsfeldern sich 83 Gemälde mit biblischem Geschehen reihten.
Die 1944 bis auf die Grundmauern zerstörte Kirche wurde 1950–1954 wiederaufgebaut, im Innern in sehr vereinfachter Form. Neben anderen Grabmälern findet sich hier das des Stifters Wicker Frosch († 1363) mit dem Modell der Katharinenkirche. Die neue Orgel ist mit 4400 Pfeifen die zweitgrößte Frankfurts. Die 14 Glasfenster von Carl Crodel, bereits die vierte Fensterverglasung in der 300jährigen Geschichte, bilden den Hauptschmuck der Kirche.

Kleinmarkthalle J 15

Lage
Hasengasse 5–7

U-Bahn
U4 (Römer)

Straßenbahn
11 (Domstr.)

Die äußerlich wenig ansprechende Kleinmarkthalle in der Hasengasse (der Verlängerung der Domstraße) wurde 1953/1954 von den Architekten Gottwald und Weber gebaut. Sie ist Ersatz für die erste Markthalle Deutschlands – 1877/1878 nach Plänen von Stadtbaurat Behnke gebaut –, die bis 1928 auch als → Großmarkthalle diente. Sie ist wegen des reichhaltigen Angebots an Gemüse, Obst, Fleisch und Käse sehenswert, besonders gefragt aber für hessische Spezialitäten und ausländische Erzeugnisse. An der Battonstraße gab es früher außerdem eine provisorische Markt- und Fischhalle.
Die Kleinmarkthalle ist montags bis freitags von 8.00 – 18. Uhr, an Samstagen bis 14.00 Uhr geöffnet.

Klingspormuseum (Offenbach)

Lage
Herrnstr. 80
63065 Offenbach

S-Bahnen
S1, S8 (Marktplatz)

Straßenbahn
16 (Kaiserstr.)

Öffnungszeiten
tgl. 10.00–17.00;
Sa., So.
10.00–13.00,
14.00–17.00

Eintritt
montags frei

Das am 7. 11. 1953 eröffnete Klingspormuseum im Büsingpalais in Offenbach, knapp 6 km östlich des Frankfurter Stadtzentrums, ist eine interessante Sammlung zur Buch- und Schriftkunst des 20. Jahrhunderts. Karl Klingspor (1868 bis 1950), Leiter einer einst weltbekannten Offenbacher Schriftgießerei, legte mit seiner Privatbibliothek den Grundstock der Sammlung. Der berühmte Schriftkünstler Rudolf Koch (1876–1934) hat als Mitarbeiter in der Firma Klingspors 28 unterschiedliche Alphabete gezeichnet, die hier ebenso archiviert sind wie die Arbeiten der Schriftkünstler der Leipziger Schule (Rudolf Spemann) oder der Stuttgarter Schule (Ernst Schneider).
Künstlerische Arbeiten aus dem Offenbach der 20er und 30er Jahre werden in einer Dauerausstellung auf dem ersten Stock vorgeführt: Fotos, Schriftproben- und Entwürfe sowie kalligraphische (d.h. Schönschreib-) Werke. Im Erdgeschoß werden Sonderausstellungen mit z.T. internationalen Künstlern gezeigt, darunter beispielsweise 1988 eine Gruppe japanischer Schriftkünstler. In der Bibliothek kann man sich zur Geschichte des Buches, zur Buchillustration, zur Schrift und zur Buchbinderei informieren und auf Wunsch Beispiele der modernen Buch- und Schriftkunst vorlegen lassen.

Liebfrauenberg J 15

Lage
Altstadt

S-Bahnen
S1–S6, S8 (Hauptwache)

Der viereckige Platz, auf dem die → Liebfrauenkirche steht, neben dem → Römerberg einziger größerer Platz der Altstadt, erhielt nach der Kirche seinen Namen 'Unserer Frauen Plan' oder Liebfrauenberg. Seit dem Ende des 13. Jh.s hatte er als Roßmarkt ('Rossebühel') gedient, ab 1490 wurde hier der Ochsenmarkt abgehalten. Mit der Huldigung an Maximilian I. 1486 durch die Bürgerschaft auf dem Liebfrauenberg begann er, einige Funktionen, die bis dahin traditionell dem → Römerberg zukamen, zu übernehmen. Im Laufe des 16. Jh.s unternahm der Rat den Versuch, Teile der Messe hierher zu verlagern, ohne Erfolg, so daß 1573 die Messebuden abgebrochen wurden.

U-Bahnen
U1–U3, U6, U7
(Hauptwache)

Liebfrauenbrunnen

Von 1594 bis 1610 wurde als Ersatz eines Ziehbrunnens von 1494 ein Springbrunnen errichtet, der seinerseits 1769 wegen Baufälligkeit abgetragen wurde. Am Neubau 1771 waren Steinmetze und Glockengießer beteiligt: In der Mitte des von geschwungener Brüstung eingefaßten Ovalbekkens steht konisch der Brunnenstock als Basis eines Obelisken. Beidseitig neben den Tafeln Flußgötter, die Wasser in Muschelbecken gießen, getragen von Delphinen, aus deren Mäulern das Wasser direkt in das Becken strömt. Oberhalb der Bronzetafeln, um das Frontrelief des Stadtadlers, symbolisieren Putten die Schutzverpflichtung der Kommune gegenüber dem Bürger. Die Spitze des Obelisken krönt eine vergoldete Strahlensonne.

*Liebfrauenkirche J 15

Lage
Liebfrauenberg

S-Bahnen
S1–S6, S8
(Hauptwache)

U-Bahnen
U1–U3, U6, U7
(Hauptwache)

Öffnungszeiten
tgl. 7.00–19.00,

Etwa in der Mitte zwischen Zeil und Paulsplatz steht auf dem Liebfrauenberg die nach schwerer Kriegszerstörung 1954 wiederaufgebaute Liebfrauenkirche.
Wigel von Wanebach stiftete etwa 1310 eine Marienkapelle an der ⟶ Staufenmauer, die mit finanzieller Unterstützung seines Schwiegersohnes Wicker Frosch 1318–1321 entstand. Nach Erhebung zur Kollegiatskirche wurde sie bis 1344 zur gotischen Halle erweitert. Etwa 1430, gleichzeitig mit der Vollendung der dreischiffigen Sakristei zwischen Mauer und Chor, wurde mit der Gestaltung der Südseite als Fassade begonnen, vermutlich durch Madern Gerthener. Sein Dreikönigsportal, schon im 16. Jh.

Mitten im Einkaufstrubel zwischen Zeil und Römerberg thront die Liebfrauenkirche.

Liebfrauenkirche (Fortsetzung)

von Läden verdeckt, erhielt 1824 eine Vorhalle von Friedrich Rumpf. Das Portal zeigt im Tympanon, umrahmt von reichem Maßwerk, die Anbetung der Hirten und die Heiligen Drei Könige mit Gefolge, in den Zwickeln die Halbfiguren der Propheten Jesaias und Jeremias. Zusammen mit dem Neubau eines Glockenturmes auf der Staufenmauer (aufgestockt um 1770 und 1954) war das Langhaus verlängert worden, darauf folgte 1506–1509 eine neue Sakristei und der höhere Chor nach Entwurf Jörg Östreichers, wahrscheinlich auch die Gestaltung der Platzfront mit Fenstergiebeln.

Inneres der Liebfrauenkirche

Das Innere der Kirche erhielt 1763–1770 eine glanzvolle Rokokoausstattung, die bis auf die Altarfiguren im Krieg zerstört wurde. Die spätgotischen Gewölbe wurden beim Wiederaufbau durch flache Holzdecken ersetzt, deren Gliederung das Rippennetz nachempfindet. An der Nordwand steht der Bildnisgrabstein des Stifters Wigel von Wanebach, und in der Vorhalle ist eine qualitätsvolle Pietà von 1383 im sog. Weichen Stil der Gotik zu sehen.

*Liebieghaus (Museum alter Plastik) K 14

Lage
Schaumainkai 71

Bus
46 (Städel)

Straßenbahnen
15, 16
(Otto-Hahn-Platz)

Den Ausgangspunkt für das Museumsufer am Schaumainkai bildeten zwei traditionsreiche 'Häuser' – das 'Städel' und das nur zwei Straßenblöcke von ihm entfernte Liebieghaus, die städtische Sammlung alter Plastik. Seit ihrer Gründung im Jahr 1907 ist sie in der 1897 für Baron von Liebieg erbauten, mittlerweile um zwei Galerietrakte erweiterten Villa untergebracht, die dem Museum den Namen gab. Park, Villa und Sammlung bilden eine gewachsene Einheit, die zu sehen schon allein den Besuch dieses Museums rechtfertigt; aber auch die ebenso ansprechende wie informative Präsentation der Exponate machen die Begegnung mit einer wenig populären Kunstgattung zu einem Erlebnis.

Römische Antike, hier Kaiser Marc Aurel ...

... und Spätmittelalter

Die im rückwärtigen Teil des Parks liegende Villa, das Hauptgebäude des Liebieghauses, ist mit seiner steilen, abwechslungsreichen Dachlandschaft, mit seinen Türmen und Erkern und dem Wechsel von Fachwerk und Werkstein ein typisches Beispiel für die Architektur der späten Gründerzeit, die sich bevorzugt an der Formensprache der deutschen Spätgotik und Renaissance orientierte. Der zur Steinlestraße anschließende, bereits 1907 im Stil des Neobarock errichtete Erweiterungsbau wurde 1989 durch einen zweiten Galerietrakt zu einer symmetrischen Anlage verlängert, so daß das Ensemble zu einem gelungenen Abschluß gebracht wurde. Die Ausstellungsfläche vergrößerte sich dadurch auf rund 2000 Quadratmeter.

Liebieghaus (Fortsetzung)

Öffnungszeiten
Di.–So. 10.00–17.00, Mi. 10.00–20.00

Das Sammlungsgebiet des Liebieghauses umfaßt Skulpturen von der Antike bis zum Beginn des 19. Jahrhunderts. Zu den ältesten Exponaten gehören die Statuette eines sumerischen Beamten und die ebenfalls um 2500 entstandenen Reliefs aus dem Totentempel des ägyptischen Königs Sahure, wie der nebenstehende Sarkophag der Priesterin Takait. Ein herausragendes Werk der griechischen Antike, die um 470 v. Chr. von dem Bildhauer Myron geschaffene Bronzestatue Athena, ist als römische Marmorkopie zu sehen (1. Jh. n. Chr.). Ottonische Plastiken und Elfenbeinschnitzereien bilden den Auftakt der mittelalterlichen Bildhauerkunst, die von der Bauplastik über die Grabmalplastik bis zu den plastischen Kultbildern exemplarisch vorgeführt wird.
Weitere Schwerpunkte der Mittelalter-Abteilung sind die internationale Gotik um 1400 (Trinitätsrelief von Hans Multscher, um 1430) und die nordeuropäische Spätgotik (Kopf der "Bärbel von Ottenheim" von Nicolaus Gerhaerts aus Leyden, um 1463). Die Hinwendung zu neuen Techniken (Altarrelief aus Majolika von Andrea della Robbia, um 1500) und profaner Thematik kennzeichnet die Plastik im Zeitalter von Renaissance und Barock. Mit dem Klassizismus, der die Antike und ihre (vermeintlichen) Ideale für die Kunst wiederentdeckte, schließt sich der Reigen der Ausstellung. Aus dieser Epoche besitzt das Liebieghaus die anmutige Plastik "Ariadne auf dem Panther" des Stuttgarter Bildhauers Johann Heinrich Dannecker.

Sarkophag der Priesterin Takait aus dem 13. Jh.

Lohrpark (Seckbach) F 18/19

Der Stadtteil Seckbach befindet sich etwa 5 km nordnordöstlich der Frankfurter Altstadt. Der Lohrpark, nördlich des Stadtteils ⟶ Seckbach (und einen knappen Kilometer nordwestlich des auf dem großen Baedeker-Stadtplan noch eingezeichneten Huthparks) gelegen, wurde 1919–1930 von Max Bromme als Volkspark auf dem Lohrberg angelegt. Von hier aus hat man einen guten Ausblick auf Maintal, Spessart, Taunus, Wetterau, Odenwald und Vogelsberg. Außerdem kann man den letzten Weinberg Frankfurts (Lohrberger Hang) besichtigen.

Lage
Seckbach

U-Bahn/Bus
U4 bis Seckbacher Landstraße, dann Bus 43 bis Draisbornstr.

Main

Der Main, früher bestimmender Faktor im Handel der Reichsstadt, ist heute eine wichtige Binnenwasserstraße für die Beförderung von Kohle, Öl, Baustoffen u.a. 15 Brücken überspannen in Frankfurt den 100–200 m breiten Fluß, dessen Kanalisierung mit dem Westhafenneubau 1886 fertiggestellt wurde. Bei Oberrad und Griesheim befinden sich Staustufen.
Der Ankerplatz der Schiffe am Mainkai wurde im 19. Jh. durch den Westhafen und den größeren ⟶ Osthafen ersetzt, die noch heute die am Mainufer entlangfahrende historische Eisenbahn verbindet. Am ⟶ Eisernen Steg ist die Anlegestelle Ausflugsschiffe, die vom Frühjahr bis zum Herbst Rundfahrten und Schiffsausflüge auf Main und Rhein anbieten – besonders beliebt sind die Fahrten nach Rüdesheim und zur Loreley.

Schiffsanlegestelle
Eiserner Steg

Messegelände K/L 10

Lage
Ludwig-Erhard-Anlage

Straßenbahnen
16, 19 (Festhalle/Messegelände)

Busse
32, 33 (Festhalle/Messegelände)

Bereits Ende des 19. Jh.s war man dazu übergegangen, für Messen und größere Ausstellungen einen geeigneten Platz in der Nähe des Hauptbahnhofs zu nutzen (1891 Internationale Elektrotechnische Ausstellung). Nach Fertigstellung des Bahnhofsviertels zu Beginn des 20. Jh.s mußte jedoch ein Ersatzgelände ausgewiesen werden. 1907–1909 wurde deshalb in der Nähe des Güterbahnhofs eine Festhalle gebaut, deren Konzeption auf dem preisgekrönten Wettbewerbsentwurf von Friedrich von Thiersch basierte. Eine neugegründete Gesellschaft erschloß gleichzeitig das Messegelände. Seit der Nachkriegszeit wird die Halle, damals der größte Hallenbau Europas und heute eine der meist frequentierten Veranstaltungshallen Deutschlands, für Ausstellungen sowie für sportliche und kulturelle Veranstaltungen genutzt.

Geschichte der Messe

Die alte Frankfurter Reichsmesse hat ihren Ursprung im 11. Jh. und ist aus dem Fruchtmarkt entstanden. Seit 1330 wurde das Privileg auf Veranlassung Kaiser Ludwigs des Bayern auf zwei Messeveranstaltungen jährlich erweitert. Um 1800 verdrängte Leipzig Frankfurt aus seiner führenden Rolle. Nach dem Zweiten Weltkrieg hat der Messeplatz Frankfurt seine Position unter den deutschen Messeplätzen erneut ausgebaut: Heute zählt er zu einem der meist frequentierten Messeplätzen der Welt und nimmt mit jährlich über 44 000 ausstellenden Unternehmen und bis zu 2,7 Millionen Einkäufern aus 130 Nationen eine Vorrangstellung in Deutschland ein. 14 der bis zu 50 Messen und Ausstellungen, die in Frankfurt organisiert werden, zählen zu den weltgrößten ihrer Branche, und zwar im Textil-, Konsumgüter- und Investitionsgütersektor. Internationale Fachmessen wie die Heimtextil, die Internationale Frankfurter Messe Premiere, Ambiente und Herbst, die Interstoff-Messe, die Automechanika, die Musikmesse, die Buchmesse, die schon seit 1480 in Frankfurt stattfindet, die Achema und die Internationale Automobil-Ausstellung sind auf dem Frankfurter Messefahrplan. Wichtigstes Qualitätsmerkmal Frankfurter Veranstaltungen ist ihr hoher Internationalitätsgrad: Knapp jedes dritte ausländische Unternehmen, das sich an den internationalen Messen in Deutschland beteiligt, kommt nach Frankfurt auf eine der 18 internationalen Fachmessen. Als eine der wenigen Messen veranstaltet die Frankfurter seit 1987 auch Messen in überseeischen Märkten; mittlerweile 16 Messen in Asien, Amerika und Osteuropa.

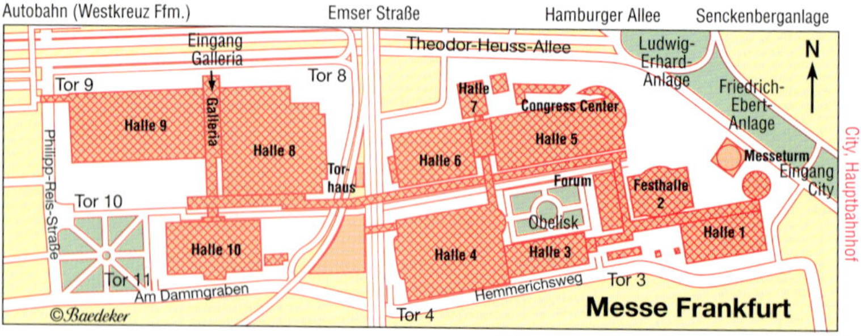

Gesamtanlage, Torhaus und Galleria

Auf dem 400 000 m² großen Areal bieten heute 10 Hallen, durch eine 1,5 km lange Via Mobile untereinander verbunden, mehr als 273 000 m² Ausstellungsfläche. Ein neues Service Center befindet sich im 1985 eingeweihten 'Torhaus', einem Hochhaus-Bau des Architekten Prof. O. M. Ungers, das sich zwischen den Hallen 4/6 und 8, d.h. etwa in der Mitte des Messegeländes befindet. Das auffällige Hochhaus wird von den Frankfur-

Messeturm mit gigantischer Büroklammer ...

... und dem Hammering man.

Gesamtanlage, Torhaus und Galleria (Fortsetzung)

tern dank seiner ungewöhnlichen Architektur scherzhaft als "Toaster" bezeichnet oder auch, weniger freundlich, als "Guillotine".
Ungers entwarf auch die postmoderne Galleria zwischen den Hallen 8 und 9. Als architektonisches Vorbild des 120 m langen gläsernen Tonnengewölbes diente die Galleria Vitterio Emanuele in Mailand. Den Abschluß bildet der futuristische Messeturm, Europas höchstes Büro-Hochhaus, der im Ostteil des Messegeländes entstanden ist. Hier befinden sich außerdem die neue Messehalle 1 und der neue Eingang City. Dank der günstigen Verkehrsanbindung gehört das Frankfurter Messegelände zu den bedeutendsten Messeplätzen überhaupt.

Kongreßzentrum

Das 1996 fertiggestellte Kongreßzentrum ist mit 15000 m² eines der größten und modernsten Kommunikationszentren Europas. Neben dem integrierten Vier-Sterne-Hotel sind Sitzungsräume für etwa 4000 Kongreß- und Tagungsteilnehmer vorhanden.

Messeturm

Neben der Festhalle des Messegeländes wurde Ende 1990 in zweijähriger Bauzeit der Messeturm – mit 63000 m² Bürofläche und 70 Etagen – fertiggestellt. Die Investoren waren das New Yorker Immobilienunternehmen Tishman Speyer Properties Inc. (bauten das World Trade Center in New York) und die Frankfurter Citibank.
Der Architekt des nach der Commerzbank zweithöchsten Hochhauses Europas (256,5 m) ist Helmut Jahn (Chicago), von der Presse ehrfürchtig "Turmvater Jahn" oder æThe Teutonic Wunderkind" genannt. Nicht mehr die Glasarchitektur der siebziger Jahre wie etwa die Zwillingstürme der Deutschen Bank sollte maßgebend sein, sondern eine eigenwillige postmoderne Bauweise mit Art-déco-Elementen. Der runde Schaft mit seiner Rasterfassade aus Glas und rotem Granit verjüngt sich nach oben wie ein angespitzter Bleistift zu einer nachts illuminierten Dachpyramide und suggeriert eine startbereite Rakete – oder einen Lippenstift, wie er im Volksmund gern genannt wird. Entsprechend der "amerikanischen Bauweise" wurde der achteckige Betonkern mit einer Gleitverschalung hochgezogen

Messeturm (Fortsetzung)

und mit Hilfe eines Laserlots auf die Genauigkeit kontrolliert. Der Betonkern beherbergt die gesamte Infrastruktur des Hauses: 24 Aufzüge, Treppenhäuser, Leitungen und die aufwendigen Sicherheitseinrichtungen. An ihn wurden die eigentlichen Büroräumlichkeiten danach "angeklebt". Nachdem 1993 die Deutsche Bundesbank eingezogen war, gewann der Messeturm an Attraktivität, so daß er heute fast ganz vermietet ist.

"Hammering man"

Hoch und schwarz ragt vor dem Messeturm der "Hammering man" von Jonathan Borofsky auf, eine riesige, beeindruckende Skulptur, die mit gesenktem Kopf wie in voller Konzentration und in Schrittstellung verharrend im immer gleichen, harten Rhythmus einen Hammer mit einer Hand auf das Werkstück in seiner anderen schlägt.

Merkurbrunnen

Gegenüber der 1986 renovierten Festhalle in der Ludwig-Erhard-Anlage steht der Merkurbrunnen. Er ist eine Schenkung des Bankiers Anton Hahn, der Entwurf stammt von Hugo Lederer. Bereits 1909 hatte Hahn die Absicht, der Stadt einen Monumentalbrunnen zu stiften. Nach seinem Tod haben seine Söhne diese Idee verwirklicht. Im Jahre 1916 wurde der Zierbrunnen auf dem Rathenauplatz aufgestellt. Nachdem 1933 der Platz nach Horst Wessel benannt wurde, mußte der Brunnen jedoch dem Schiller-Denkmal weichen. 1954 erhielt der Merkurbrunnen mit dem Gott der Kaufleute und des Handels seinen endgültigen Platz vor dem Haupteingang ins Messegelände.

Mousonturm — J 16

Lage
Waldschmidtstr. 4

Eines der wenigen expressionistischen Gebäude Frankfurts ist das Künstlerhaus Mousonturm. Gebaut wurde es 1926 als Teil einer Kosmetikfabrik, die das ganze Areal der heutigen Mousonstraße einnahm. Nachdem

Im expressionistischen Mousonturm wohnen und arbeiten heute Künstler.

Mousonturm (Fortsetzung)

U-Bahn
U4 (Merianplatz)

Straßenbahn
14 (Waldschmidtstraße)

August Friedrich Mouson die Produktion von Seifen, Kerzen, Cremes und Duftwassern schon Anfang des 19. Jh.s in Frankfurt begonnen hatte, florierte das Unternehmen, so daß schließlich der Platz für Labor-, Büro- und Lagerräume nicht mehr ausreichte. Daraufhin entwarf Fritz Mouson das erste 'Hochhaus' Frankfurts, den Mousonturm mit sieben Etagen und einem neunstöckigen Turm. Noch heute ist es ein beeindruckendes Bauwerk, dessen Wucht zum einen dadurch abgefangen wird, daß es sich nach oben hin in kleinere Würfel verjüngt, zum anderen ist seine rote Klinkerfassade durch ein Muster aus Dreiecken aufgelockert. Das Dreiecksmotiv wiederholt sich in den kleinen Dreiecksfenstern des Turmes und kehrt nochmals in dem vorspringenden Kranzgesims, das das gesamte Gebäude umläuft, wieder. Unterbrochen wird die Fassade von mehreren Simsen und schönen großen Fenstern. Seit 1976 unter Denkmalschutz stehend, übernahm die Stadt den Komplex nach dem Konkurs des Kosmetikunternehmens. Nach einem großen Umbau bietet der Mousonturm seit 1988 im Verbund mit der ⟶ Schirn und dem Theater am Turm (TAT) Raum für Ateliers, Künstlerwerkstätten, Tonstudios und zwei Bühnen. Künstler vieler verschiedener Sparten, Kabarettisten, Musiker, Tänzer, Schauspieler u.a., wohnen und arbeiten heute hier, wie auch das Hessische Literaturbüro, das im Mousonturm regelmäßig zu Lesungen einläd. Im Erdgeschoß befindet sich ein hübsches Café (geöffnet Mo.–Sa. 17.00–1.00 Uhr, So. und feiertags 10.00–1.00 Uhr).

** Museum für Kunsthandwerk K 15

Lage
Schaumainkai 15–17

Straßenbahnen
15, 16 (Schweizer/Gartenstr.)

U-Bahnen
U1–U3 (Schweizer Platz)

Bus
46 (Eiserner Steg)

Öffnungszeiten
Di.–So. 10.00–17.00, Mi. 10.00–20.00

Am östlichen Ende des Schaumainkais (⟶ Museumsufer), inmitten eines fast noch im Originalzustand erhaltenen Parks, ist in der Villa Metzler und in einem an die Villa angeschlossenen großen, lichtdurchfluteten Neubaukomplex das Museum für Kunsthandwerk untergebracht, das sich, 1877 gegründet, seit 1921 im Besitz der Stadt Frankfurt befindet. Die hübsche Villa, die heute neben dem beeindruckenden weißen Beton- und Glaskomplex fast verschwindet, wurde 1802–1804 als klassizistisches Landhaus geplant. 1865 baulich verändert, war die Villa mit ihren vierzehn Räumen zu klein für die ca. 30 000 Exponate des europäischen und asiatischen Kunsthandwerks. Der nach Plänen des New Yorker Architekten Richard Meier entstandene Erweiterungsbau erlaubt heute eine permanente Ausstellung von zwei Dritteln der gesamten Objekte. Maße und Proportionen des Neubaus korrespondieren wie die mainseitige Fensterfront mit denen der alten Villa, so daß ein harmonisches Gesamtbild entsteht. Der Architekt entwarf ein Großquadrat mit einem lichtspendenden Innenhof, wobei fast alle Räume einen leicht trapezartigen Grundriß aufweisen, da die dem Main zugewandten Wände der Flußbiegung folgen. In Kombination mit strengen Quadraten und abwechslungsreichen Vitrineneinbauten entsteht ein spannungsreiches Verhältnis der Räume untereinander und ihrer Beziehung zu den Ausstellungsstücken. Dieses reizvolle architektonische Erlebnis lohnt bereits den Museumsbesuch.
Das Museum ist in die Abteilungen Europa, islamische Länder, Ostasien, Buchkunst und Graphik gegliedert, ergänzt durch Sonderausstellungen und eine museumspädagogische Abteilung. Ein Schwerpunkt liegt in der Darstellung der Wechselbeziehungen und Einflüsse von westlichen und östlichen Kulturen.

Buddha Śakyamuni, China um 550 n. Chr.

Erstes Geschoß

Die europäische Abteilung im ersten Obergeschoß stellt kunsthandwerkliche Erzeugnisse vom Mittelalter über die Epochen Renaissance, Barock, Rokoko (präsentiert in der Villa Metzler, die nur über diese Etage durch einen Gang mit dem Neubau verbunden ist) und Jugendstil bis zum 20. Jh.

Erstes Geschoß (Fortsetzung)

vor. In der Mittelalter-Sektion werden Glas, Steinzeug und kirchliche Metallarbeiten, Holzskulpturen, spätgotische Truhen, Teppiche, Hausgeräte und Möbel gezeigt. Die Abteilung Renaissance präsentiert italienisches, deutsches und französisches Kunsthandwerk des 15. und 16. Jh., vor allem Majolika-Gefäße und venezianische Gläser, Möbel, Goldschmiedearbeiten und Keramik, eine Uhrensammlung u.v.m. Fayencen, Silber, Glas, Besteck, Gläser, Wandteppiche und Möbel des 17. und 18. Jh. füllen die Barockabteilung. Der Jugendstil ist vor allem durch Möbel, aber auch durch Gläser, Keramik, Metallarbeiten und Porzellan vertreten. Die Abteilung zum 20. Jh. schließt den Rundgang durch die erste Etage ab: Porzellan, Keramik, Möbel des Art Déco, Goldschmiedekunst und Textilarbeiten geben einen Eindruck von den gegensätzlichen Strömungen unseres Jahrhunderts.

In der Abteilung 'Europäisches Kunsthandwerk im 20. Jahrhundert' werden u. a. Möbel von Egon Eiermann ausgestellt.

Zweites Geschoß

Im Zweiten Obergeschoß befindet sich zum einen die Abteilung Islamische Kunst vom 9. bis 19. Jh., die in persische, indische und türkische Kunst untergliedert ist. Die Schwerpunkte im persischen Teil liegen auf Keramik und Knüpfteppichen, die indische Abteilung zeigt Kunsthandwerk aus der Zeit der Mogul-Herrscher (1525 – 1857), besonders Gefäße aus geschnittenen Steinen (z.B. Bergkristall oder Jade) sowie Schmuck und Prunkwaffen, die reich mit Edelsteinen verziert sind, und Glaskaraffen. In der türkischen Abteilung sind Werke des Osmanischen Reiches (16. – Ende 19. Jh.) zu sehen, darunter vor allem Fayencen, also Gefäße mit farbiger Unterglasur, und auch Goldschmiedeerzeugnisse, Textilien, Teppiche u.a.
Eine weitere Abteilung in dieser Etage ist die ostasiatische Kunst, die zum einen durch chinesische Grab-, Gefäß- und Baukeramik, Porzellan, Glas, Lack- und Metallarbeiten sowie Malerei und Skulptur repräsentiert wird, zum anderen eine kleinere japanische Sammlung beinhaltet.
Die dritte große Sektion auf der zweiten Etage ist die Buchkunst und Graphik. Hier sind bei Wechselausstellungen Bücher vom spätmittelalterli-

Museum für Kunsthandwerk, zweites Geschoß (Fortsetzung)

chen Stundenbuch bis zum zeitgenössischen Künstlerbuch (besonders Illustrationen des deutschen Impressionismus und Expressionismus) zu sehen sowie graphische Erzeugnisse (Ornamentstiche, Buntpapiere, Gebrauchsgraphik u.a.). Die Schriftkunst wird in dieser Abteilung besonders hervorgehoben: handgemalte Initialen, verschiedene Druckblätter, Zierbuchstaben, Emblembücher u.a. sind temporär zu betrachten.

Villa Metzler

In der über die erste Etage des Neubaus zugänglichen Villa ist auf drei Stockwerken Kunsthandwerk des 18. und 19. Jh.s ausgestellt. Im Erdgeschoß sieht man deutsche Möbel und Fayencen, Steinzeug und Zinngefäße aus dem Barock und Rokoko, in der ersten Etage Rokoko-Arbeiten aus den Bereichen Porzellan (Meißen), Möbel und Bestecke und im zweiten Geschoß klassizistisches Kunsthandwerk aus Deutschland, England und Frankreich.

**Museum für Moderne Kunst J 15

Lage
Domstr. 10

Straßenbahn
11 (Domstr.)

U-Bahn
U4 (Römer)

Öffnungszeiten
Di, Do, Fr, Sa, So 10.00 – 17.00;
Mi 10.00 – 20.00

Der Erwerb eines Teils der Kunstsammlung des Fabrikanten Karl Ströher, vor allem Werke der Pop Art und Minimal Art, 1980/1981 gab den Ausschlag für die Errichtung eines Museums für Moderne Kunst. Aus dem Realisierungswettbewerb ging 1983 der Wiener Architekt Hans Hollein als Sieger hervor mit seinem gradiosen Entwurf eines dreigeschossigen Galeriegebäudes mit 4150 m² Ausstellungsfläche auf dem schwierig zu bebauenden Dreiecksgelände in der Umgebung des Doms.
Nach Eröffnung des Museums im Juni 1991 erfanden die Bürger Frankfurts rasch die Bezeichnung Tortenstück für den nach außen eher blockhaft wirkenden Baukörper, der innen jedoch eine faszinierende verschachtelte Raumfülle von großer Vielgestaltigkeit besitzt. Vom spitzwinkligen Eingangsbereich gelangt man in die zentrale Oberlichthalle, von wo aus das verästelte Treppensystem überleitet in die einzelnen Geschosse, die mit zahlreichen Durchblicken und Ausblicken von kleinen Plafonds, Luken und Brücken überraschen, bis man die unterschiedlich zugeschnittenen Räume und schließlich die trapezförmigen Ecksäle erreicht.

Sammlungsschwerpunkt

Der Sammlungsschwerpunkt liegt einerseits auf einer Gruppe von hochkarätigen Werken der 60er Jahre und auf der Gegenwartskunst, wobei weniger die Malerei im Vordergrund steht als vielmehr die zeitgenössische Künstler-Fotografie, Objektkunst, Konzeptualismus und Rauminstallationen. Etwa im Halbjahresturnus finden zudem die sogenannten Szenenwechsel statt, bei denen 6 bis 8 Räume zusammen mit zeitgenössischen Künstlern neu gestaltet werden.

Pop Art

Ein Kernstück der ständigen Sammlung ist nach wie vor der Saal mit den Pop Art Künstlern, die in den 1960er Jahren die Alltagswirklichkeit, die Konsumgüterwelt und Werbesprache bis hin zu Wirklichkeitsfragmenten in die Malerei, Materialbilder und Plastiken einfließen lassen. Jasper Johns ist mit dem Bild "Targets" vertreten, einem Zielscheibenmotiv, das aus mehreren Schichten unterschiedlicher Realitätspartikel zusammengesetzt ist. Robert Rauschenberg gestaltet Combine Paintings, sogenannte Bildreliefs, in die Fragmente von Alltagsgegenständen montiert sind, wie im Fall von "Navigator", um die wechselwirksame Beeinflussung von Kunst und Leben zu demonstrieren. Die plastische Gruppe "Rock and Roll Combo" von George Segal besteht aus drei weißen von lebenden Modellen abgegossenen Gipsfiguren mit realen Musikinstrumenten. Entzeitlichten, mumienartigen Figuren werden die Relikte der Popmusik gegenübergestellt als Memento Mori-Inszenierung aller historischen Verklärung zum Trotz. Roy Lichtenstein verarbeitet in seiner großformatigen Malerei Motive aus Comicstrips. Claes Oldenburg ist der Erfinder der "soft sculptures", jener zum Teil überdimensional gestalteter Alltagsgegenstände vom Lichtschalter bis zum Waschbecken, die aus zusammengenähter und mit wei-

Im Vordergrund des Pop-Art-Raums die Rock and Roll Combo von George Segal (1964), an der Wand drei Werke von Roy Lichtenstein.

Pop Art (Fortsetzung)

chen Materialien gefüllter Leinwand oder aus glänzendem Vinyl bestehen. Das schräge Kaufhaus-Schlafzimmer Oldenburgs füllt sogar einen ganzen Raum aus. Eine ironische Überzeichnung der Alltagswelt in Auseinandersetzung mit den Übertreibungen in der Werbung liefert James Rosenquist mit dem Bild "Front Lawn", der riesigen Darstellung eines amerikanischen Vorgartens in künstlich-grellen Farben.

Weitere Werke

Im Gegensatz zu den farbenfrohen Pop Art-Werken stehen die asketischen Tagebuchbilder des Japaners On Kawara in verknappter Form als Datumsangaben, die nur in Farbe und Format wechseln. Gerhard Richter hat mit seinen fünfzehn grisailleartigen unterschiedlich großen Bildern mit dem Gesamttitel "18. Oktober 1977" auf den Tod der in Stammheim einsitzenden RAF-Mitglieder Baader, Ensslin und Raspe reagiert nach der Geiselbefreiung von Mogadishu. Die Grundlage für diese Art zeitgenössischen Totentanzes bilden Polizeifotos, die malerisch bis zur Unschärfe verfremdet werden. Es ist nach Richters eigenen Worten ein Werk gegen Ideologien, "weil Ideologien in den Tod führen." Lothar Baumgarten gestaltete in einem Raum mit Passagencharakter seinen Frankfurter Brief von 1989/91, den er als "painted wall word", als gemalte Wandarbeit bezeichnet. Auf unverputztem Beton aus dem Baustadium des Museums, sind die in der deutschen Sprache so beliebten Kompositionswörter aus Presse, Medien und Bürokratie als eine Art sprachliche Topographie unserer Gesellschaft gemalt, mit aktuellen Bezügen zu sozialen, politischen und wirtschaftlichen Bereichen bis hin zu Unsinnswortschöpfungen, die durch ihre Visualisierung unsere Kommunikationsformen kritisch hinterfragen sollen. Unter den Fotowerken beeindrucken die eigentümlichen Einzelfotographien von Barbara Klemm ebenso wie Fotofriese mit der explosiven Kleinbürgerwelt von Anna und Bernhard Blume oder die zum Teil aus zwei Gesichtern montierten irritierenden Porträtfotos von Thomas Ruff. Den Gemälden des 19. Jh.s sind die zeitkritischen Dia-Panoramen von Jeff Wall

Weitere Werke (Fortsetzung)

nachempfunden. Eine fragile Iglustruktur von Mario Merz, dem Meister der Arte Povera, verbindet auf eindrückliche Weise Architektur- und Naturelemente, dabei das Thema der Behausung in der modernen Welt thematisierend als Gegensatz von innen und außen, als Offenheit und Abgeschiedenheit. Faszinierend ist auch die geheimnisvolle Verwandlung einer Wandnische in ein visionäres Bildlicht von James Turrell. Hanne Darboven hinterläßt mit ihren minutiös beschriebenen Wandbildtafeln den Eindruck eines zeitgenössischen Skriptoriums. Wie eine Massengrabkammer erscheint dagegen der mit Porträtfotos austapezierte Raum von Christian Boltanski. Großen Reiz besitzen auch die kargen und doch magischen Rauminstallationen von Reiner Ruthenbeck.

Joseph Beuys

Besonderes Interesse verdient Joseph Beuys mit seiner monumentalen 39teiligen Installation "Blitzschlag mit Lichtschein auf Hirsch". Diese besteht aus den Elementen Blitzschlag als erkaltete Form eines Lehmbergsegments, einer Kontinentgestalt auf einer Landkarte nicht unähnlich, das an einem Eisenträger hängt, sodann aus dem Element Hirsch als Aluminiumabguß von Ebenholzstammstücken und gebrauchtem Bügelbrett, ferner aus den abgegossenen, aus Lehm geformten amorphen 35 Urtieren, außerdem aus der Ziege in Gestalt einer Eisenlore mit Spitzhacke als Gegensatz von Naturwelt und Kulturwelt (Ziege/Hirte versus Lore/Bergmann) sowie aus dem Element Boothia Felix, bezugnehmend auf die Halbinsel an der Nordküste Amerikas, wo nach den Erkenntnissen Anfang des 19. Jh.s der magnetische Nordpol lag, gestaltet als ein dreibeiniger Bildhauer-Modellierfuß mit kastenförmigem Aufsatz und kleinem Kompaß, dessen Nadel auf den Kältepol zeigt. Ein Gleichnis von Wärme und Kälte, von Werden und Vergehen, eine Veranschaulichung also mittels alltäglicher Materialien jenes Evolutionsprozesses, der von elementarer Naturgewalt und gesetzmäßiger Naturwissenschaft gleichermaßen geprägt ist. "Die Kunst ist nicht dazu da, Dinge zu erklären", hat Beuys im Rahmen sei-

Das "Tortenstück" genannte Museum für Moderne Kunst von außen (links); Joseph Beuys "Blitzschlag mit Lichtschein auf Hirsch" (rechts).

Museum für Moderne Kunst (Fortsetzung)

ner Vorstellungen von einer sozialen Plastik gesagt, "sondern die Kunst ist dazu da, die Menschen betroffen zu machen und ihren ganzen Sinnzusammenhang, als ihren Sehsinn, ihren Hörsinn, ihren Gleichgewichtssinn zu aktivieren und zu einem Fähigkeitsprinzip für ihre Arbeit machen."

*Museum für Post und Kommunikation K 14/15

Lage
Schaumainkai 53

Straßenbahnen
15, 16
(Otto-Hahn-Platz)

U-Bahnen
U1–U3
(Schweizer Platz)

Bus
46 (Städel)

Öffnungszeiten
Di.–So.
10.00–17.00,
Mi. 10.00–20.00

Eintritt frei

Neben der mittlerweile denkmalgeschützten Villa des ehemaligen Bundespostmuseums von 1878 wurde zum 500jährigen Postjubiläum 1990 das neue Museum für Post und Kommunikation eröffnet: ein aufwendig gestalteter Glas- und Stahlbau, erbaut von Behnisch & Partner, der mit dem Altbau durch die unterirdische Hauptausstellungsfläche verbunden ist.
In diesem Untergeschoß wird der wesentliche Teil der während des Zweiten Weltkrieges aus Berlin ausgelagertern Bestände des Reichspostmuseums (u.a. das erste Telefon von Ph. Reis, 1861) präsentiert, der heute durch Neuerwerbungen bis hin zur Nachrichtenübermittlung durch Lasertechnik und Satelliten ergänzt wurde. Ausgangspunkt der unterirdischen Hauptausstellung ist die 'Einführungs-Insel', um die sich sämtliche Themenbereiche der (nationalen) jahrhundertealten Kommunikationsgeschichte ordnen. Neben historischen Exponaten wie Postkutschen, Postomnibusse und alte Telegrafengeräte werden auch zahlreiche Medien, zum Teil in Spielform, eingesetzt: So demonstrieren kurze Filme die Geschichte und die heutigen Aufgaben der Post. Von dieser untersten Ebene hat man einen beeindruckenden Blick auf die Treppen und Etagen bis hinauf zum zweiten Stockwerk, was durch einen schönen verglasten Lichthof ermöglicht wird. In den Obergeschossen des Neubaus sind verschiedene Sonderausstellungen zu einzelnen Themenbereichen oder zu künstlerischen Auseinandersetzungen mit den Gegenständen der Post bzw. Kommunikation sowie eine ständige Briefmarkensammlung zu sehen.

Lichthof im Untergeschoß ...

... und Telefontreppe

Museum für Völkerkunde K 15

Nach den Völkerkundemuseen in Berlin, Hamburg, Bremen und Stuttgart kann sich auch das Frankfurter Museum zu den bedeutendsten der Bundesrepublik zählen. Seit der Zerstörung des Museums 1944 können derzeit aus Platzgründen allerdings nur wenige Exponate in thematisch wechselnden Ausstellungen gezeigt werden, die nichtsdestotrotz einen Besuch wert sind. Das Museum besteht seit 1904, begründet durch den Arzt Dr. Bernhard Hagen, und wurde durch die 22 Expeditionen von Prof. L. Frobenius, Museumsleiter von 1934–38, gefördert.
Die Spannung, die das Museum trotz seiner räumlichen Beschränkung (fast schon Wohnzimmeratmosphäre) mit seinen Exponaten erzeugt, wird durch die Einbeziehung unserer unmittelbaren Gegenwartsprobleme in die unterschiedlichen Themenbereiche erreicht: beispielsweise wurden in einer Ausstellung Push- und Pullfaktoren für Flüchtlingsströme nach Deutschland gezeigt und verschiedene Minentypen ausgestellt, die in Dutzenden Ländern der Welt die Angst erzeugen, die die Menschen aus bestimmten Gebieten verjagt.
Der Schwerpunkt der Ausstellungen liegt zwar auf der Darstellung fremder Kulturen und Religionen vornehmlich sogar solcher Völker, die heute unterzugehen drohen oder schon verschwunden sind, das Ziel ist jedoch, über die bloße Darstellung hinaus die Ideen und Inhalte, die diese Kulturen prägen, verständlich zu machen und so die Auseinandersetzung mit der eigenen Kultur zu beleben. Letztlich soll erreicht werden, Toleranz gegenüber den fremden Kulturen ebenso zu schaffen wie die Relativierung der eigenen Kultur.

Lage
Schaumainkai 29

U-Bahnen
U1 – U3
(Schweizer Platz)

Straßenbahnen
15, 16 (Schweizer-/Gartenstr.)

Bus
46 (Eiserner Steg)

Öffnungszeiten
Di.–So.
10.00–17.00,
Mi. 10.00–20.00

Museum für Vor- und Frühgeschichte K 15

Im Juni des Jahres 1989 wurde in der gotischen Kirche des → Karmeliterklosters und dem von Josef Paul Kleihues entworfenen Neubau das Museum für Vor- und Frühgeschichte – Archäologisches Museum eröffnet. Seine Gründung geht auf das Jahr 1937 zurück. Nach der provisorischen Unterbringung im → Holzhausenschlößchen (von 1954 bis 1984; vorgeschichtliche und frühmittelalterliche Sammlung) und im → Deutschordenshaus (von 1976–1984; Funde aus der Römerstadt Nida) haben die umfangreichen Museumsbestände nunmehr eine endgültige Bleibe in dem restaurierten Sakralbau und seiner sehenswerten modernen Ergänzung gefunden.
Die haushohe Mauer des Neubaus mit 'toskanischem' Streifenmuster aus rotem und gelbem Sandstein läßt an eine Klostermauer denken und fügt sich somit harmonisch in die historische Anlage ein. Der rote Sandstein, von der Karmeliterkirche übernommen, wird als Bodenbelag im Neubau fortgeführt.

Lage
Karmelitergasse 1

U-Bahnen
U1–U4
(Willy-Brandt-Platz)

Straßenbahn
11 (Römer/Paulskirche)

Öffnungszeiten
Di.–So.
10.00–17.00,
Mi. 10.00–20.00

Abteilungen

Eine grobe Gliederung der Museumssammlungen läßt sich schon anhand der Raumaufteilung vornehmen: in der Karmeliterkirche sind die regionalen Funde ausgestellt, während im Neubau die fremden Kulturen, die vorderasiatische und die klassische Abteilung, zu finden sind.

Regionale Funde

Ein bedeutender Schwerpunkt des Museums sind die römischen Funde von NIDA-Heddernheim, die im Langschiff zu sehen sind: Hier beeindrukken vor allem die Jupiter-Gigantensäulen und ein gußeisernes Haus mit

Der neue rot-gelbe Sandsteinbau des Museums für Vor- und Frühgeschichte schließt an das alte Karmeliterkloster an.

Museum für Vor- und Frühgeschichte (Fortsetzung)

restaurierten Fresken eines römischen Wohn- und Speisehauses. Im Querschiff werden die archäologischen Funde aus Frankfurt gezeigt, die von der Altsteinzeit über Neolithikum und Bronzezeit bis zur Eisenzeit reichen. In der Annenkapelle erhält man Einsicht in die Mittelalterabteilung, die sich mit alamannischen und fränkischen Grabfunden präsentiert. In der anschließenden Gruft kann man die frühneuzeitlichen Grabbeigaben aus der Karmeliterkirche betrachten sowie diverse frühchristlich-byzantinische Schmuck- und Sakralobjekte und Pretiosen verschiedener Epochen.

Vorderasiatische und klassische Antike

Im Westteil des Neubautraktes ist die vorderasiatische Abteilung mit einer Sammlung hauptsächlich iranischer Antiken vertreten; im Ostteil sind die klassischen Antiken zu finden.
Das Raumangebot des Neubaus wird zudem als Magazin, für die Technikerräume, Werkstätten, Zeichenräume, Vortragssaal und für die Direktion genutzt.
In einem gewölbten Saal findet man die Bibliothek des Museums.

Museum Judengasse J 15

Lage
Börneplatz

Straßenbahn
11 (Börneplatz)

Busse
30, 36 (Börneplatz)

Dieses Museum, das sich im Neubau der Stadtwerke befindet, ist eine Dependance des ⟶ Jüdischen Museums. Im Mittelpunkt stehen hier die archäologischen Reste von fünf Häusern der Frankfurter Judengasse aus dem 18. Jh. Sie wurden 1987 bei Bauarbeiten für das Kundenzentrum der Frankfurter Stadtwerke am Börneplatz (auf der Kurt-Schuhmacher-Str.) freigelegt. Trotz heftiger Proteste wurden die Überreste des ehemaligen jüdischen Ghettos überbaut. In dem neuen Verwaltungsgebäude sind nun die Reste von zwei Ritualbädern (Mikwen), einem Abwasserkanal und zwei Brunnen zu besichtigen.

Museum Judengasse (Fortsetzung)

Die Ausstellung informiert über die Geschichte des Frankfurter Ghettos vom 15. bis zum 18. Jahrhundert, die Entwicklung des Börneplatzes im 19. und 20. Jh., das Alltagsleben in den Häusern und das Bild der Gasse in Literatur und bildender Kunst. Ein großes Modell der östlichen Innenstadt Frankfurts um 1860 vermittelt ein anschauliches Bild der Judengasse und ihrer Einbettung in den städtischen Raum. Eine einfach zu bedienende interaktive Computer-Infobank erlaubt es, auf spielerische Weise Text- und Bildinformation über die Häuser und ihre Bewohner, Ereignisse aus der Stadtgeschichte oder Begriffe aus der jüdischen Kultur zu erhalten.
In der Börnegalerie werden Wechselausstellungen gezeigt.

Börneplatz

Der Name des Platzes erinnert an Ludwig Börne (1786–1837), der im Ghetto geboren wurde und sich einen Namen als Schriftsteller und Journalist machte.

Jüdischer Friedhof

Hinter dem Verwaltungsgebäude liegt ein mittelalterlicher → Jüdischer Friedhof, der älteste in dieser Gegend, auf dem Grabsteine aus dem 15. bis 19. Jh. zu finden sind.

Freiheitsbrunnen

Versteckt hinter den Verwaltungsgebäuden befindet sich in der Rechneigrabenstraße der spätbarocke Freiheitsbrunnen. Er wurde 1759 auf dem früheren Hühnermarkt als Ersatz eines Ziehbrunnens von 1356 aufgestellt. Der ältere Brunnen ist als 'Freibronnen' überliefert, benannt nach dem als 'Freihof' (ein der Gerichtsbarkeit entzogener Ort) mißverstandenen Flurnamen 'frithowe'. Johann Michael Datzerath schuf für den neuen Brunnen – basierend auf dem früheren Mißverständnis – die Rokokostatue, die in den Händen gesprengte Fesseln und einen Hut als Symbole der Freiheit hält.

Museumsufer – Schaumainkai K 13–14

Lage
Schaumainkai

Bus
46 (Städel, Untermainbrücke oder Eiserner Steg)

Das Museumsufer auf der südlichen Mainseite erstreckt sich von der → Friedensbrücke im Westen bis zur → Dreikönigskirche im Osten auf einer Breite von 15–32 m. Zum Museumsufer gehört neben der Uferstraße Schaumainkai auch das Vorufer, das heute als Grünanlage gestaltet ist, sowie die mit einer Doppelreihe gestutzter Platanen bepflanzte Hochkaimauer und natürlich – als Hauptattraktion – die einmalige Meile von sieben Museen, die teils in schönen alten Villen des 19. Jh.s untergebracht sind, umgeben von den Mitte des 18. Jh.s angelegten Zier- und Lustgärten, teils in moderne Gebäude gezogen sind, die in den 80ern und 90ern unseres Jh.s von berühmten Architekten errichtet wurden. Von Westen nach Osten reihen sich an der Uferstraße das → Liebighaus mit seinen alten Plastiken verschiedener Kulturvölker an das → Städelsche Kunstinstitut, das wohl bedeutendste Museum Frankfurts mit Werken der europäischen Malerei des 14.–20. Jh.s sowie einer großen graphischen Sammlung, daneben das → Museum für Post- und Kommunikation, das die jahrhundertealte Geschichte der Nachrichtenübermittlung abwechslungsreich darstellt, das → Deutsche Architekturmuseum mit seinem berühmten 'Haus im Haus', dann das Deutsche Filmmuseum, das mit aufwendigen Kulissen einen umfassenden Einblick in die Filmgeschichte gibt, daneben das kleine → Museum für Völkerkunde und schließlich das nicht nur architektonisch imposante → Museum für Kunsthandwerk, das kunstgewerbliche Glanzstücke vom Mittelalter bis heute aus Europa, den islamischen Ländern und Ostasien sowie Buchkunst präsentiert.

Flohmarkt und Museumsuferfest

Bei zwei Gelegenheiten wird der Schaumainkai als ganzes beansprucht und deshalb für den Auto- und Busverkehr gesperrt: Zum einen findet dort jeden Samstag bis etwa 14.00 Uhr ein großer Flohmarkt statt (hier wird allerdings auch viel Ramsch, vornehmlich billige Textilien, für eine oder zwei Mark lauthals angepriesen), zum anderen wird Ende August das dreitägige große Museumsuferfest über ein langes Wochenende veranstaltet.

**Naturmuseum Senckenberg J 13

Lage
Senckenberganlage 25

Busse
32, 50 (Senckenbergmuseum)

Straßenbahn
16 (Bockenheimer Warte)

U-Bahnen
U6, U7 (Bockenheimer Warte)

Öffnungszeiten
tgl. 9.00–17.00,
Mi. bis 20.00,
Sa.,So. bis 18.00

Das Senckenberg-Museum zählt zu den renomiertesten naturkundlichen und naturhistorischen Museen Europas. In der Öffentlichkeit vor allem berühmt durch seine eindrucksvolle Ausstellung von vorzeitlichen Tieren, liegt das Hauptaufgabengebiet der zahlreichen Mitarbeiter in der Forschungsarbeit.

Dem Frankfurter Arzt Dr. Johann Christian Senckenberg (1707–1772) zu Ehren, einem Stifter vorbildlicher sozialer und wissenschaftlicher Einrichtungen (z.B. eines Bürgerhospitals und eines Mineralogischen Kabinetts), wurde 1817 die 'Senckenbergische Naturforschende Gesellschaft' und im Zuge dessen 1819 das ebenfalls nach ihm benannte Museum gegründet.
Der heute in der Senckenberganlage gelegene Museumsbau wurde in den Jahren 1904–1908 in Anlehnung an Formen der barocken Schloßarchitektur gebaut und gliedert sich in Zentralgebäude und zwei durch offene Arkaden verbundene Flügelbauten mit der Sternwarte des Physikalischen Vereins (links) und der Senckenbergischen Bibliothek (rechts). Mit dem Umzug in diese Gebäude wurden die Bestände in eine Schausammlung und eine Forschungssammlung getrennt.

Während das Senckenberg-Museum in seinen Anfangsjahren durch eine Sammlung bis dato unbekannter Kunstschätze aus Afrika und dem Vorderen Orient Berühmtheit erlangte, die von dem Afrikaforscher Eduard Rüppell gestiftet worden waren, genießt es heutzutage Weltruf durch seine Forschungs- und Öffentlichkeitsarbeit auf den Themengebieten der Paläontologie, Geologie, Zoologie, Botanik und, im geringeren Umfang, der Ägyptologie.

Erdgeschoß

Im Erdgeschoß des Zentralgebäudes ist vor allem die Paläontologie, die Fossilgeschichte der Lebewesen, in großer Bandbreite vertreten. Eine besondere Attraktion (und nicht nur für Kinder atemberaubend!) sind hierbei die in Größe alles dominierenden Dinosaurier-Skelette. Aus der gleichen Ära (Erdmittelalter, vor 225 bis 65 Millionen Jahren) stammen die ausgestellten Meeresreptilien, wie Fischsaurier, Flossenechsen und Urkrokodile, sowie die Fossilplatten aus dem Schwarzen Jura von Holzmaden.

Fossilplatte

Daß Riesenwuchs in einer späteren Ära (Erdneuzeit, seit 65 Millionen Jahren) noch einmal aufgetreten ist, belegen die imposanten Skelette von ausgestorbenen Riesensäugetieren wie vom Mastodon (ein felltragender Urelefant), Höhlenbär, Säbelzahntiger und anderen Zeitgenossen. Ein ausgesprochener erdgeschichtlicher 'Newcomer' ist der Mensch: auf ihn trifft man in Hominidenfunden, die den Besucher (homo sapiens) über Habitus und Lebensweise seiner Vorfahren reflektieren lassen.
Gesteine und Minerale schließlich dokumentieren den geologischen Aspekt der Formenvielfalt unserer Erde. Unter dem Titel 'Wege zur Unsterblichkeit' werden, nicht ohne einen Schauer zu verursachen, Einblicke in Mumien und Mumifizierung im alten Ägypten gewährt.

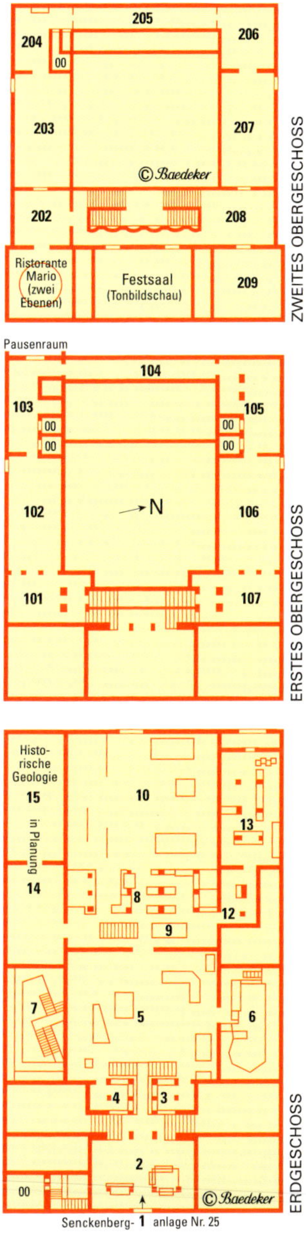

Naturmuseum Senckenberg

Museum der Senckenbergischen Naturforschenden Gesellschaft

ZWEITES OBERGESCHOSS
Fische und wirbellose Tiere

Raum 202 Achate
Raum 203 Gliederfüßler, Insekten
Raum 204 Spinnen und Krebse
Raum 205 Lebensgruppen (Tierdioramen)
Raum 206 Wirbellose Tiere des Meeres
Raum 207 Knochenfische und Riff-Aquarium
Raum 208 Fischartige und Knorpelfische
Raum 209 Sonderausstellungen

ERSTES OBERGESCHOSS
Rezente höhere Wirbeltiere

Raum 101 Säugetiere I: Affen, Halbaffen, Raubtiere
Raum 102 Säugetiere II: Huftiere, Beuteltiere, Zahnarme, Schuppentiere, Kloakentiere
Raum 103 Skelette großer Wirbeltiere (Nashorn, Zebra)
Raum 104 Säugerembryonen, Köpfe von Huftieren; Reptilien und Amphibien; Flug der Tiere
Raum 105 Vögel III: Nachtschwalben, Spechte, Sperlingsvögel
Raum 106 Vögel II: Wasservögel, Wehrvögel, Greifvögel, Hühnervögel, Kraniche, Möwen, Seeschwalben, Lummen, Alke, Papageien, Kolibris
Raum 107 Vögel I: ausgestorbene Arten (Riesenstrauße, Riesenalk, Dronte); Strauße, Pinguine, Storchenvögel

ERDGESCHOSS
Fossilien und Geologie

1 Außenanlage mit Erdkugel, Riesenammonit
Eingang
2 Eingangshalle mit Kasse und Information; Schwarzjura-Fossilplatten, große Mineralstufen
3 Rechter (nördlicher) Treppenraum
Senckenbergianum
4 Linker (südlicher) Treppenraum
Altägyptische Mumien und Mumifizierung
5 Erster Lichthof
Großsaurierskelette: Diplodocus, Triceratops, Tyrannosaurus, Iguanodon, Stegosaurus u. a.
6 Rechte (nördliche) Seitenhalle
Ausgestorbene Wirbeltiere des Wassers
7 Linke (südliche) Seitenhalle
unten: Gesteine, Minerale
oben: fossile Wirbellose
8 Querhalle
Fossile Säugetiere (u. a. aus dem Mainzer Becken) und Archaeopteryx-Sonderausstellung
9 Schnabeldrachen-Keller
Trachodon-Skelett; Weißjura-Fossilien; Fische, Flugsaurier
10 Zweiter Lichthof
Südwand: Wale, Delphine; Nordwand: Elefantengruppe
12 Vorhalle
Biologische Stellung des Menschen; Fossilfunde auf dem Weg zum Menschen
13 Großer Westsaal
Fossilfunde des Menschen
14 Geologie
Sonnensystem, Plattentektonik, Vulkane, Erdbeben
15 Historische Geologie: Erdgeschichte
16 Unter Raum 15
Fossilien aus der Grube Messal

Naturmuseum Senckenberg (Fortsetzung)
1. Stockwerk

Das erste Stockwerk widmet sich hingegen den heute noch lebenden oder den erst kürzlich ausgestorbenen Vertretern von Landwirbeltiergruppen. Ausgestopfte Säugetiere (Beuteltiere, Raubtiere, Huftiere, Halbaffen, Affen) und Vögel sind ebenso zu sehen wie Skelette von z.B. Nashorn oder Zebra.

2. Stockwerk

Im zweiten Geschoß werden Vertreter der Fische und der wirbellosen Tiere vorgestellt. Gliederfüßer wie Spinnen, Krebse und Insekten bevölkern die übersichtlich gestalteten Schaukästen. In großen Dioramen werden Tierpaare in ihren natürlichen Lebensräumen gezeigt. Auch Sonderausstellungen zu wechselnden Themengebieten sind Domäne dieser Etage.

Von Affen, Menschen ...

... und Dinosauriern

Nieder-Erlenbach

Lage
ca. 12 km nördlich des Frankfurter Stadtkerns

S-/Regionalbahn
S6, 30, 34 bis Berkersheim Bf, dann Bus 29 bis Rathaus oder Schule Nieder-Erlenbach

U-Bahn
U2 bis Nieder-Eschbach, dann Bus 29

Der Stadtteil Nieder-Erlenbach, erstmals gegen Ende des 8. Jh.s erwähnt, gehörte bereits 1376–1866 zu Frankfurt. Zur Verwaltung des Dorfes war ein reichsstädtischer Schultheiß eingesetzt; er hatte seinen Sitz in dem Wohnhaus Alt-Erlenbach 27, das 1748 im Auftrag des Rates der Stadt Frankfurt errichtet wurde. Später diente es als evangelisches Pfarrhaus.

Zum Schutz des Ortes waren bewaffnete Amtleute eingesetzt, die in der Burg zu Bonames, später auch in der Burg zu Nieder-Erlenbach, der späteren Glauburg, ihren Sitz hatten (1402–1404 und 1405–1541). Nachdem Frankfurt keine Amtleute mehr bestellte, wurde die Burg verpachtet, 1698 an Johann Hieronymus von Glauburg verkauft, der sofort mit Neubau- und Umbauarbeiten begann, die 1701 abgeschlossen wurden. Zu Beginn des 19. Jh.s wurde die Burg erneut verpachtet, später war sie in Besitz verschiedener Privatpersonen. 1953 kaufte sie die Gemeinde und überließ sie der privaten Anna-Schmidt-Schule in Erbpacht.

Am Erlenbach erwarben die aus dem Limburger Raum stammenden Lersners Besitz. Die Familie stellte seit 1729 mehrfach den Älteren Bürgermeister der Stadt Frankfurt; Achilles August von Lersner war ein bedeutender Chronist. Seine Nachkommen errichteten das Hofgut, das bis 1953 im Besitz der Familie blieb. 1746 wurde das Lersnersche Schloß (Zur Charlottenburg 3) barock errichtet und 1893 umgebaut; die 'Charlottenburg' – ein Herrenhaus in historisierenden Formen nach barockem Vorbild – und Wirtschaftsgebäude entstanden 1840. Hinter dem Hofgut befindet sich ein englischer Park. Die Familiengruft der Lersners liegt auf dem 1831 angelegten Friedhof Kaspersburgstraße.

Nieder-Erlenbach (Fortsetzung)
Lersnersches Schloß

Nahe beim Lersnerschen Schloß steht die ev. Pfarrkirche (Zur Charlottenburg 1), eine im Kern mittelalterliche Saalkirche der Spätgotik, die 1637 barock erneuert wurde.

Pfarrkirche

Niederrad — M 11

Zwischen Main und ⟶ Stadtwald liegt die 'Bürostadt Niederrad'. Das Gelände (ca. 485 000 qm) wurde 1959 eigens für Großfirmen ausgewiesen, die Verwaltungszentren in Citynähe suchten. Oberirdisch mußten fünf Zehntel, unterirdisch vier Zehntel der Grundstücksfläche von jeglicher Bebauung freigehalten werden.
Das Highlight in dem sonst unspektakulären Viertel ist das Articom Bürohochhaus (Lyoner Str. 15), sehenswert besonders die hohe, verglaste Eingangshalle mit Skulpturen von Rolf Zehetbauer; ein Restaurant läd zum Verweilen ein. Erste Firma der Bürostadt war der Verein Deutscher Maschinenbauanstalten (VDMA), dessen Hochhaus 1965–1967 von den Architekten Meid und Romeick errichtet wurde. Die eindrucksvollen Olivetti-Hauptverwaltungsgebäude entstanden 1967–1972 nach Plänen von E. Eiermann.

Lage
ca. 5 km südwestlich vom Frankfurter Stadtkern

S-Bahn
S8 (Niederrad Bf)

Straßenbahn
21 (Bürostadt Niederrad)

Bus
79 (Lyoner Str.)

Niederursel — E 10/11

Der 1910 eingemeindete Vorort Niederursel, erstmals 1132 urkundlich erwähnt, hat seinen Ursprung in einer Siedlung vorrömischer Zeit. Der Ortskern aus vorwiegend barocken Fachwerkhäusern ist trotz angrenzender moderner Bebauung (Nordweststadt) gut erhalten.
Daß in dem kleinen Niederursel gleich zwei schöne alte Rathäuser stehen, zudem in der gleichen Straße 'Alt Niederursel', hat seinen Grund in den geschichtlichen Ereignissen vom 15. bis 18. Jh. Schon im Jahre 1436 bahnte sich die Teilung Niederursels an, nachdem Heene von Ursel seinen Besitz, das ehemalige Reichslehen Niederursel, zu gleichen Teilen an Frankfurt und das Adelsgeschlecht von Kronberg (später Solms) verkaufte. Nach dem Dreißigjährigen Krieg gab es fortgesetzte Unstimmigkeiten zwischen den Frankfurtern und den Grafen von Solms-Rödelheim, die versuchten, durch verstärkte Belastung der Bauern die Verluste der Kriegsjahre auszugleichen. Nach langen Auseinandersetzungen wurde auf Beschluß des Reichskammergerichts (1700) die Teilung Niederursels 1714 vollzogen. Frankfurt erhielt durch Losentscheid den südwestlichen, Solms-Rödelheim den nordöstlichen Dorfteil. Zur Verwaltung wurden fortan zwei Rathäuser benötigt: das Solmssche (Alt Niederursel 29) von 1718 und das Frankfurter (Alt Niederursel 28) von 1716. Nach der Annexion durch Preußen wurde 1898 die Zusammenlegung der beiden Dorfteile vollzogen, zwölf Jahre später gemeindete man das Dorf Frankfurt ein.

Lage
9 km nordwestlich des Frankfurter Stadtkerns

U-Bahn
U3 (Niederursel)

Die zentral gelegene Gustav-Adolf-Kirche (Alt Niederursel 20) ist 1927–1928 nach Plänen Martin Elsaessers anstelle der 1402 erstmalig erwähnten St. Georgskapelle über oktogonalem Grundriß errichtet worden. Die Friedhofsmauer und die darin eingelassenen Grabsteine blieben erhalten.

Gustav-Adolf-Kirche

Nizza-Anlage K 14/15

Lage
Untermainkai

U-Bahnen
U1–U4
(Willy-Brandt-Platz)

Straßenbahn
11 (s.o.)

Die Nizza-Anlage erstreckt sich am Untermainkai westlich und östlich der Untermainbrücke auf etwa 800 m Länge. Die Vielzahl südländischer Pflanzen – Ginkgo, Zitrone, Lorbeer, Feige, Mandelbaum – hat der Anlage den Namen 'Nizza' gegeben. Angelegt wurde sie 1866–1875 anstelle des Winterhafens. 1932 wurden Erweiterungen vorgenommen, und 1952 vollendete der Stadtgärtner Andreas Weber, an den noch ein Porträtmedaillon an der Kaimauer erinnert, die Anlage.
Die Äquatorialsonnenuhr (1951) ist ein Geschenk der ehemaligen Heddernheimer Kupferwerke.

Öko-Haus J 12

Lage
Kasseler Str. 1a

S-Bahnen
S3–S6
(Westbahnhof)

Nahe des Westbahnhofs wurde 1992 ein ungewöhnliches Bürogebäude errichtet, dessen Foyer man besichtigen kann: Ein energiesparendes, umweltfreundliches Öko-Haus, in dem die Sonnenwärme in den Ziegelwänden gespeichert und die Abwärme der Druckerei als Heizenergie verwendet wird. Mooswände regulieren die Luftfeuchtigkeit. Für die Toilettenspülung wird Regenwasser verwendet, das zu diesem Zweck in Zisternen gesammelt und mittels einer Schilf-Kläranlage gereinigt wird.

Konsequenter Umweltschutz wird im Öko-Haus praktiziert.

Straßenbahn
16 (Adalbert-/Schloßstr.)

Bus
33 (Westbf.)

Und auch für das seelische Wohlbefinden der Mieter, dies sind z.B. Ärzte, kleine Verlage, eine taz-Redaktion, feministische Gruppen und der Grünen-Kreisverband, ist gesorgt: Mit viel Licht durch Glas, asymmetrischen Räumen und einer eindrucksvollen Begrünung des 7000 m² großen Hauses und des kleinen Feuchtbiotops draußen vor der Tür. Im Erdgeschoß befindet sich ein sehr gemütliches Café-Restaurant (Arche Nova).

Das Gelände war ursprünglich Eigentum der Commerzbank, die es aber samt dem neu gebauten Öko-Haus an die Nachlaßverwaltung des Kommunistischen Bundes Westdeutschland übergab – im Tausch gegen deren Gebäude an der Mainzer Landstraße in der Nähe des Bahnhofes. Dort besitzt die Commerzbank nämlich bereits etliche Grundstücke, so daß ihr nun ein geschlossenes Areal zur Verfügung steht.

Öko-Haus (Fortsetzung)

Osthafen J/K 17/18

Der Frankfurter Osthafen mit der architektonisch bemerkenswerten Gasanstalt und seinen vielen gründerzeitlichen Häusern zwischen Kränen und Lagerhallen entwickelt sich seit einiger Zeit von einer wenig beachteten Gegend zu einem Wohn-, Büro- und (in Ansätzen) einem Kunstviertel: Neben Neubauten werden auch die Fabrikgebäude der Jahrhundertwende als Firmensitze immer beliebter; Künstlerateliers an der Daimlerstr. 32 zeigen das Interesse der Kulturszene an dem Hafengelände.
Der Osthafen entstand nach Planung des städtischen Tiefbauamtes in den Jahren 1909–1912 als Ersatz für den Westhafen, der den ständig wachsenden Warenverkehr nicht mehr bewältigen konnte. In Ergänzung zu den eigentlichen Hafenbauten zwischen Frankfurter Ostend und Fechenheim wurde von der Industrie dringend benötigtes Gelände erschlossen, das in seiner Ausdehnung den Raumbedarf bis in die Gegenwart decken konnte.
Den Auftakt zum Hafen bildet an seiner westlichen Einfahrt die Honsellbrücke, Torso einer zweiteilig geplanten Brückenanlage über den Main als Verbindung zwischen Alleenring und Sachsenhäuser Ufer. Sehenswert neben der Sichelbogenkonstruktion der Brücke selbst ist die großzügig angelegte Auffahrt mit reliefierten Basaltbrüstungen und einigen noch in situ stehenden Jugendstil-Straßenleuchten.

Lage
Hanauer Landstraße, Honsellstraße, Schielestraße

Regional-Bahnen
55, 90 (Ostbahnhof)

Straßenbahn
11 (Osthafenplatz)

Bus
31 (Honsellbrücke)

Die Hanauer Landstraße zwischen Ostbahnhof und Kaiserleikreisel wird noch immer geprägt durch die schönen Fassaden der zwischen 1909 und 1914 entstandenen Geschäftshäuser, die Kriegs- und Nachkriegszeit überstanden haben.

Hanauer Landstraße

Architektonischer Höhepunkt des Osthafens sind die 1910–1912 durch Peter Behrens errichteten Bauten der Frankfurter Gasgesellschaft. Der klassizistisch geprägte Gebäudekomplex umfaßt neben den reinen Betriebsgebäuden wie Werkstättenbau, Uhren- und Reglerhaus, Apparatehaus, Maschinenhaus und Hochbehältern auch ein Wohngebäude für den Betriebsleiter, Bürogebäude mit Ingenieurwohnungen, ein Wohlfahrtsgebäude für die Arbeiter und ein Kutscherhaus. Zur Harmonie des Gesamtkomplexes, der Stimmigkeit von Form und Inhalt, tragen auch die Details und die Materialwahl (violett-braune Eisenklinker kombiniert mit ledergelben Verblendziegeln) bei.
Außergewöhnlich ist die Reihe der Hochbehälter, ehemals drei, heute reduziert auf einen gedrungengen Zylinder mit flacher, auskragender Tonne für Teer- und Ammoniakwasser und am Ende der höher aufragende, schlanke Wasserturm, dessen Sockel der Form nach einem umgekehrten Würfelkapitell entspricht.

Gasanstalt

Ostpark H/J 17/18

Der etwa 3 km östlich vom Stadtzentrum gelegene Park zieht vor allem wegen seines schönen großen Sees und seinem Baumbestand sommers wie winters die Menschen an. Der Landschaftspark wurde 1900–1908 von dem Gartenbaudirektor Karl Heicke angelegt. Der in der Mitte des Geländes befindliche Weiher ist vermutlich ein Rest des Riederbruchs, der am Fuß des Riederberges lag. Im südwestlichen Teil befindet sich der Zentral-

Lage
Ostparkstraße/ Ratsweg

Straßenbahn
12 (Eissporthalle/ Festplatz)

Ostpark (Forts.)

U-Bahn
U7 (Eissporthalle)

Bus
103 (Eissporthalle)

schulgarten mit unter Naturschutz stehenden Gewächsen. – Jenseits des Parks am Ratsweg findet im Frühjahr und Herbst auf dem Festplatz die traditionelle, mit einem Jahrmarkt verbundene "Dippemess" statt, auf der Westerwälder Töpferwaren – z.B. Dippe (Töpfe) und Bembel (Apfelweinkrüge) – angeboten werden.

Jenseits vom Ratsweg liegt die 1982 eingeweihte Eissporthalle.

**Palmengarten H/J 13

Lage
Eingang Siesmayerstr. 61 oder Eingang Palmengartenstraße

U-Bahnen
U6, U7 (Westend oder Bockenheimer Warte)

Busse
36 (Grüneburgweg) oder 32, 33, 50 (Bockenheimer Warte)

Die Bezeichnung "Palmengarten" ist eigentlich irreführend: In diesem großzügig angelegten Park gibt es viel mehr kennenzulernen und zu bestaunen als 'nur' ein Garten mit Palmen. Vielmehr befindet man sich (nach Entrichtung einer Eintrittsgebühr) auf einem Areal mit verschiedensten Gärten, zwei hübschen Weihern, Spielplätzen, Café-Restaurants und mehreren beeindruckenden Pflanzenhäusern, u.a. zwei schweißtreibend heißen, tropischen Gewächshauskomplexen.
Der Palmengarten wurde 1869 gegründet, um die berühmte Pflanzensammlung des Herzogs Adolf von Nassau in Biebrich aufzunehmen. 1869 – 1870 wurde das erste Gesellschaftshaus mit einem großen Palmenhaus errichtet. 1872 – 1874 legte Heinrich Siesmayer den eigentlichen Park an, der in den folgenden Jahren (1884, 1896/1908, 1960 und 1978 – 1992) mehrfach erweitert (z.B. durch die Angliederung des alten Botanischen Gartens) und verändert wurde.
Der Besuch der Freilandgärten ist besonders vom Frühjahr bis zum Herbst ein Vergnügen, wenn die sich wandelnde Natur ihre Pracht entfaltet, man sich auf der Liegewiese sonnen, minigolfen oder auf dem Weiher eine Runde mit einem Bötchen drehen kann. Den ganzen Sommer hindurch

Palmengarten

A Haupteingang Palmengartenstraße
B Eingang Siesmayerstraße
C Eingang Zeppelinallee

1 Blumenparterre
2 Musikpavillon, Freitanzfläche
3 Gesellschaftshaus (Restaurant)
4 Palmenhaus mit Schaugalerie
5 Cafeteria
6 Verwaltungsgebäude
7 Eingangsschauhaus
8 Rosengarten mit Haus Rosenbrunn
9 Tanzendes Wasser
10 Tropicarium
11 Kakteengarten, Fuchsiengarten
12 Tropicarium
13 Botanische Sammlung
14 Rosenneuheitengarten
15 Subantarktishaus
16 Kinderspielbereich, Minigolf
17 Sortimentsgarten
18 Haus Leonhardsbrunn: Gebirgspflanzen, mediterrane Pflanzen
19 Iris- und Hemerocallis-Garten
20 Blütenhaus
21 Betriebsgebäude
22 Café-Restaurant

Halbwüste in einem der Gewächshäuser ...

... des Tropicariums

werden an verschiedenen Stellen wechselnde Sommerblumen gepflanzt, während andere Gärten feste Programme haben: Der Rosengarten mit dem kleinen Haus Rosenbrunn nahe des Eingangs Siesmayerstraße ist in geometrischen Formen angelegt und zeigt in seinen Themengärten besondere Duftrosen, 'alte' Rosen und andere, während gleich daneben die 'tanzenden Wasser' plätschern.

Öffnungszeiten
Nov. – Jan.
9.00 – 16.00,
März – Sept.
9.00 – 18.00,
Febr., Okt.
9.00 – 17.00

Gegenüber, am Bootsweiher, werden seit einigen Jahren Rhododendron-Arten aus Ostasien und Nordamerika vorgestellt. Weiter nördlich hat man von einem Felshügel mit Wasserfall im Steingarten einen schönen Blick über die Anlage. Gleich daneben wachsen im Heidegarten verschiedene Heidekräuter; noch weiter nördlich ziehen sich Sumpf-, Wasser-, Ufer- und Schmuckstauden von der Villa Leonhardi bis zum eigentlichen Staudengarten vor der Gärtnerei. Überquert man von hier aus die große Liegewiese, trifft man auf die Steppenwiese mit einer Ansammlung von Gewächsen, die aus den trockenen Gebieten Amerikas und Eurasiens stammmen. Zwischen den zwei Tropicarien liegt versteckt an der Siesmayerstraße der Kakteengarten, in dem von Mai bis September neben den stacheligen Gesellen auch Begleitpflanzen aus Afrika, Amerika und den Kanarischen Inseln blühen.

Gewächshäuser

Die Highlights, die einen Besuch des Palmengartens selbst im tiefsten Winter lohnend machen, sind die verschiedenen Gewächshäuser, in denen zum Teil tropische Temperaturen herrschen. Letzteres gilt für den großen Komplex des liebevoll angelegten Tropicariums nahe des Eingangs Siesmayerstraße: Man läuft durch sieben große und sechs kleine Gewächshäuser, in denen jeweils ein exotischer Lebensraum mit seinen Pflanzen (in entsprechendem Klima) angelegt ist, nämlich Halbwüste, Nebelwüste, Savanne und Dornwald als Vertreter der 'Trockenen Tropen' im Tropicarium Süd sowie im Tropicarium Nord die Pflanzenwelt der Monsun-, Tiefland- und Bergregenwälder und der Mangrove, d.h. der 'Feuchten Tropen'.

Tropicarium

In einem der größten Gewächshäuser Europas werden verschiedene Palmenarten kultiviert.

Palmengarten (Fortsetzung) Subarktishaus

Etwas weiter nördlich kann man sich im kleineren Subarktishaus über Wälder, Sträuche und Moore sowie den Gewächsen Patagoniens, Feuerlands, der Falkland-Inseln und Neuseelands informieren, insgesamt also über die Pflanzen der kühl-gemäßigten Südhalbkugel der Erde.

Alpinhäuser

Ganz im Norden an der Miquelallee stehen die Alpinhäuser mit verschiedenen Pflanzen, u.a. im Westturm Zitrusgewächse, im Ostturm die Naturlandschaft der Insel Tasmanien.

Palmenhaus (Sanierung ab Sommer 1998)

Das älteste Gebäude im Park und zugleich eines der größten Gewächshäuser Europas ist das Palmenhaus von 1869, an das später das Gesellschaftshaus mit Restaurant angebaut wurde. Im Palmenhaus wachsen nicht nur etliche Palmen, u.a. eine mehr als hundert Jahre alte, sondern auch andere subtropische Pflanzen. Entlang eines Weges unter einem Hügel mit kleinem Wasserfall sind Aquarien eingebaut, in denen die tropische Unterwasserwelt einsehbar gemacht wird.

**Paulskirche — J 15

Lage
Paulsplatz

Straßenbahn
11 (Römer/ Paulskirche)

U-Bahn
U4 (Römer)

Die Paulskirche ist eine Sehenswürdigkeit, die ihre Berühmtheit hauptsächlich aus ihrer geschichtlichen Rolle und den zukunftsweisenden Impulsen, die von ihr ausgingen, erlangt hat. Sie wird seit ihrem Wiederaufbau nach dem Zweiten Weltkrieg nicht mehr als Kirche genutzt, vielmehr ist sie ein Symbol für Freiheit und Demokratie geworden, selbst wenn die diesbezüglichen Ansätze hier zunächst scheiterten.
1787 wurde die Paulskirche an der Stelle einer kurz zuvor abgerissenen Klosterkirche erbaut. Das Kloster dieses Vorgängerbaus hatten schon 1271 Frankfurter Franziskaner (Barfüßer) errichtet; gleichzeitig wurde der Bau der Kirche in Angriff genommen. Nachdem diese mehrmals erweitert, erneuert und umgebaut worden war, übergaben 1529 die Franziskaner

Paulskirche (Fortsetzung)

Kloster und Kirche dem Frankfurter Rat, der sie zur evangelischen Hauptkirche machte. Das Kloster wurde als Schule und Bibliothek genutzt. Seitdem die Kirche abgerissen wurde und ab 1787 in ihrem heutigen Aussehen aufgebaut ist, wird sie als 'Paulskirche' bezeichnet.

Beginn und Scheitern der Frankfurter Nationalversammlung 1848 – 1849

Ihre weitreichende Bedeutung erhielt die Paulskirche im Jahr 1848: Nachdem im Februar dieses Jahres in Frankreich die Republik ausgerufen worden war, schwappte der Revolutionsgedanke in alle europäischen Länder, so daß kurz darauf auch in Deutschland Vorbereitungen zur Wahl einer Nationalversammlung getroffen wurden. In Frankfurt wurde die Vorarbeit zum Entwurf einer Verfassung geleistet und ein Vorparlament einberufen, so daß am 18. Mai 1848 eine nach allgemeinen und gleichen Wahlen (Frauen waren allerdings nicht wahlberechtigt) zusammengestellte Nationalversammlung unter dem Jubel der Bevölkerung in die Paulskirche einziehen konnte.
In den folgenden Wochen und Monaten arbeitete die Versammlung an einer Verfassung für ein Gesamtdeutschland, ein Unterfangen, das nicht nur von den Großmächten mißtrauisch beobachtet wurde, die in Anbetracht eines 'Großdeutschland' um das Gleichgewicht der Mächte in Europa fürchteten, sondern das auch von den großen deutschen Einzelstaaten behindert wurde, die um ihre Macht fürchteten.
Nachdem man es dennoch Ende des Jahres geschafft hatte, ein 'Gesetz über die Grundrechte des Deutschen Volkes' zu verabschieden, scheiterten die Bemühungen der Frankfurter Nationalversammlung an dem preußischen König Friedrich Wilhelm IV., der es ablehnte, die Wahl zum Kaiser anzunehmen. Nun widersetzten sich auch Preußen und Österreich der Verfassung, Aufstände zur Durchsetzung der Verfassung wurden niedergeschlagen und am 18.6.1849 wurde das nach Stuttgart verlegte Rumpfparlament endgültig mit Waffengewalt aufgelöst. Ab 1852 bis zu ihrer Zerstörung im Zweiten Weltkrieg wurden in der Paulskirche wieder Gottesdienste abgehalten.

Eines der Wahrzeichen Frankfurts ist die Paulskirche.

Paulskirche

Bedeutung der Ereignisse

Wenn man sich fragt, warum man der Versammlung in der Paulskirche, die schließlich nur etwa ein Jahr lang tagte und auch noch in allen ihren Zielsetzungen scheiterte, eine solch große Bedeutung beimißt, muß man auf ihre wegweisende Rolle verweisen: Das Gedankengut, das hier entwickelt wurde, prägte die weiteren geschichtlichen Ereignisse ebenso wie die späteren Verfassungen, beispielsweise die Weimarer und das Grundgesetz der Bundesrepublik. 1963 ehrte der damalige amerikanische Präsident John F. Kennedy die Paulskirche, in der er seine Rede an die deutsche Nation hielt, als "Wiege der deutschen Demokratie".

Heutige Nutzung der Paulskirche

Nachdem die Paulskirche 1948 im Innern stark verändert wiederaufgebaut worden war, wird sie heute für Ausstellungen und feierliche Versammlungen – so etwa die Verleihung des Friedenspreises des Deutschen Buchhandels – genutzt.

Rundbild im Inneren

In den Jahren 1986–1988 wurde die Kirche restauriert, 1991 brachte der Berliner Maler Johannes Grützke an der Rotunde in der Eingangshalle ein monumentales Rundbild an, das einen 200-köpfigen 'Zug der Volksvertreter' darstellt. Mehrere Künstler hatten sich im Auftrag der Stadt an der Aufgabe versucht, für die Zeit vom Vormärz und der gescheiterten Revolution von 1848 ein gegenwartsrelevantes Kunstwerk zu schaffen. Grützkes Entwurf zeigt nun eher einen düstren Trauermarsch, im Gedenken an das Scheitern der demokratischen Ansätze, als einen applausumtosten Einzug der Revolutionäre in die Paulskirche. Mit fast grotesk wirkenden Bildelementen, nackten, kämpfenden Männern, einer stillenden Frau, einem Sarg u.a. will der Künstler auf das Verhältnis zwischen dem einfachen, wehrlosen Volk, auf das auch mit den eingepferchten Schweinen angespielt wird, und den karikaturistischen Politikern, die das Volk benutzen und manipulieren, anspielen.
In Schaukästen an den Wänden der Eingangshalle ist die Geschichte der Paulskirche dokumentiert.

Rundbild von Johannes Grützke ...

... und Innenraum der Paulskirche

Petersfriedhof J 15

Für den nördlichen Teil der seit dem 14. Jh. entstandenen Neustadt wurde 1452 die Peterskapelle zur Pfarrkirche erhoben. Sie diente seit 1419 ihren Stifterfamilien als Grabstätte, ringsum entstand seitdem ein Friedhof, eine Folge der Schließung des zentralen Domfriedhofes. Man findet noch die Grabstätten der Patrizierfamilien Holzhausen, Glauburg, Hynsperg, Knoblauch, Limpurg, Melem und Cronstetten. Nach der Reformation wurde der Friedhof hauptsächlich von protestantischen Bürgern genutzt. An der Südmauer liegt das Grab des Kupferstechers Matthäus Merian d. J. († 1687), an der Westmauer befindet sich die Grabplatte für Goethes Vater († 1782); das Familiengrab der Textor, in dem Goethes Mutter beigesetzt ist, liegt seit 1911 wegen einer Friedhofsverkleinerung auf dem Hof der Liebfrauenschule, umschlossen von einer halbrunden Säulenhalle.
Nach dem Bau der neugotischen Kirche an der Bleichstraße durch die Architekten Dinklage und Griesebach 1892–1895 wurde die spätgotische Peterskirche abgebrochen. Der Durchbruch der Stephanstraße trennte den südlichen Teil des Friedhofes ab, an der Straßenfront steht noch eine Kopie der 1511 aufgerichteten Kreuzigungsgruppe von Hans Backoffen, Maria und Johannes, das Original befindet sich im ⟶ Historischen Museum.

Lage
zwischen Bleichstraße und Stephanstraße

Straßenbahn
12 (Vilbeler Str./ Alte Gasse)

Bus
36 (Eschenheimer Tor)

Pferderennbahn (Niederrad) L/M 13

Die Rennbahn in Niederrad (Abb. S.195), etwa 4 km südwestlich des Frankfurter Stadtkerns, wurde bereits 1865 für ca. 6000 Zuschauer angelegt. An der Nordseite ist 1982 ein neuer überdachter Tribünenbau entstanden. Der Renn-Club Frankfurt (1863 gegründet) organisiert im Jahr mehr als zwei Dutzend Rennen (Großer Preis von Hessen bzw. von Frankfurt, Wäldches-Rennen, Carl-von-Weinberg-Pokal). Das hübsche Kassenhäuschen an der Schwarzwaldstraße stammt aus dem Jahr 1865.

Lage
Rennbahnstraße,

Straßenbahn
19 (Rennbahn)

Bus
61 (Rennbahn)

Portikus der ehem. Stadtbibliothek K 16

Der strahlend weiße Portikus (Säulenhalle), der heute einsam und seiner Funktion beraubt an der Auffahrt zur Obermainbrücke steht, gehörte ursprünglich zu einer Stadtbibliothek, die bis auf den Portikus den Zweiten Weltkrieg nicht überstanden hat. Die Bibliothek, nach Plänen von Johann Friedrich Christian Hess auf den ehemaligen Wällen 1820–1825 entstanden, war der städtebauliche Abschluß des westlich von ihr liegenden Wohnviertels Im Fischerfeld. Dem klassizistischen Frontispiz (Giebeldreieck) auf den korinthischen Kolossalsäulen wurde nachträglich Schopenhauers Inschrift "Litteris Recuperata Libertate Civitas" (Die Stadt [weiht dieses Gebäude] nach wiedergewonnener Freiheit den Wissenschaften) und das allegorische Relief von Friedrich Schierholz (1893–1894) hinzugefügt. 1891 wurde die Stadtbibliothek um ein Magazingebäude erweitert.

Lage
Schöne Aussicht/ Obermainbrücke

Straßenbahn
14 (Hospital zum Hl. Geist)

Preungesheim E/F 16

Seit 1910 gehört der Stadtteil Preungesheim, der sich seit dem 6. Jh. aus einer Frankensiedlung entwickelt hat, zu Frankfurt. Er liegt etwa 5 km nördlich des Frankfurter Stadtkerns. Die 1886 errichtete Strafanstalt war im Dritten Reich als Hinrichtungsstätte berüchtigt; eine Schrifttafel von Ricarda Huch und ein Mahnmal von Karl Hartung erinnern an die Opfer der Gewaltherrschaft.

U-Bahn
U5 (Theobald-Ziegler-Str.)

Rebstockpark J 10

Lage
August-Euler-Straße

Bus
33 (Rebstockbad)

Der Rebstockpark 3 km westlich des Hauptbahnhofs wurde erst 1958–1962 als öffentlicher Park angelegt. Bis ca. 1936 hatte das Gebiet als Flugplatz gedient, auf dem auch Zeppeline landeten. An die erste Landung erinnert ein von Martin Elsaesser gestalteter Gedenkstein. 1909 fand hier eine Internationale Luftfahrtausstellung statt.
Das Gartenhallenbad liegt an dem großen Weiher des Parks.

**Römer J 15

Lage
Römerberg

U-Bahn
U4 (Römer)

Straßenbahn
11 (Römer/Paulskirche)

Der Römer, das schöne alte Rathaus der Stadt, ist eine Gruppe von elf Bürgerhäusern an der Westseite des → Römerberges. Das frühere Rathaus, an der Stelle des heutigen Domturmes gelegen und 1349 durch einen Brand stark beschädigt, genügte dem aufwendigen Zeremoniell der seit 1356 in Frankfurt abgehaltenen Königswahl nicht mehr. So erwarb der Rat 1405 die hintereinanderliegenden Häuser Römer und Goldener Schwan. Nach ersterem, dessen Name sich wohl aus der Nutzung als Messequartier italienischer Kaufleute herleitete, erhielt auch der Messeplatz seinen Namen → Römerberg. Bis 1878 kaufte der Rat der Stadt neun weitere Häuser auf, so daß sich schließlich die charakteristische fünfgiebelige Front dem Platz zukehrte.

Die neun Häuser des Römers

Links, 1336 erwähnt, das Haus Laderam (oder auch Alt-Limpurg), der Name wohl abgeleitet von Lateran, ebenfalls als Quartier italienischer Kaufleute 1495 in den Besitz der Adelsgesellschaft Alten-Limpurg übergegangen und nach ihr benannt, ab 1595 im Stil der Renaissance umgebaut, erhielt 1627 die sehenswerte Außentreppe ins Römerhöfchen, von der die Wahl- und Krönungsprozessionen ihren Ausgang nahmen. Rechts neben dem Römer steht das Haus Löwenstein, vor 1342 erbaut, dahinter das Haus Wanebach, seit 1373 bekannt und 1596 aufgekauft, anschließend Haus Frauenstein, 1342 erwähnt und mit dem Salzhaus 1843 erworben. Von den westlichen Häusern blieb nur Haus Silberberg umgebaut erhalten, die Häuser Viole, Frauenrode und Schwarzenfels wurden für den historischen Baukomplex des → Alten Rathauses abgetragen.

Innenausstattung des Römers

Kaisersaal (geöffnet Mo.–Sa. 9.00–13.00, 13.30–17.00, So. 10.00–16.00)

Kernstück des Römers und Wahrzeichen der Stadt sind die drei gotischen Staffelgiebel der Häuser Alten-Limburg, Römer und Löwenstein. Nachdem 1405 mit dem Umbau begonnen worden war, konnte die hochgewölbte Halle des Römers erstmals zur Messe 1414 als Kaufhaus vermietet werden. Bereits 1412 war der Ausbau des Kaisersaals beendet, der 1741 zusammen mit dem Bau der Kaisertreppe in barocken Formen verändert wurde. 1806 verlor der Römer mitsamt dem Kaisersaal seine Funktion für das Reich. 1827/1828 restauriert, wurde er auf Anregung des → Städelschen Kunstinstituts mit finanzieller Hilfe von Stiftungen Frankfurter Bürger und befreundeter Kunstvereine mit einem Gemäldezyklus sämtlicher Kaiser und Könige ausgestattet. Zwischen 1838 und 1853 von führenden zeitgenössischen Künstlern wie Philipp Veit, Alfred Rethel, Edward von Steinle und anderen gemalt, umfassen die in 52 lebensgroßen Ölgemälden dargestellten Herrscher mehr als 1000 Jahre Reichsgeschichte zwischen Karl d. Gr. (ab 768) und Franz II. (bis 1806). Die Kassettendecke (1955) ist der Decke aus dem Jahre 1612 nachempfunden.

Fassade des Römers

Der Limburger Diözesenanbaumeister Mechel gestaltete die neugotischen Fassaden der Römerfront, Ergebnis eines Wettbewerbs im Jahre 1889, in dem die Arbeit Mechels zwar den 1. Preis erhielt, aber erst nach strikter Vereinfachung zur Ausführung kommen konnte. Bauten wie die alte Nikolaikirche, → St. Leonhard, → Liebfrauenkirche und Leinwandhaus (→ Steinernes Haus) lieferten die Vorbilder für Mechels Ausführungsdetails.

Fassade des Römers (Fortsetzung)

Die Wappenschilder auf den Balkonkonsolen weisen auf die Beziehung Frankfurts zu Nachbarterritorien, Reichs- und Rheinstädten hin. Darüber sind die Wappen der wichtigsten patrizischen Ratsfamilien zu sehen. Figuren der Kaiser Friedrich I. Barbarossa, Ludwig der Bayer, Karl IV. und Maximilian, alle vier mit besonderer Beziehung zu Frankfurt, stehen zwischen den Fensteröffnungen, darüber die Adler von Reich und Stadt. Rechts am Haus Löwenstein die Schilde von acht Familien des Frankfurter Stadtadels, links am Alten-Limpurg die personifizierte Francofortia. Rechts neben Haus Löwenstein die 1944 zerstörten Häuser Frauenstein und Salzhaus, nach dem Krieg mit hohem Dreiecksgiebel und Fassadenmosaiken in Bauformen des Stils der fünfziger Jahre wiedererrichtet.

Das Rathaus 'Römer' setzt sich aus mehreren neben- und hintereinanderliegenden Gebäuden zusammen. Im Kaisersaal verhandelten die Fürsten vor der Kaiserwahl, danach fanden hier die Krönungsbankette statt.

Neues Rathaus
Bethmannstraße

Das Neue Rathaus wurde 1900–1908 als Erweiterung des Römers an dem Altstadtdurchbruch Bethmann- und Braubachstraße nach Entwürfen Franz von Hovens und Ludwig Nehers erbaut.
Neben dem Haus 'Zum Goldenen Schwan' entstand die neugotische Halle des Ratskellers; weiter nach Westen folgt, um zwei Höfe gruppiert, der Südbau. Mit ihm durch eine von Atlanten getragene Brücke verbunden, die scherzhaft 'Seufzerbrücke' genannt wird, da sie zur Finanzverwaltung führt, steht direkt neben der ⟶ Paulskirche der Nordbau. Vorbild für die reich dekorierten, in historischen Altstadt-Dimensionen gegliederten Bauwerke war die bürgerliche Renaissance in Deutschland um 1600.
Die sehenswerte Dekoration, perfekt historisierend auch in den Innenraumdetails, zeigt in Reliefs und Statuen zeitgenössische Prominenz aus Politik und Wirtschaft sowie allegorische Darstellungen. Die beiden Türme kopieren Bauten aus Frankfurts Vergangenheit, der kleinere das Salmensteinsche Gartenhaus, der größere den 1765 abgebrochenen Sachsenhäuser Brückenturm (⟶ Alte Brücke). 'Langer Franz' heißt er nach Bürgermeister Franz Adickes, dessen Büro er lange Zeit beherbergte.

Dom-Römer-Bereich

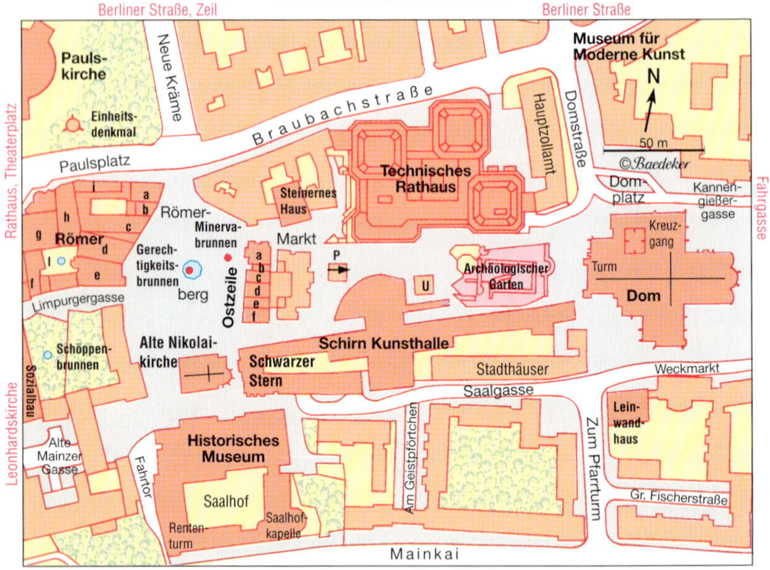

BAUTEILE IM HISTORISCHEN RÖMER
- a Salzhaus
- b Haus Frauenstein
- c Haus Löwenstein
- d Haus Römer (unten Turmhalle, oben Kaisersaal)
- e Haus Limburg
- f Haus Silberberg
- g Bürgersaalflügel
- h Haus Goldener Schwan
- i Haus Wanebach
- k Wanebachhöfchen
- l Römerhöfchen (Herkulesbrunnen)

HÄUSER DER OSTZEILE
- a Großer Engel (Nr. 28; Marktseite: Kleiner Engel)
- b Goldener Engel (Nr. 26)
- c Wilder Mann (Nr. 24)
- d Kleiner Dachsberg / Schlüssel (Nr. 22/20)
- e Großer Laubenberg (Nr. 18)
- f Kleiner Laubenberg (Nr. 16)

** Römerberg J 15

Lage
Altstadtzentrum

U-Bahn
U4 (Römer)

Straßenbahn
11 (Römer/ Paulskirche)

Zwischen Braubachstraße und Mainkai liegt der langgestreckte Römerberg, das hübsche Zentrum der Altstadt. Kopfsteingepflasterte Plätze und Gäßchen verbinden etliche Highlights der Stadt: → Römer und → Alte Nikolaikirche, Ostzeile, → Archäologischer Garten und → Dom sowie zwei Museen (→ Historisches Museum,→ Schirn Kunsthalle).Auch zum → Museum für Moderne Kunst, zum → Museum für Vor- und Frühgeschichte und zur → Paulskirche sind es nur wenige Schritte. Der Platz wurde nach dem → Römer benannt, dem an seiner Westflanke seit 1405 zusammen mit anderen Häusern zum Rathaus ausgebauten Gebäude; er ist mit seiner historischen Tradition wie kein anderer städtischer Platz im Bewußtsein der Frankfurter Bürger verankert. Zentrum des Platzes ist der in Formen der Renaissance errichtete Gerechtigkeitsbrunnen.
Auf dem Samstagsberg, dem östlichen Teil der ursprünglich zur Pfalz gehörenden Freifläche, wurden seit dem 9. Jh. Messen und Gerichtsversammlungen abgehalten. Seit 1356 war der Platz mit der Goldenen Bulle Karls IV. zum Wahlort deutscher Herrscher bestimmt, und so fanden seit 1562, erstmals mit der Krönung Maximilians II., auch diese Feiern im → Dom zu Frankfurt statt. Mit der Krönung Franz' II. 1792 erlebten die Frankfurter Bürger zum zehnten und letzten Mal auf dem Römerberg, der 'guten Stubb', das Zeremoniell der Königswahl und Kaiserkrönung.

Zwischen 1932 und 1939 erlangten die zunächst weniger spektakulären 'Römerbergfestspiele' überregionale Bedeutung mit berühmten Klassikeraufführungen. Heute nutzt man den Platz neben kulturellen und politischen Veranstaltungen für den Weihnachtsmarkt und das Mainfest.

Römerbergfestspiele

Als Ersatz für die 1944 durch Bomben zerstörte Altstadt Frankfurts wurde mit Hilfe zahlreicher Wettbewerbe eine Lösung für die Neubebauung des Areals zwischen Dom und Römer gesucht und bis 1986 realisiert.
Im Jahre 1978 hatte die Stadtverordnetenversammlung beschlossen, die Ostseite des Römerbergs mit Ostzeile und Schwarzem Stern wieder aufzubauen. Durch einen internationalen Wettbewerb 1979/80 erhielt die Stadt Vorschläge für die Bebauung der Restfläche zwischen Dom und Ostzeile mit einer 'Freizeit- und Kulturschirn' sowie einigen Wohngebäuden. Nach den Plänen des Hochbauamtes begann 1981 der historisierende Wiederaufbau der Ostzeile des Römerberges mit den Häusern Großer Engel, Goldener Greif, Wilder Mann, Dachsberg/Schlüssel, Großer Laubenberg, Kleiner Laubenberg und Schwarzer Stern. Das Richtfest der in Anlehnung an alte Techniken des Bauens in Werkstein und Fachwerkkonstruktion errichteten Häuser wurde am 1. 11. 1984 begangen. Der dritte Bauabschnitt 'Schirn', dessen südliche Abgrenzung die individuell gestalteten Saalgassenhäuser bilden, konnte 1986 fertiggestellt werden.
Mit der neuen Bebauung des Bereiches zwischen Dom und Römer erhielt der Römerberg seine in Jahrhunderten gewachsene Dimension zurück. Sind die Häuser auch Nachbauten ohne historische Authentizität, so ist doch die historische städtebauliche Situation wiederhergestellt worden.

Ostzeile
Abb. S.8/9

Schwarzer Stern

Der Gerechtigkeitsbrunnen wurde 1541–1543 wohl am Platze eines älteren Ziehbrunnens angelegt. Das Wasser wurde über eine etwa 2 km lange Leitung vom nördlich gelegenen Friedberger Feld zur Stadt geführt. 1594 wurde der Brunnen erstmals renoviert, 1610 dann mit einem steinernen Brunnenstock versehen, bekrönt mit einer Statue der Justitia. Am 14. Juni 1612, anläßlich der Krönung von Kaiser Matthias, spendete der Brunnen aus eigens angefertigten Adler- und Löwenköpfen weißen und roten Wein, ein einmaliges Experiment – der Substanzverlust am Brunnen hielt von Wiederholungen ab! Ein letztes Mal 1805 für Franz I. renoviert, verfiel der Brunnen schließlich. Erst 1887 wurde die steinerne Brunnenfigur mit Sirenen und Tugendreliefs (Caritas, Spes, Temperantia, Justitia) kopiert und in Bronze gegossen.

Gerechtigkeitsbrunnen

Justitia bekrönt den Gerechtigkeitsbrunnen am Römerberg. Im Hintergrund die Fassaden der Ostzeile.

Der kleinere Brunnen vor der Ostzeile stellt die Minerva dar, Göttin des Krieges und des Handwerks. Erst 1983 aufgestellt, entspricht er dem im Zweiten Weltkrieg zerstörten Brunnen aus dem 18. Jahrhundert.

Minervabrunnen

Leicht übersieht man hinter der Schirn Kunsthalle die versteckt gelegene, schmale Saalgasse, in der ausgefallene Architektur Raum gefunden hat.

Saalgasse

Mit der ausgefallenen Wohnbebauung entlang der Saalgasse (Nr.2–28) hinter der Schirn Kunsthalle wurde der Versuch unternommen, Stadthäuser mit den Ausdrucksformen der Architektur der achtziger Jahre zu errichten, die aber in ihrer Kleinteiligkeit der mittelalterlichen Bauweise entsprechen sollten, wie man sie auf dem Römerberg in Gestalt der Ostzeile mit den schmalen Fachwerkhäusern findet. Um eine Vielfalt von Fassaden in einer Straßenzeile zu erhalten, realisierte man die Entwürfe mehrerer namhafter Architekten. Die vielfältigen Formen der vornehmlich von Büros und Galerien gemieteten Häuser stehen in einem interessanten Kontrast zu der strengen und einfachen Bauweise des Arkadenhauses der Schirn Kunsthalle.

Leinwandhaus

Am Ende der Saalgasse liegt am Weckmarkt 17 das Leinwandhaus; ähnlich dem ⟶ Steinernen Haus wurde es in der spätgotischen Zeit mit Ecktürmchen und Zinnenkrönung errichtet. Es entstand vor 1399 vermutlich nach Plänen des Dombaumeisters Madern Gerthener. Gebaut wurde es ursprünglich für die Stadtwaage: Es diente als Verkaufsstätte für Leinen und Hanf außerhalb der Messezeiten und war Mittelpunkt des hessischen Tuchhandels. Nach wechselnden Verwendungen benutzte das Historische Museum das Gebäude als Archiv. Das 1944 ausgebrannte Haus wurde 1982/1983 wiederaufgebaut, die 1984 hier eröffnete Kommunale Galerie, in der in Frankfurt lebende Künstler ihre Werke vorstellen, wurde 1985 durch eine Skulpturengalerie im Erdgeschoß ergänzt. Außerdem befinden sich hier das Fotografie Forum Frankfurt und die Galerie Timm Gierig.

Römerstadt F 12

Lage
6 km nördlich des Frankfurter Stadtzentrums

U-Bahn
U1 (Römerstadt)

Südlich des Vorortes Heddernheim, unmittelbar an der Nidda, liegt auf dem Areal der ehemaligen römischen Siedlung Nida die unter Stadtbaurat Ernst May 1927–1928 entstandene Siedlung 'Römerstadt', die durch die Qualität des Entwurfs wie durch die Einbindung in die Landschaft richtungsweisend für den Siedlungs- und Wohnungsbau in Deutschland war. Die Römerstadt war Teil des Mayschen Konzepts zur Behebung der Wohnungsnot nach dem Ersten Weltkrieg. Durch konsequente Rationalisierungsmaßnahmen und neue Ausstattungskonzepte (Grundrißtypisierung, komplette Küchenausstattung nach dem Entwurf von Grete Schütte-Lihotzky, Anwendung der neu entwickelten Fertigbauweise, zentrale Wärmeversorgung) waren die Wohnungen und Einfamilienhäser finanziell auch für weniger Bemittelte tragbar. Die Gartengestaltung wurde nach Plänen Lebebrecht Migges ausgeführt, der Entwurf für die heute nach den Geschwistern Scholl benannte Schule (Im Burgfeld 1–13) stammt von M. Elsaesser und W. Schütte; sie wurde 1928 gebaut.
Neben der Römerstadt entstanden, zum Teil unter Mitarbeit international bekannter Architekten wie Mart Stam, im Rahmen des von May entwickelten Stadtplanungskonzepts weitere Siedlungen an der Peripherie Frankfurts, die vorbildlich waren für die Humanisierung des Wohnungsbaus wie für die Architektur der Neuen Sachlichkeit: 'Zickzackhausen' (Buchfeldstraße in Niederrad), Siedlung Bornheimer Hang (Ketteler-Allee in ⟶ Bornheim), ⟶ Hellerhofsiedlung (Frankenallee im Gallusviertel) und andere.

*Saalhof/Historisches Museum K 15

Lage
Fahrtor

U-Bahn
U4 (Römer)

Straßenbahn
11 (Römer/ Paulskirche)

Der Saalhof, der zwischen dem Römerberg und dem Main liegt, setzt sich aus mehreren, in verschiedenen Jahrhunderten (seit dem 12.Jh.) um- oder angebauten Gebäuden zusammen: Der staufische Osttrakt mit der Saalhofkapelle sowie Burnitzbau, Bernusbau, Rententurm und Fahrtorvorbau (Abb. S. 18). Der Anbau im Norden und Westen bildet mit den historischen Gebäuden ein Geviert, das einen Innenhof umgibt. Nach wechselnder Nutzung des Saalhofes als königlicher Wohnsitz (Königspfalz), Lagerhaus und Messe werden seine Räumlichkeiten heute vollständig vom Historischen Museum beansprucht.

Geschichte

Der Saalhof entstand Mitte des 12. Jh.s auf Initiative der staufischen Herrscher, nachdem der Staufer Friedrich Barbarossa 1152 in Frankfurt zum König gewählt worden war und die Anlage einer neuen Pfalz, vermutlich als Wasserburg, geboten schien. Die Bezeichnung 'Saalhof' oder 'aula regia' taucht erstmals 1317 auf. Vorgängerbauten sind schon aus früheren Jahrhunderten bezeugt, so der Bau einer Pfalz, die 822 erstmals urkundlich erwähnt wird, durch Ludwig den Frommen – östlich der Salvatorkirche, wo wahrscheinlich schon ein merowingischer Königshof gestanden hatte.
1333 wurde der Saalhof mit Zustimmung Ludwigs des Bayern an den Patrizier Jakob Knoblauch verkauft, der ihn als Messequartier und Lagerhaus umbaute. 1696 ging das Anwesen in den Besitz der niederländischen Kaufleute Heinrich und Johann Bernus über. Von diesen beauftragt, errichtete der Zisterzienserpater Bernhard Kirn 1715–1717 den Bernusbau, der mit drei Geschossen und seiner reichen Fensterarchitektur in 13 Achsen die Mainfront auf 60 m Länge bestimmt. Das Dach wird mainseitig bekrönt durch zwei hohe Zwerchhäuser mit Volutengiebeln und korinthischen Pilastern.

Bernusbau

Trennend zwischen den Fassaden steht, die Ecke betonend, der Rententurm. Seit 1717 zweiseitig umfaßt durch den Bernusbau, sicherte er als Teil der spätgotischen Stadtbefestigung das Fahrtor, den Hauptzugang vom Main zur Stadt. Auf quadratischem Grundriß erhebt er sich viergeschossig, abgeschlossen von einer spitzen Dachpyramide, deren Ecken von sechs-

Rententurm

Rententurm (Fortsetzung)

eckigen Erkertürmchen markiert werden. Gebaut 1456 von Eberhard Friedberger, erhielt er 1489 seinen Namen nach dem hier eingerichteten Rentamt. Das Fahrtor, 1459 ebenfalls von Eberhard Friedberger entworfen, mußte anläßlich der Trassierung der Uferstraße 1840 abgebrochen werden, sein Torerker blieb im neuromanischen Gebäude nördlich vom Turm erhalten.

Burnitzbau

Nach Osten anschließend der 1842–1843 von Rudolf Burnitz viergeschossig in neuromanischen Formen errichtete Mainflügel (Burnitzbau) innerhalb des ehemaligen Saalhofes.

Palas

Von der staufischen Pfalzanlage konnten zwei Geschosse des Palas rekonstruiert werden, ebenso der Eckturm, dessen Fundamente aus Bukkelquadern typisch für den Wehrbau um 1200 sind.

Saalhofkapelle

Noch aus der Stauferzeit erhalten ist die Saalhofkapelle, turmartig direkt an die Ostseite des Burnitzbaues anschließend. Ihr leicht trapezförmiger Grundriß, von gekreuzten Rechteckrippen überspannt, endet in einer vorkragenden Apsis.

Historisches Museum · Kindermuseum

Eingang
Saalgasse 19

Öffnungszeiten
Di.–So.
10.00–17.00,
Mi. 10.00–20.00

Führungen

Das Museum auf dem Römerberg wurde 1878 mit der Zielsetzung gegründet, "geeignete Gegenstände aus dem gesamten Gebiet der Kultur- und Kunstaltertümer mit besonderer Berücksichtigung der Stadt Frankfurt am Main und ihrer Umgebung zu erwerben und sie durch wissenschaftliche Erforschung nutzbar zu machen". Dementsprechend präsentiert das Historische Museum auf vier Geschossen Exponate von der frühesten Besiedlung bis heute. Gezeigt werden Gemäldesammlungen, darunter viele Porträts Frankfurter Persönlichkeiten, Stadtansichten, Grafiken und Fotografien, Skulpturen und Bauplastiken, Glas, Porzellan und Fayencen (mit Zinnglasur bemalte Tonwaren). Auch Mode, Haushaltsgeräte, Möbel, wissenschaftliche Instrumente, Waffen, Objekte der Technikgeschichte und Münzen sind ausgestellt.
Das Historische Museum wurde 1878 gegründet; 1893 zog es für ein halbes Jahrhundert in das Leinwandhaus (⟶ Römerberg) und andere Gebäude; im Jahre 1972 wurde das Museum in den wiederhergestellten Räumen des Saalhofes neu eröffnet.

Erdgeschoß

Im Foyer trifft man als erstes auf das große Altstadtmodell der Brüder Treuner, eine Darstellung Frankfurts von 1944, und andere Stadtmodelle.
In die Gaststätte (hinter der Kasse) integriert ist das kleine Apfelweinmuseum. Überquert man von hier aus den Innenhof, gelangt man in den sogenannten Steinsaal, in dem Sonderausstellungen gezeigt werden. Links davon liegt das Lapidarium (Sammlung von Steindenkmälern, Skulpturen u.a.), von dort geht man durch die Saalhofkapelle in den Palas, in dem Frankfurter Ratssilber und Fayencen der Frankfurter Porzellanmanufaktur sowie eine vollständig eingerichtete Goldschmiedewerkstatt zu betrachten sind. Da das Museum auch als Kommunikationszentrum dienen soll, gibt es im Erdgeschoß auch einen Vortrags- und Filmsaal, wo größere Veranstaltungen stattfinden können.

Untergeschoß

Im Untergeschoß finden in einem Eckzimmer und der Saalhofkapelle wechselnde Ausstellungen statt.

1. Obergeschoß

Das Obergeschoß stellt wie die anderen Etagen viel Raum für Sonderausstellungen zur Verfügung. Ständig sind dagegen das Münzkabinett und die Bürgerlichen Sammlungen 1700–1830 zu sehen.

Kindermuseum

Ein Flügel im ersten Obergeschoß wird vom Kindermuseum, in dem Wechselausstellungen stattfinden, und der Kindermuseums-Werkstatt (geöffnet Sa. und So. 11.00–16.00 Uhr) im Zwischengeschoß beansprucht. Im Jahre 1972 wurde hier das erste Kindermuseum der Bundesrepublik Deutschland eingerichtet, d.h. ein Museum, das den Kindern einen

Historisches Museum (Fortsetzung)
Kindermuseum

spielerischen und kindgerechten Umgang mit Themen ihrer Geschichte ermöglicht und dessen Ausstellungen zum Teil mit Hilfe von Kindern gestaltet werden. 1994–1996 beschäftigt sich eine Ausstellung beispielsweise mit der 'Kindheit um 1900 in Frankfurt', in den Jahren zuvor wurden Themen behandelt wie 'Struwwelpeter garstig – macht die Kinder artig?' (1974), 'Kind und Kunst – Zur Geschichte des Zeichen- und Kunstunterrichts'(1977),'Überall ist Entenhausen' (1991), 'Kinder fotographieren'(1992), 'Exil – Kinderzeichnungen aus Kurdistan'(1993) oder 'Gesellschaftsspiele früher, heute, anderswo' (1993/1994).

Spielzeugsoldat um 1910

2. Obergeschoß

Im obersten Geschoß ist im größten Raum das 16.–18. Jh. dokumentiert, rechts daneben die graphische Sammlung ausgestellt. Ein Saal für Sonderausstellungen und ein Eckzimmer für die Textilrestaurierung schließen das Angebot ab.

Sachsenhausen **L 16**

Lage
Südliches Mainufer gegenüber dem Römerberg

Straßenbahn
14 (Frankensteiner Platz)

Busse
46 (Eiserner Steg oder Frankensteiner Platz)
30, 36 (Elisabethenstr. oder Affentorplatz)

Dieser Stadtteil, der hauptsächlich wegen seines alten Kerns ⟶ Alt-Sachsenhausen bekannt ist, wird als 'Dribbdebach' (drüben vom Bach) dem Frankfurter Zentrum, 'Hibbdebach' (hüben des Baches), entgegengestellt. 'Drüben am Main' wohnten ursprünglich Arbeiter und Handwerker, heute gilt das gründerzeitliche Viertel jedoch als eine der ersten Wohnadressen. Sein Mittelpunkt ist die Schweizer Straße, eine Einkaufs- und Bankenstraße mit vielen eleganten Boutiquen, Parfümerien und weiteren teuren Geschäften. Sehenswert sind in Sachsenhausen neben dem Ebbelwei-Viertel vor allem die sieben Museen am ⟶ Schaumainkai: Das Liebieghaus (Museum alter Plastik), das Städelsche Kunstinstitut und die Städtische Galerie, das Museum für Post und Kommunikation, das Architektur- und das Filmmuseum, das Museum für Völkerkunde und schließlich das Museum für Kunsthandwerk. Auch die ⟶ Dreikönigkirche am Sachsenhäuser Ufer in der Nähe des Eisernen Stegs lohnt einen Besuch.

Geht man von hier aus durch die Färber- bzw. Dreikönigsstraße, stößt man auf die kleine Schellgasse, dessen Nr. 8 das älteste Haus Frankfurts (1291) ist, ein schön restauriertes Fachwerkgebäude, in dem sich heute eine Kunstgalerie befindet. Überquert man nun die Walter-Kolb-Straße, steht man bereits vor dem ausladenden ⟶ Deutschordenshaus mit seinem Ikonenmuseum. Mit der Rittergasse befindet man sich dann auch schon in dem 800 Jahre alten Alt-Sachsenhausen.

Flohmarkt und Museumsfest

Jeden Samstag verwandelt sich das Sachsenhäuser Ufer von morgens bis mittags in einen kilometerlangen Flohmarkt, weiter westlich wird jedes Jahr Ende August am Museumsufer das dreitägige Museumsfest gefeiert.

Henninger Turm

Lage
Hainer Weg 60–64

Busse
30, 36, 954, 960, 961, 963, 972, 973, 974 (Wendelsplatz)

Weiter im Süden von Sachsenhausen ragt der Henninger Turm zwischen der Darmstädter Landstraße und dem Hainer Weg auf. Er wurde am Sachsenhäuser Berg 1959–1961 als Silo zur Speicherung von Gerste für die Brauerei Henninger errichtet. Vom Aussichtsrestaurant mit drehbarer Plattform sowie von dem kleinen Frankfurter Brauerei-Museum über dem Drehrestaurant, das man mit Schnellaufzügen (Gebühr!) erreicht, kann man das gesamte Stadtbild überblicken. Das Drehrestaurant und das Museum sowie die Veranstaltungsräume, die sich im Silo befinden, sind auch über 731 Stufen zu erreichen.

Henninger Turm (Forts.)

Der Henninger Turm ist mit seinen 120 Metern Höhe der höchste Aussichtspunkt südlich des Mains und hat in 100 Meter Höhe eine offene Aussichtsplattform.
(Öffnungszeiten: Dienstag bis Sonntag 10.00–23.00 Uhr)

Sachsenhäuser Warte

Lage
Darmstädter Landstr. 279

Busse
siehe Henninger Warte (bis Sachsenhäuser Warte)

Folgt man der Darmstädter Landstraße weiter gen Süden, trifft man nach 1 km am Rande des Südfriedhofs auf den spätgotischen Wehrturm, ein Teil der die Stadt umgebenden Landwehr. Er wurde 1470/1471 als Ersatz für eine andere, 1425 abgebrochene Holzwarte an der Landstraße in Richtung Darmstadt errichtet. 1552 wurde die Warte erneuert. Innerhalb des Wehrhofes befinden sich Reste eines barocken Forsthauses, 1767 von Liebhardt erbaut. 1980 wurde die Warte als Restaurant ausgebaut.

Willemer-Häuschen auf dem Mühlberg

Lage
Hühnerweg 74

S-Bahnen
S1, S8 (Mühlberg)

Straßenbahnen
15, 16 (Mühlberg)

Bus
46 (Mühlberg)

Nordwestlich des Henninger Turms erhebt sich der Mühlberg, der seit dem 18. Jh. ein bevorzugtes Gelände der Frankfurter Bürger für Sommer- und Gartenhäuser war; denn von dort aus bot sich ein umfassender Blick über die gesamte Stadt.
Um 1810 ließ sich der Bankier Johann Jakob Willemer am heutigen Hühnerweg in Sachsenhausen ein turmähnliches Gartenhäuschen aus verschiefertem Fachwerk errichten. Hier war Johann Wolfgang von Goethe am 18. August 1814 zu Gast bei den Willemers. Die Freundschaft mit Marianne Willemer inspirierte Goethe zum Wechseldialog im Buch “Suleika” des Westöstlichen Diwans. Heute kann man in dem nach dem Zweiten Weltkrieg wiederaufgebauten Häuschen Fotografien und Möbel des 19. Jh.s sehen.
Öffnungszeiten: April – Oktober nur sonntags 11.00 – 16.00 Uhr.

*St. Leonhard — K 15

Lage
Mainkai

Die direkt am Mainkai gelegene katholische Pfarrkirche St. Leonhard war 1219 als Kapelle St. Maria und Georg auf einer von Kaiser Friedrich I. überlassenen Parzelle gegründet worden. Aus der Zeit erhalten ist noch das reich gestaltete Hauptportal an der Nordseite (1220). Im Tympanon: Christus zwischen Maria und Johannes, Petrus und der hl. Georg. 1317 wurde der Kirche ein Kollegiatsstift angeschlossen, 1323, nach der Erwerbung

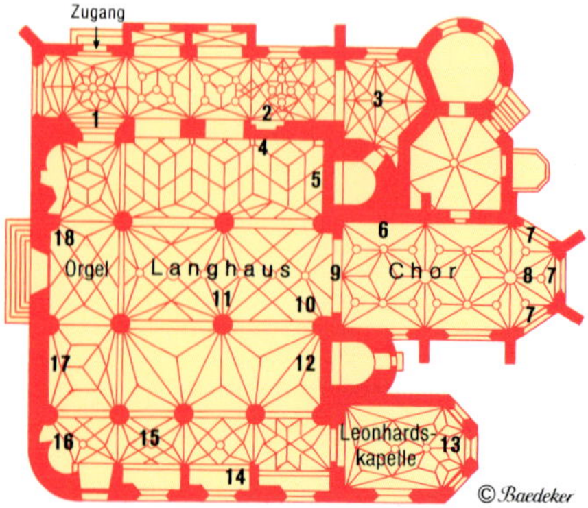

St. Leonhard

1 Spätromanisches Hauptportal (1220)
2 Romanisches Nebenportal (vermauert)
3 Salvatorchörlein (Holzhausenkapelle, um 1510; Taufe; Steinle-Madonna)
4 Abendmahlbild (Holbein d.Ä., 1501; Kopie)
5 Marienaltar (Antwerpen, Anfang 16. Jh.)
6 Lebensbaum-Wandfresko (16. Jh.)
7 Glasmalereien (Mitte/2. Hälfte 15. Jh.)
8 Hochaltar (bayerisch, um 1500)
9 Chorbogen: Jüngstes Gericht (Anf. 16. Jh.)
10 Madonna (um 1420/30; Kopie)
11 Steinkanzel (16. Jh.)
12 Kreuzaltar (niedersächsisch, um 1500)
13 Leonhardsaltar (J. K. Stieler, 1813)
14 Pietà (Frühbarock)
15 Doppelwappen Storch/Frosch (1520)
16 Barockmadonna
17 Barockbeichtstuhl
18 Hochwassermarken

St. Leonhard am nördlichen Mainufer.

von Reliquien des hl. Leonhard, wurde sie diesem Heiligen geweiht. Der spätromanische Bau war eine flachgedeckte Basilika mit vier Langhausarkaden, quadratischem Chor und zwei runden Osttürmen über den Apsiden. Von 1425 bis 1434 wurde vermutlich unter Madern Gerthener der Neubau des gotischen Chores errichtet, 1455 erfolgte der Anbau einer Kapelle (jetzt Sakristei). Um 1500–1520 wurde das Langhaus von Hans von Bingen zur gotischen Hallenkirche umgebaut. Ab 1508 übernahm Hans Baltz die Bauleitung der Hallenerweiterung und errichtete das Salvatorchörlein. Wenige Jahre vor der Reformation wurde die Kirche vollendet, doch bereits ab 1525 verfiel sie. In der nunmehr protestantischen Reichsstadt verlor das Stift immer mehr an Bedeutung, 1791 wurde die Pfarrkirche als Vorratslager benutzt. Im Jahr 1808 wurde mit Restaurierungsarbeiten begonnen.

Fragmente gotischer Glasmalereien wurden in den fünf Chorfenstern vereint; aus der Dominkanerkirche kam die Abendmahlstafel von Hans Holbein d. Ä. (Original im ⟶ Städelschen Kunstinstitut und Städtischer Galerie). Der bayrische Hochaltar wurde um 1500 geschnitzt, der flandrische Marienaltar stammt vom Beginn des 16. Jahrhunderts.

St. Leonhard (Fortsetzung)

U-Bahn
U4 (Römer)

Straßenbahn
11 (Römer/ Paulskirche)

**Schirn Kunsthalle Frankfurt J/K 15

Die im Februar 1986 am ⟶ Römerberg eröffnete Schirn Kunsthalle Frankfurt ist ein Brennpunkt des Kulturlebens in Frankfurt und darüber hinaus eines der wichtigsten Ausstellungshäuser nicht nur Deutschlands, sondern Europas. Annähernd 2000 m² Ausstellungsfläche umfassen die langgestreckte, zweiteilige Galerie, ein großes tonnenförmiges Gewölbe und ein kleines trapezförmiges Kabinett, die alle um eine zentrale Rotunde angeordnet sind. In enger Zusammenarbeit mit den großen Museen der Welt werden hier regelmäßig große Ausstellungen gezeigt, die entweder

Lage
Am Römerberg

U-Bahn
U4 (Römer)

Straßenbahn
11 (Domstr.)

Schirn Kunsthalle Frankfurt (Fortsetzung)

Öffnungszeiten
Di., Fr., Sa., So. 10.00–19.00,
Mi., Do. 10.00–22.00

thematisch ausgerichtet oder monographisch auf das Werk eines Künstlers bezogen sind. Das breitgefächerte Programm umfaßt die Kunst der Renaissance, des Barock und des 19. Jh.s ebenso wie die klassische Moderne. Kleinere Kabinettausstellungen sind der zeitgenössischen Kunst vorbehalten. Außerdem ist die Schirn Kunsthalle Sitz der Jugendmusikschule.
Die Kunsthalle verdankt ihren Namen einem im Mittelalter an diesem Ort befindlichen offenen Markt. Als 'Schirn' bezeichnete man in Frankfurt Läden mit zur Straße geöffneter Warenauslage, die in großer Zahl und als beliebte Treffpunkte besonders um den Römer herum vor der Zerstörung der Altstadt existierten. In neuer Verwendung wird 'Schirn' im Sinne von Kommunikationsort benutzt.

Struwwelpeter-Museum

Öffnungszeiten
Di.–So. 11.00–17.00,
Mi. bis 20.00

Eintritt frei

Seit 1994 befindet sich das im Jahr 1982 gegründete Struwwelpeter-Museum in einem Trakt der Schirn (Bendergasse 1, Eingang beim Archäologischen Garten). Alles um das bekannte Kinderbuch um seinen Autor, Heinrich Hoffmann, herum ist zu sehen: Diverse Struwwelpeter-Ausgaben und Parodien aus dem 19. und 20. Jahrhundert und andere Kinderbücher, aber auch Briefe, Zeichnungen, Skizzenbücher und Manuskripte von Heinrich Hoffmann. Kurios wirken zum Teil die ausländischen Struwwelpeter-Ausgaben, sei es in japanisch, italienisch oder gar latein. Zudem erfährt man in einer eigenen Abteilung etwas über Hoffmanns Wirken als Arzt, als Reformer der Psychatrie und über seine Rolle in der Revolution von 1848.

Seckbach — F/G 17/18

Lage
4 km nordöstlich des Frankfurter Stadtkerns

U-Bahn/Busse
U4 bis Seckbacher Landstraße, dann Bus 38, 43 bis Zentgrafenschule

Der Frankfurter Vorort Seckbach ist ein ehemaliges fränkisches Dorf, das 1910 eingemeindet wurde. Der alte Ortskern – mit überwiegend barocken Fachwerkhäusern – ist noch gut erhalten.
Erstmals urkundlich erwähnt wird der Ort 882 als 'Sekkibah'. 400 Jahre später sind die Schelme von Bergen als Besitzer nachweisbar, im ausgehenden 15. Jh. fiel Seckbach an die Reichsgrafen von Hanau, unter deren Herrschaft 1542 das Rathaus (Hofhausstraße 2) entstand; das Ergeschoß wurde allerdings erst später ausgemauert.
Die evangelische Marienkirche, 1707–1710 errichtet, wurde 1943 fast vollständig zerstört, 1951 jedoch wiederaufgebaut. Der Huthpark nördlich des Wohngebietes Atzelberg wurde 1911 angelegt, der ⟶ Lohrpark entstand 1924–1930.
Im südlichen Teil des Vorortes – nahe der Siedlung Riederwald – liegt die 1926/1927 von Martin Elsaesser entworfene Pestalozzischule (Vatterstraße 1–9). Nordöstlich außerhalb liegt die Schule des Deutschen Buchhandels (Fachschule für Buchhändler).

Senckenberg-Museum

⟶ Naturmuseum Senckenberg

**Städelsches Kunstinstitut und Städtische Galerie — K 14

Lage
Schaumainkai 63

Das 1816 aus einer Geld- und Gemäldestiftung des Frankfurter Bankiers Johann Friedrich Städel hervorgegangene Städelsche Kunstinstitut zählt zu den wichtigsten Gemäldegalerien Westeuropas, deren Sammlung von der mittelalterlichen bis zur zeitgenössischen Malerei reicht. Angeschlossen ist die zur Stiftung gehörende Städelschule, die heute unter Staatliche Hochschule für bildende Künste firmiert und von jeher bedeutende Lehrer auszuweisen hatte, darunter Passavant, Courbet, Steinle, Schwind, Beckmann und Baumeister. Das Städel-Gebäude wurde 1874–1878 im Historismusstil von Oskar Sommer, einem Schüler Sempers, errichtet und nach Kriegszerstörungen zum Teil für zeitgemäße Ausstellungszwecke umgestaltet. Den Rundgang beginnt man am besten in chronologischer Reihenfolge, beginnend mit der altnierderländischen und altdeutschen Malerei in den Sälen A und B des 2.Obergeschosses.

Bus
46 (Städel)

Straßenbahnen
15, 16
(Otto-Hahn-Platz)

Öffnungszeiten
Di.–So.
10.00–17.00,
Mi. 10.00–20.00
(bis Mitte 1999 Abteilungen zum 19. und 20. Jh. geschlossen)

Deutsche Malerei der Spätgotik und Renaissance

Unter den zahlreichen meist mehrteiligen Altarbildern anonymer Meister des 14. und 15. Jh.s ragt die noch von der Miniaturmalerei beeinflußte Darstellung des Paradiesgärtleins eines oberrheinischen Meisters von 1410 hervor im Typus eines "hortus conclusus", dem Symbol der Sündenlosigkeit Mariens. Auf blumenübersäter Wiese sind die Madonna und das spielende Christuskind zu sehen im Beisein u. a. der heiligen Georg, Dorothea und des Erzengels Michael. Stephan Lochner steigert wiederum das Bildgeschehen auf den Altarflügeln aus der Laurentiuskirche in Köln mit den Martyrien zahlreicher Heiliger ins Dramatische. Das neue Menschenbild der Renaissance spiegeln das Bildnis des Herrn Weiss aus Augsburg von Hans Holbein d. Ä. und das Porträt der Katharina Fürlegerin von Albrecht Dürer wieder. Hans Holbein d. J. entwickelt auf der Grundlage der antiken Medaillenkunst sein Rundbild mit dem im Profil gezeigten Simon George of Cornwall. Klarheit der Komposition, Detailpräzision und die emailartige Malweise bewirken die Ausstrahlungskraft dieses eleganten Männerporträts. Bedeutsam sind auch das ausdrucksvolle Bildnis des Melanchthon von Lucas Cranach d. J. sowie die Porträts der Familie von Holzhausen, die Conrad Faber von Creuznach schuf. Die zwei lasziven Wetterhexen von Hans Baldung versinnbildlichen dagegen teuflische Magie, während die nur mit Juwelen bekleidete Venus von Lucas Cranach d. Ä. als Inbegriff weiblicher Schönheit erscheint. Unter den religiösen Tafelbildern ist

"Der bittere Trank" von Adrian Brouwer

Elsheimers "Hausaltar der Kreuzlegende"

Städel

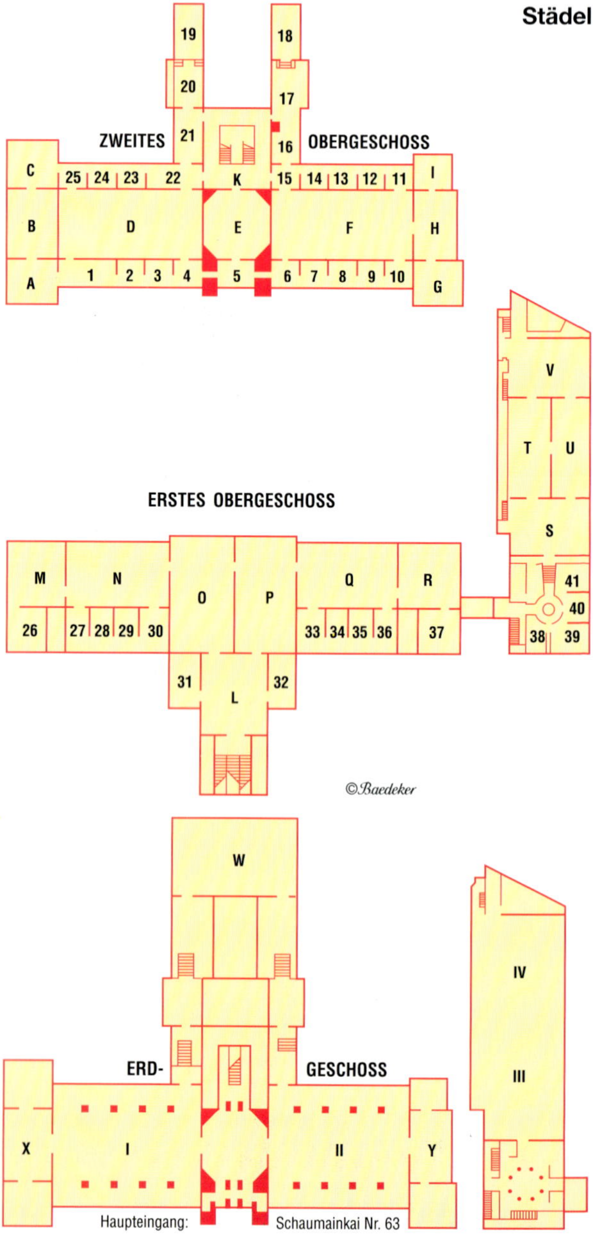
ZWEITES OBERGESCHOSS
19
18
20
17
21
16
K
C
25
24
23
22
15
14
13
12
11
I
B
D
E
F
H
A
1
2
3
4
5
6
7
8
9
10
G
V
T
U
ERSTES OBERGESCHOSS
S
M
N
O
P
Q
R
41
40
26
27
28
29
30
33
34
35
36
37
38
39
31
32
L
©Baedeker
W
IV
ERD-GESCHOSS
III
X
I
II
Y
Haupteingang: Schaumainkai Nr. 63

A Alte Niederländer
B Deutsche Malerei 1. Hälfte 16. Jh.
C Niederländische und französische Malerei 16. Jh.
D Große deutsche Altäre 14.-16. Jh.
E Italienische Malerei 14. und 15. Jh.
F Italienische Malerei 14.-18. Jh.
G Europäische Barockmalerei
H Rubens und italienische Malerei 16.-18. Jh.
I Holländische Malerei 17. Jh.
K Malerei und Skulpturen 19. und 20. Jh.
L Deutsche Malerei spätes 18., frühes 19. Jh.
M Frankfurter Malerei 19. Jh.
N Deutsche Malerei 2. Hälfte 19. Jh.
O Französische Malerei 19. Jh.
P Deutsche Malerei 2. Hälfte 19. Jh.
Q Deutscher Expressionismus
R Französische und deutsche Klassische Moderne
S Beckmann, Giacometti, Bacon, Picasso
T Baselitz, Lüpertz, Immendorf, Antes, Polke
U Richter, Tapies, Twombly, Rainer, Penck, Palermo
V Kiefer
W Nazarenersaal
X Graphische Sammlung
Y Bibliothek

I-IV Wechselausstellungen

1 Deutsche 14. und 15. Jh.
2 Deutsche und Franzosen 15. und 16. Jh.
3 Deutsche 15. und 16. Jh.
4 Italiener 14. und 15. Jh.
5 Italiener 15. und 16. Jh.
6 Holländer 17. Jh.
7 Flamen 17. Jh.
8-15 Holländer 17. Jh.
16 Deutsche 18. Jh.
17-18 Europäische Malerei 18. Jh.
19-20 Elsheimer und sein Kreis, Deutsche und Niederländer
21 Holzhausenbildnisse
22-25 Deutsche 16.-18. Jh.
26 Frankfurter und Kronberger Maler
27-30 Corot, Deutsche Malerei 19. Jh.
31 Deutsche Malerei frühes 19. Jh., Romantik, Nazarener
32 Deutsche Malerei frühes 19. Jh., Biedermeier
33-34 Malerei und Skulptur um die Jahrhundertwende
35 Expressionismus und Neue Sachlichkeit
36 Futurismus, Picasso
37 Nabis
38 Klee, Surrealismus, Archipenko
39 Schlemmer, Mettel, Lehmbruck, Kolbe
40 Poliakoff, Greif, Kreutz
41 Calder

Deutsche Malerei der Spätgotik und Renaissance (Fortsetzung)

Albrecht Altdorfers Anbetung der Könige eine volkstümlich märchenhafte Version, wobei die kostbar gewandeten Könige dem kleinen Kind ihre Aufwartung in einer antiken Tempelruine machen. Lucas Cranach d. Ä. schuf 1509 den Torgauer Altar, dessen Mittelbild die hl. Sippe mit Joseph, Maria, Jesus und Anna zeigt sowie oben auf der Estrade Joachim und die beiden späteren Gatten der Anna, Kleophas und Salomas, wobei der mittlere die Züge Kaiser Maximilians trägt. Den linken Flügel zieren Maria Kleophas und Alphäus mit den Zügen Kurfürst Friedrichs des Weisen, den rechten Maria Salome und Zebedäus mit den Zügen Johanns des Beständigen, des Bruders Friedrich des Weisen.
Der Dürer-Schüler Hans Baldung, genannt Grien, gestaltete den Flügelaltar des hl. Johannes d. T. für die ehem. Frankfurter Dominikanerkirche. Das Mittelbild schmückt die farbintensive Taufe Christi, während zahlreiche Heilige auf den Flügeln mittels der Grisaillemalerei fast wie Skulpturen wirken. Auch Mathis Gothard Nithard, genannt Grünewald, nutzte die Grisailletechnik bei seiner Darstellung der Heiligen Laurentius und Cyriakus als Teile eines Flügelaltares. Der aus Frankfurt gebürtige Adam Elsheimer, der seit 1600 in Rom wirkte, malte mit Vorliebe kleinformatig auf Kupferplatten. Sein Meisterwerk ist der siebenteilige Hausaltar mit der Auffindung und Verherrlichung des wahren Kreuzes (Abb. S. 135). In Frankfurt seit 1594 ansässig war Georg Flegel, der erste deutsche Stillebenmaler, dessen Werke wie Stilleben mit Gebäck und Zuckerwerk oder Stilleben mit Brot und Zuckerwerk die Schönheit irdischer Güter preisen, aber auch ihre Vergänglichkeit nicht verhehlen.

Altniederländische Malerei des 15. und 16. Jh.s

Jan van Eyck, der in Brügge die Ölmalerei zu neuem Leben erweckt, erzielt mit seiner anmutigen Lucca-Madonna, einst im Besitz des Herzogs von Lucca, als Typus der Madonna lactans (milchspendende Gottesmutter) eine zuvor kaum erreichte Wirklichkeitsnähe in Verbindung mit großer Farbenfreude und verblüffendem Detailrealismus. Der in Tournai tätige Meister von Flémalle, inzwischen allgemein als Robert Campin identifiziert,

Altniederländische Malerei des 15. und 16. Jh.s. (Fortsetzung)

zeigt in den Tafelbildern der hl. Veronika, der Maria mit dem Kind und des Schächers Gesinas im Gegensatz zum weichen lyrischen Stil van Eycks stärkere Dramatisierung und lineare Strenge in der Figurendarstellung. Perfekten Linearismus und naturalistische Figurenwiedergabe demonstriert Rogier van der Weyden in seiner sogenannten Medici-Madonna, flankiert von den Heiligen Petrus, Johannes d. T. sowie den Märtyrer-Ärzten Cosmas und Damian als Schutzheilige der Florentiner Medici-Familie. Gerard David steigert die Verkündigung an Maria zu einem übernatürlichen Ereignis in einem andererseits sehr exakt wiedergegebenen spätgotischen Interieur. Petrus Christus liefert dagegen mit seiner Madonna mit den Heiligen Hieronymus und Franziskus eine stimmungsvolle Innenraumwiedergabe mit Landschaftsausblick. Hieronymus Bosch verlagert seine dramatische Gestaltung des "Ecce Homo", umringt von einer aufgebrachten Menschenmenge, in eine altniederländische Umgebung. Kontemplative Stimmung herrscht in der Bilderwelt von Hans Memling vor, z. B. im Brustbild des Mannes mit roter Mütze, während Quinten Massys seinem männlichen Bildnis eine lebhafte Gebärdensprache verleiht.

Holländische Malerei des 17. Jh.s

Gegen 1600 bewirken die religiösen, politischen und wirtschaftlich-sozialen Veränderungen in den Niederlanden auch eine Neurorientierung in der bildenden Kunst. An die Stelle kirchlicher und fürstlicher Auftragskunst treten nun erstmals in Europa der Zeitgeschmack und das Kaufverhalten einer bürgerlich-säkularisierten Gesellschaft, die das Emporkommen von Spezialisten und Fachmalern förderte und somit zur Ausformung verschiedener, vorher nicht selbständiger Bildgattungen beitrug. Die Porträtkunst, seit jeher eine Domäne der Niederländer, erfuhr durch das Gruppenporträt, zum Beispiel als Schützen- oder Regentenstück, eine große Bereicherung. Die Einzelporträts werden psychologisch äußerst einfühlsam gestaltet, was zum Beispiel Cornelis de Vos reizendes Bildnis eines kleinen Mädchens im Kinderstühlchen beweist, das sich beim Süßigkeitennaschen ertappt fühlt oder das Bildnis eines Jungen von Jacob Gerritsz. Cuyp, der stolz seinen rotgefüttertem Strohhut zeigt. Frans Hals verleiht der Bildniskunst durch seinen schwungvollen Pinselstrich eine neue Frische. Sein Porträt einer Frau im Alter von 44 Jahren lenkt den Betrachter ohne Umschweife auf die durch die Lichtführung hervorgehobenen Hände und das Gesicht. Die strenge, dunkle Kleidertracht wird nur durch die weiße Halskrause und Haube aufgelockert, die das ausdrucksvolle Anlitz rahmen und so die Konzentration ohne Hintergrundablenkung auf die individuellen Züge der Person verstärken.

Landschaft

Die niederländische Landschaftsmalerei erlebte ihre höchste Blüte in der zweiten Hälfte des 17. Jahrhunderts. Dabei stand die Heimatlandschaft wie in den Jahrzehnten zuvor im Vordergrund mit ihrem tiefen Horizont, den Wolkenzusammenballungen und sich häufig verändernden Lichtverhältnissen. Vielfach zeichnen auch Stille und Bewegungslosigkeit die Landschaftsbilder aus, die in erster Linie nach der Natur gemalt sind, aber auch sinnbildhafte Bezüge erkennen lassen, beispielsweise in den ziehenden Wolken, im fließenden Wasser oder im wechselnden Licht, die auf Vergänglichkeit ebenso anspielen wie auf metaphysische Kräfte, die auf die Natur und den Menschen einwirken. Jan van Goyen hat sich immer wieder mit den zahlreichen Wasserläufen Hollands bildnerisch auseinandergesetzt, besonders pittroresk ist das "Haarlemer Meer". Seine Landschaften sind in der Regel locker und schwungvoll gemalt und geben häufig Fernblicke mit ländlichem Volk wieder. Der in Amsterdam tätige Aert van der Neer zeichnet sich durch seine Winter- und Abendstimmungen aus. Aelbert Cuyp aus Dordrecht gibt in seiner "Kanallandschaft" und "Schafherde auf der Weide" fast ländliche Idyllen wieder. Die heimatliche Landschaft in ihrem winterlichen Reiz mit den zugefrorenen Flüssen und Kanälen des Polderlandes und dem fröhlichen Treiben auf dem Eis hat der Haarlemer Isaack van Ostade eingefangen. Jacob Isaaksz van Ruisdael erzielt in seinen zum Teil romantisch anmutenden Landschaftsthemen eine spannungsreiche Verbindung von Flächengestaltung und Tiefenentwicklung.

Landschaft (Fortsetzung)

Da die Niederländer im 17. Jh. eine bedeutende Kriegsmarine und die größte Handelsflotte der Welt besaßen, waren auch Motive aus der Seefahrt sehr beliebt. Willem van der Velde brachte das Marinestück mit Themen wie "Stürmische See" und "Windstille" zu wahrer Meisterschaft.
Die Stillebenmalerei ist durch Willem Kalf u. a. mit dem "Stilleben mit zwei Orangen" und Willem Claesz Heda u. a. mit dem "Stilleben mit Nautilusbecher" hervorragend vertreten. Die berückende Schönheit der Stilleben wird jedoch immer wieder in Frage gestellt durch den Gebrauchscharakter der Dinge, die Gläser sind halb leer getrunken, das Brot angeknabbert, das Obst zum Teil geschält, so daß die Mahnung an die Vergänglichkeit alles Irdischen auf diese Weise veranschaulicht wird.
Das Architekturbild vertritt u. a. Hendrik Cornelisz van Vliet, dessen Wiedergabe des Inneren der Oude Kerk zu Delft ein lichtdurchflutetes, nach calvinistischen Vorstellungen aber schmuckloses Kircheninterieur bietet mit der Wirkung eines Bühnenraumes trotz aller topographischen Präzision. Der Blick auf die Grabplatten des Bodens und den Altarraum als Memento-Mori-Motive verleihen dem Architekturbild sogar sinnbildliche Dimensionen. Gerrit Adriensz Berckheyde malte das Rathaus zu Amsterdam und die beiden Synagogen in Amsterdam, wobei der Blick in die Muidergracht und in die Heerengracht geht mit der portugiesischen Synagoge rechts vorn und der deutschen Synagoge links, während im Hintergrund der Turm der Zuiderkerk und die Kuppel des Rathauses auftauchen.

"Die Blendung Simsons" von Rembrandt, 1636

Zu den frühen Hauptwerken Rembrandts zählt die "Blendung Simsons" von 1636. Die von dramatischer Bewegung und starken Helldunkelkontrasten geprägte Diagonalkomposition zeigt eine Episode aus dem abenteuerlichen Leben Simsons, der sich nach einer unglückseligen Philister-Eheverbindung in ein anderes Mädchen von einem feindlichen Stamme verliebte und deshalb von den Philistern geblendet wurde, nachdem Delila Simsons geheimnisvolle Kraft, die in seinen Haaren lag, entdeckt und gegen viel Geld verraten hatte. Die Locken und die Schere, mit denen sie

Altniederländische Malerei des 15. und 16. Jh.s., Landschaft (Fortsetzung)

abgeschnitten wurden, trägt sie als Trophäen ihres Verrats davon. Neben zwei eindrucksvollen Frauenporträts präsentiert die Städelsammlung auch noch das Ölgemälde "David vor Saul die Harfe spielend" als eher ruhig-melancholische Bildkomposition von Rembrandt.
Auf dem Gebiet des Genrebildes hat der Autodidakt Jan Steen am vortrefflichsten seine außergewöhnliche Begabung gezeigt, derbe Wirtshausszenen und hintergründige Familienfeste sind seine Markenzeichen. Adriaen Brouwer, von dem Bilder wie "Die Operation am Fuß; Die Operation am Rücken; Der bittere Trank; Ein betrunkener Bauer" stammen, malt volkstümliche, drastische Alltagsszenen. Bäuerliche Interieurs sind das Lieblingsthema von Adriaen van Ostade, einem Schüler von Frans Hals. Gerard Ter Borch ist bedeutender Sittenschilderer mit feiner Ironie, von dem das Bild "Dame mit Weinglas" stammt. Gerit Dou, ein Schüler Rembrandts, zeichnet sich vor allem durch seine Nachtstücke in effektvoller Helldunkeltechnik aus. Virtuose Detailwiedergabe und exzellente Lichtführung kennzeichnen sein Gemälde "Frau, den Abendtisch ordnend". Johannes Vermeer aus Delft lenkt unseren Blick bei der Darstellung des Geographen in eine Gelehrtenstube des 17. Jh.s, wo ein sinnender Mann mittleren Alters, in einen weiten blauen Mantel gehüllt, sich über eine entrollte Pergamentkarte beugt. In Vermeers Bildern verschmelzen Form, Farbe und Licht zu einer einzigartigen Wirkkraft, die seinen gemalten Interieurs und Personenschilderungen stillebenhafte Ruhe und seelische Tiefe verleiht.

Flämische Malerei des 17. Jh.s

Der von Brouwer beeinflußte David Teniers d. J. tut sich als humorvoller Maler von meist bäuerlichen Genreszenen hervor, darunter "Tanzende Bauern vor einem Wirtshaus" und "Zwei rauchende Bauern am Kohlenfeuer". Jacob Jordaens ist ein Meister des Sittenbildes, aus dem derbe Lebensfreude in den Eß- und Trinkgelage-Schilderungen spricht. Seine kraftstrotzenden Volkstypen und üppigen weiblichen Akte verraten den Einfluß des italienischen Barock, den er über Rubens rezipierte. Im Städel ist er leider nur mit zwei religiösen Bildthemen vertreten. Peter Paul Rubens setzt in der europäischen Barockmalerei neue Akzente. Mit ausgeprägter Sinnlichkeit in Verbindung mit einer klassisch-humanistischen Geisteshaltung und unerschöpflichem Erfindungsreichtum malt Rubens seine vielfältigen religiösen und weltlichen Themen, vom Altarbild zur Allegorie, vom Historienbild über das Porträt bis zur Landschaft. Rauschend bewegte Darstellungsfülle kennzeichnet "Die mystische Vermählung der hl. Katharina" als Entwurf für das Hochaltarbild der Augustinerkirche in Antwerpen. Vor einer dramatischen Gewitterkulisse spielt sich dagegen die pikante "Begegnung von Dido und Aeneas" ab.

Italienische Malerei vom 15. bis 18. Jh.

Als Maler der Florentiner Frührenaissance zeichnet sich Fra Angelico mit seiner "Thronenden Madonna im Kreise von Engeln" durch die gleichzeitige Verwendung von Dreiecks- und Halbkreiskomposition aus. Sandro Botticelli schuf das betörende Idealbildnis der Simonetta Vespucci, der jung verstorbenen Geliebten von Giuliano de Medici. Pietro Vannucci, gen. Il Perugino, der Lehrer Raffaels, stammt aus Umbrien. Seine beiden Tafeln "Maria mit dem Kind und Johannes" sowie "Maria das Kind anbetend, mit einem Engel und Johannes" überzeugen durch eine tonige Malweise und gefühlvollen Ausdruck. Von Raffael stammen zwei Tafeln einer Altarpredella: "Der hl. Ambrosius tauft den hl. Augustinus" und "Der hl. Augustinus disputiert mit dem Häretiker Fortunatus". Die farbenfreudige, lichtintensive venezianische Renaissancemalerei ist vertreten durch Giovanni Bellini mit seinem Gemälde "Maria mit dem Kind, Johannes und Elisabeth" sowie durch Bartolomeo da Venezia, dessen kokettes weibliches Brustbild vielleicht Lucrezia Borgia darstellt. Girolamo da Carpi aus Ferrara gehört mit seinem Bildnis einer vornehmen Dame in raffinierter Gewandung bereits der Epoche des Manierismus an, die sich vor allem in Jacopo Pontormos formstrengen Bildnis einer vornehmen Dame in kühler Farbgebung zeigt. Der Venezianer Jacopo Tintoretto repräsentiert mit seinen meist dramatischen, in überirdisches Licht getauchten Gestaltungen des biblischen Geschehens die Kunst der Gegenreformation und ist mit dem Bild "Moses

Italienische Malerei vom 15. bis 18. Jh. (Fortsetzung)

schlägt Wasser aus dem Felsen" vertreten. Luca Giordanos "Kampf der Tugend mit dem Laster" in kräftigen Helldunkelkontrasten gehört der neapolitanischen Barockmalerei an. Die venezianische Rokokomalerei in ihren duftigen Farben führt Giovanni Battista Tiepolo an, dessen Darstellung der Heiligen der Familie Grotta sich auf eine Legende bezieht, wonach die hl. Grata ihrem Vater, dem Dogen Lupus das abgeschlagene Haupt des Märtyrers Alexander überbringt und durch sein Erblühen diesen zum Christentum bekehrt. Pietro Longhi ist der bedeutendste Genremaler der Seerepublik, dessen "Venezianische Gaukler am Dogenpalast" ein Stück Alltagsgeschichte in Venedig darstellen. Antonio Canal, gen. Il Canaletto, besticht durch seine großartigen Veduten wie "Venedig von San Giorgio Maggiore aus gesehen".

Französische und spanische Malerei des 17. und 18. Jh.s

Gemessen vornehme Haltung und dezente Farbigkeit wie im Bildnis des Kardinals Borja zeichnen die Porträtkunst des spanischen Hofmalers Diego Velázquez aus. Claude Gellée, gen. Le Lorrain, bettet die Szene "Christus erscheint Magdalena" in eine stimmungsvolle Landschaft. Die Malerei von Nicolas Poussin prägt klassische Gesinnung, seine Figurenkompositionen, Architektur- und Naturformen sind wohldurchdacht und zum Teil ins Erhabene und Ideale übersteigert. Poussins "Gewitterlandschaft mit Pyramus und Thisbe", der Schilderung einer unglücklichen Liebe aus den Metamorphosen des Ovid, besticht durch die Ausgewogenheit von Ruhe und Bewegung, Licht und Dunkelheit, Leidenschaft und Stille des Gemüts. Durch leuchtend zarte Farbigkeit läßt Jean-Antoine Watteau seine "fêtes galantes" in anmutiger Parklandschaft wie bei der "Einschiffung nach Kythera" ihren ganzen Rokokozauber entfalten. Jean-Baptiste-Siméon Chardin, einer der bedeutendsten Genre- und Stillebenmaler des 18. Jh.s, besticht durch seinen farbintensiven und doch lockeren Pinselauftrag in "Rebhuhn mit Birne".

Deutsche Malerei des 18. und 19. Jh.s

Durch die Italienaufenthalte zahlreicher deutscher Maler entstanden Ende des 18. Jh.s panoramahafte Landschaftsbilder und Stadtansichten, die von Klassizismus und Idealismus geprägt sind, darunter von Joseph Anton Koch "Landschaft mit Hylas und Nymphen" oder "Landschaft mit der Opferung Noahs", von Jakob Philipp Hackert "Blick auf St. Peter in Rom" oder von Johann Heinrich Wilhelm Tischbein "Goethe in der römischen Campagna". Die Natur mit der Seele zu erfassen ist im Zeitalter der Romantik u.a. das Ziel von Caspar David Friedrich, z.B. in der "Landschaft mit dem Rosenberg in der böhmischen Schweiz". Stärker vom Naturalismus geprägt sind Werke wie "Gebirgslandschaft" von Ernst Fries, "Die Wasserfälle von Tivoli" von Karl Philipp Fohr oder "Im Park von Terni" von Carl Blechen. Ferdinand Georg Waldmüller, bedeutender Bildnis-, Genre- und Landschaftsmaler, ist mit "Bäuerliches Liebespaar" und "Das Höllengebirge bei Ischl vom Weißenbachtal" vertreten. Eine idealistische Verschmelzung von Mensch und Natur schwebte Hans von Marées vor, von dem "Zwei sitzende Kinder" und "Jünglinge in einer Landschaft" stammen. In großer malerischer Freiheit und Farbenfrische, den Impressionismus vorwegnehmend, arbeitete Adolph Menzel, der mit "Stiller Winkel" sein Können zeigt. Einfühlsame Bildnisse und Historienbilder waren das Hauptanliegen von Victor Müller. Historisches, Märchenhaftes und Romantisches verbindet sich in den Werken von Moritz von Schwind, sei es der "Elfenreigen", "Der Sängerkrieg auf der Wartburg" oder "Die Erscheinung im Walde". Landschafts- und Genrethemen in kleinem Format mit oft hintergründigem Humor im biedermeierlichen Deutschland malte Karl Spitzweg, darunter "Der Witwer" und "Der Rosenfreund". Den Realismus repräsentieren Wilhelm Leibl mit "Das ungleiche Paar" und Hans Thoma, von dem mehrere Landschaften und Bildnisse stammen. Wilhelm Trübner gelangt in seinen Porträts, Landschaften und Genreszenen zu einem sehr persönlichen und überaus farbdifferenzierten Realismus. Von Carl Schuch, der zum Leibl-Kreis zählt, sind "Birkenwald" und "Apfelstilleben" zu sehen. Im Spätwerk löst er sich vom Gegenständlichen zugunsten freierer rein malerischer Lösungen. Auch Louis Eysen, der durch Landschaften

Deutsche Malerei des 18. und 19. Jh.s. (Fortsetzung)

und Stilleben hervortritt, ist von Leibl beeinflußt. Das bekannteste Gemälde des Frankfurter Stilleben- und Bildnismalers Otto Franz Scholderer ist "Der Geiger am Fenster", in dem Innen- und Außensphäre, Gedankenferne, Interieur und Landschaftsausblick durch eine präzise Malweise und leicht pastosen Farbauftrag im schwebenden Gleichgewicht verharren. Sehr unterschiedliche Auffassungen in der Porträtkunst geben Anselm Feuerbach mit der Darstellung der "Lukrezia Borgia" im klassisch-akademischen Stil und Arnold Böcklin mit dem schwermütigen Bildnis der Schauspielerin Fanny Janauschek. Max Liebermann als Hauptvertreter des deutschen Impressionismus ist u.a. mit "Der Hof des Waisenhauses in Amsterdam" in lichter Farbigkeit und "Judengasse in Amsterdam" präsent. Fritz von Uhde zeigt sich mit Bildern wie "Die Töchter des Künstlers im Garten" oder "Mädchen am Fenster" in der Farbwirkung stark von der Freiluftmalerei beeinflußt. Auch Max Slevogt beherrscht die impressionistische Farb-Form-Auflösung in Werken wie "Blühender Flieder", "Wassermelone" und "Selbstbildnis an der Staffelei". Lovis Corinth verbindet farbsprühende Malweisen mit expressiver Kraft in seinen Landschaften und Bildnissen, darunter "Acker im Spätherbst", "Walchensee im Winter", Porträt des kranken Vaters des Künstlers und Bildnis seiner Frau als "Carmencita".

Französische Malerei des 19. Jh.s

Farbrausch und kraftvolles Pathos schwingt oft in den Werken von Eugène Delacroix mit, der die theatralische Szene "Hamlet und Horatio auf dem Friedhof" gestaltet. Atmosphärische Stimmungsbilder liefert Jean-Baptiste-Camille Corot mit seiner "Sommerlandschaft", mit dem "Blick auf die Stadt Marino am frühen Morgen" und die "Italienische Herbstlandschaft bei Marino". Gustave Courbet als Vertreter des Realismus wechselt zwischen dunkeltonigem und lichterem Farbauftrag mit starker Tendenz zur Formauflösung in rein malerische Werte. Von ihm stammen "Dorfausgang im Winter", "Die Welle" und "Blick auf Frankfurt". Charles Daubigny ist einer der ersten Freilichtmaler und Hauptvertreter der Malschule von Barbizon, in dessen "Obstgarten zur Erntezeit" und "Normannische Küstenlandschaft" Naturlicht und Farbenleuchtkraft miteinander verschmelzen. Als ein Modellieren mit der Farbe begreift Paul Cézanne seine Landschaftsgestaltung. Edouard Manet erfaßt meisterlich mit Licht und Farbe die Flüchtigkeit der Erscheinung von Mensch und Natur in "Die Croquetpartie". Claude Monet ist mit Reiseimpressionen aus Holland "Häuser am Wasser (Zaandam)" und einer "Frühstücksszene im Zimmer" vertreten als weitgehend noch von kräftigen Farben und Umrißlinien geprägte Frühwerke. Edgar Degas zeigt in einem gewagten Ausschnitt über die Köpfe der "Musiciens à l'ôrchestre" hinweg eine in Farbwolken schwebende Ballettszene. Auguste Renoir schließlich gestaltet in duftigem Farbauftrag die "Frühstücksszene im Freien".

Bildwerke des 20. Jh.s

Als Repräsentanten des deutschen Expressionismus sind im Städel Werke von Nolde, Heckel und Müller ausgestellt, die zur 1905 in Dresden gegründeten Künstlergemeinschaft "Die Brücke" gehören, während Marc, Macke und Jawlensky zum Münchner "Blauer Reiter" zählen. Einen besonderen Sammlungsschwerpunkt bilden die zahlreichen Werke von Ernst Ludwig Kirchner, darunter "Variété" und "Zwei Frauen mit Waschbecken". Zu den Arbeiten des Kubismus zählt Picassos Bildnis der Fernande Olivier. Von Henri Matisse stammt das "Stilleben Fleurs et Céramique" und Ferdinand Léger schuf "Die Fischer". Auf dem Gebiet des Surrealismus haben sich Max Ernst mit "Aquis submersus" und "Natur im Morgenlicht" und Richard Oelze mit "Gefährlicher Wunsch" einen Platz im Städel gesichert. Der Bauhauslehrer Paul Klee gilt mit Werken wie "Das Haus zur Distelblüte" und "Blick in das Fruchtland" als Vertreter der frühen abstrakten Malerei. Max Beckmann ist mit "Stilleben mit Saxophonen", "Der Zirkuswagen" und "Die Synagoge in Frankfurt am Main" vertreten. Ives Klein figuriert als "nouveau realiste" mit seinem "Blauen Schwammrelief". Die Art Informel repräsentieren Antoni Tápies mit materialcollageartigen Arbeiten und Cy Twombly mit seiner chiffrierten Zeichensprache. Asger Jorn und Karel

Städelsches Kunstinstitut und Städt. Galerie, Bildwerke des 20. Jh.s. (Fortsetzung)

Appel zählen ebenso zum abstrakten Expressionismus wie Wilhelm Nay. Dubuffet steht für die Art Brut in Frankreich und Georg Baselitz für die neueren expressiven Tendenzen in der deutschen Malerei.
Eine imponierende Raumsituation schafft schließlich Anselm Kiefer mit seinen Bildwerken aus Blei: "Kunersdorf" (1988), "Melancholia" (1988), "Erde, Feuer, Wasser, Luft" (1987/1988), "Heereszüge Alexanders des Großen" (1987/1988), "Die Argonauten" (1990) und die Bleiskulptur "Palette mit Flügeln" (1985). Die Arbeiten Kiefers nehmen thematisch aufeinander Bezug durch das Motiv des auf der Suche befindlichen Individuums, sei es als historische oder mythologische Gestalt. Der Betrachter ist aufgefordert, den Prozeß des Spurensuchens auf den abstrakten, von informellen Liniengeflechten durchzogenen landkartenähnlichen Bildern nachzuvollziehen vom scheinbar Konkreten zum Abstrakten. Das permanente Getriebensein des Menschen als sinnliche Erfahrbarkeit und intellektuelle Herausforderung spielt in Kiefers Installation eine zentrale Rolle, wobei die "Kleine individuelle Menschenzeit und die große Weltenzeit" miteinander korrespondieren.

Max Beckmann, "Die Synagoge", 1919

Städtische Bühnen — K 14

Lage
Willy-Brandt-Platz

U-Bahnen
U1–U4 (Willy-Brandt-Platz)

Straßenbahn
11 (Willy-Brandt-Platz)

Nachdem der alte Theaterbau im Zweiten Weltkrieg zerstört worden war, errichtete man 1951–1963 den großzügig verglasten Neubau, der das Opernhaus (1400 Plätze), das Schauspielhaus (710 Plätze) und das Kammerspiel (200 Plätze) umfaßt. Im Foyer hängt das von Marc Chagall geschaffene große Wandbild "Commedia dell'arte", die Decke der Wandhalle zieren Kunstobjekte aus Messing. Im November 1987 zerstörte ein Großbrand das Bühnenhaus der Oper, das nach dem Wiederaufbau in den folgenden Jahren über modernste Bühnentechnik verfügt. Auch das Schauspielhaus wurde 1992 umgebaut.

BfG-Haus

Den Bühnen gegenüber liegt das – heute zwar nicht mehr so ganz spektakuläre –, nichtsdestotrotz aber beachtenswerte BfG-Haus: das älteste Hochhaus Frankfurts, das von Richard Heil und Johannes Krahn entworfen wurde. Mit seinen 148 m wird es nun längst von den meisten anderen Hochhäusern überragt.

Stadtwald N/O 13–16

Lage
3 km südlich des Frankfurter Stadtkerns

Der Stadtwald, der bereits im Jahre 1372 an Frankfurt fiel, erstreckt sich in West-Ost-Richung über 15 km weit von Kelsterbach bis Offenbach. Durch seine zahlreichen Wander-, Rad- und Reitwege sowie Waldlehrpfade ist er zu einem vielbesuchten Frankfurter Ausflugsziel geworden. Waldstadion, Golfplatz, Waldspielpark Louisa (Mörfelder Landstraße/Ecke Niederräder Landstraße) und die Waldfriedhöfe Goldstein und Oberrad liegen in dem 4700 ha großen Gebiet. Durch die Einflugschneise des Flughafens und die durchquerenden Autobahnen ist der Erholungswert des Stadtwaldes jedoch beeinträchtigt.
Bei der folgenden Beschreibung werden die Orte und Plätze entsprechend ihrer Lage von West nach Ost genannt.

Sportliches

Wer sich körperlich betätigen will, wird in den Sportanlagen südlich von Niederrad sicher das Richtige für sich finden: hier liegen ein Freibad, eine Radrenn- und Kunsteisbahn, Minigolf, ein Hockeyplatz und Tennisplätze sowie das Waldstation direkt nebeneinander.

Waldstadion

Das Waldstadion mit Schwimmbad und Waldtheater wurde nach den Entwürfen von Gartenbaumeister Max Bromme und dem Architekten Gustav Schaumann 1922–1925 anstelle früherer Militärschießstände im Stadtwald angelegt; 1960 wurden innerhalb der Radrennbahn zusätzlich zwei Kunsteislaufbahnen geschaffen. Kurz nach der Eröffnung des Stadions fand hier vom 24. bis 28. Juli 1925 die erste Internationale Arbeiterolympiade statt.

Struwwelpeterbrunnen

In der Nähe des Kinderschwimmbeckens steht der Struwwelpeterbrunnen, der nach Motiven des gleichnamigen Kinderbuches des Frankfurter Arztes Heinrich Hoffmann von dem Bildhauer Johann Joseph Belz gestaltet ist. Zu erreichen sind die Anlagen mit dem Bus 61 bis Stadion/Schwimmbad oder Stadion/Kunsteisbahn. Die Straßenbahn 19 fährt bis Stadion. Benutzt man die S-Bahn-Linie 8 oder die Regionalbahnen 70, 80 oder 90 bis Sportfeld Bf. muß man noch einen knappen Kilometer zu Fuß gehen.

Oberforsthaus, Festplatz

Das Oberforsthaus zwischen Niederrad und den oben beschriebenen Sportanlagen liegt an einem Festplatz, der jeden Dienstag nach Pfingsten Mittelpunkt des 'Wäldchestages' (Frankfurter 'Volksfeiertag') ist. Sein Ursprung liegt vermutlich im Beginn des Viehaustriebs oder in der Erlaubnis für Frankfurter Bürger, an manchen Tagen Holz fällen zu dürfen – was natürlich anschließend gefeiert werden mußte.
Zum Festplatz fahren die Straßenbahn 19 und der Bus 61 bis Oberforsthaus.

Oberschweinstiege

Die Oberschweinstiege, benannt nach Stallungen für die Schweine, die im Mittelalter in großen Herden zur Eichelmast durch den Wald getrieben wurden, liegt südlich der ⟶ Sachsenhäuser Warte und nördlich von Neu-Isenburg auf einer Halbinsel in dem künstlich angelegten Jakobiweiher.
Man erreicht die Stiege mit der Straßenbahn 14.

Waldspielpark Monte Scherbelino

Der Monte Scherbelino – südlich von Oberrad gelegen, nahe der Autobahnabfahrt Offenbacher Kreuz – ist ein 1927–1968 aus 20 Mio. Tonnen Müll aufgeschütteter künstlicher Berg, der nach der Inbetriebnahme der Müllverbrennungsanlage am Südwestrand der Nordweststadt mit einer Erdschicht überdeckt und gärtnerisch gestaltet wurde.

Der Monte Scherbelino dient heute als Aussichtsberg und Erholungsstätte mit Grillplätzen, Spielplatz, Rodelbahn, Spazierwegen und einem Weiher am Fuß des Berges.

Stadtwald, Monte Scherbelino (Fortsetzung)

→ Goetheturm

Waldspielplatz Goetheturm

→ Pferderennbahn (Niederrad)

Galopprennbahn

Staufenmauer J 15

Die Staufenmauer, ehemals mit innerem Wehrgang, wurde als umfassende Befestigung Frankfurts in der zweiten Hälfte des 12. Jh.s mit einem äußerem Trockengraben angelegt. Sie folgte dem Main zwischen → Alter Brücke und Seckbächer Gasse. Im Norden ist der Verlauf, begrenzt von Stiftskirchen und Klöstern, noch an den Straßennamen (Holzgraben, Hirschgraben) ablesbar. Die Mainseite hatte fünf Tore, im Norden gab es drei Durchgänge. Nach der Stadterweiterung und der Anlage eines neuen Befestigungsringes ab 1333 war die Staufenmauer überflüssig. 1583–1590 wurde der nördliche Teil niedergelegt, der Graben aufgefüllt. Der bereits zugeschüttete Wallgraben im Osten war den Juden als Ghetto zugeteilt. Als 1711 die Judengasse fast vollständig niederbrannte, mußten die Juden den zerstörten Mauerteil erneuern; dieser Rest ist noch erhalten.

Lage
Fahrgasse

U-Bahnen
U4–U7 (Konstablerwache)

Straßenbahn
11 (Domstr.)

Busse
30, 36 (Konstablerwache)

*Steinernes Haus J 15

Das Besondere des Steinernen Hauses auf dem Römerberg ist heute längst nicht mehr so augenfällig wie zu seiner Erbauungszeit im 15. Jh., obwohl es mit seinen Zinnen, dem Wehrgang, seinem hohen Walmdach und den vier Turmerkern immer noch eine ungewöhnliche Erscheinung ist, die mehr an eine Burg, als an ein Wohn- und Geschäftshaus denken läßt, als welches es errichtet wurde. Es steht heute geradezu eingekeilt zwischen der Ostzeile und dem Technischem Rathaus. 1464, als es für den Kölner Seidenhändler Johann von Melem gebaut wurde, stach es angesichts seines Materials, seiner Größe und seiner burgartigen Wehrhaftigkeit unter den schmalen, meist schiefen und feuergefährdeten Holzhäusern rings herum auffällig hervor. Zwei Häuser mußten einst abgerissen werden für das Steinerne Haus, welches das Selbstbewußtsein des Bürgers und Kaufmanns widerspiegelt. Hinter seinen dicken Mauern waren die Waren und auch der Geld-

Das Steinerne Haus am Römerberg

Lage
Markt 42–44

U-Bahn
U4 (Römer)

Straßenbahn
11 (Römer/ Paulskirche)

Steinernes Haus (Fortsetzung)

schrank geschützt, der Handel in den Geschäftsräumen des Steinernen Hauses oder auf der nahen Messe war problemlos möglich.
Nach seiner Zerstörung im Zweiten Weltkrieg wurde es zwischen 1957 und 1960 im Innern verändert wiederaufgebaut und mit Arkadenbögen ausgestattet. Seither dient es dem 1829 gegründeten Frankfurter Kunstverein als Galerie. Nach einem Brand 1991 wurde es bis 1993 vollständig renoviert: Den Arkaden wurde dabei eine Glasfront vorgesetzt, hinter denen Ausstellungsstücke zu sehen sind. Im Netzgewölbe der Toreinfahrt hängt noch das Wappen der Familie Melem: Nach diesem wurde das Steinerne Haus zeitweise auch 'Zum roten Krebs' genannt.

Steinmadonna

Eine traurige Geschichte rankt sich um die Steinmadonna, die – 1972 als Kopie wiederhergestellt – über den Arkadenbögen angebracht ist: Die Tochter des Hausbesitzers Johannes von Melem war, der Erzählung nach, unglücklich verliebt in einen Frankfurter Bildhauer, der jedoch die Stadt verlassen hatte. Als das Mädchen nun verheiratet werden sollte, ließ man eine Madonna bildhauern – unabsichtlich just bei dem seinerseits unsterblich verliebten Freund der Tochter, der der Madonna das Antlitz seiner Geliebten verlieh. Die geplante Hochzeit fand nun zwar nicht mehr statt, doch auch Kaufmannstochter und Bildhauer durften kein Paar werden.

Leinwandhaus

Ähnlich in Alter und Stil ist das Leinwandhaus, das hier ganz in der Nähe liegt. (⟶ Römerberg)

Südfriedhof L 16

Lage
Darmstädter Landstraße (Nähe Sachsenhäuser Warte)

Busse
30, 36, 954, 960, 961, 963, 972–974 (Südfriedhof)

Der Südfriedhof an der Darmstädter Landstraße wird seit 1868 benutzt. Aus dieser Zeit stammen die beiden Pavillons links und rechts vom Haupteingang, ausgeführt nach einem Entwurf von Jacob Lieblein, 1888–1891 wurde die Kapelle gebaut.
An der Nordseite des Südfriedhofs liegt die katholische St.-Wendel-Kirche, 1957 von Johannes Krahn erbaut. Die Wände sind aus 60 cm starkem Bruchsteinmauerwerk, das gleichsam schwebend zwischen den Glasbändern von wenigen schlanken Stützen getragen wird. Die Glasfenster der Apsis stammen von Georg Meistermann.

Technisches Rathaus J 15

Lage
Braubachstr. 15

U-Bahn
U4 (Römer)

Straßenbahn
11 (Domstr.)

Das Technische Rathaus, das auf dem ⟶ Römerberg liegt und vom ⟶ Dom, der ⟶ Schirn Kunsthalle, dem ⟶ Archäologischen Garten, der Ostzeile und dem ⟶ Steinernen Haus umgeben ist, wurde 1969–1972 geplant und errichtet. Die Grundlage des Entwurfs ist die 1963 in einem Wettbewerb preisgekrönte Konzeption für den gesamten Dom-Römerberg-Bereich. Bei der Ausführung standen die Architekten jedoch vor der schwierigen Aufgabe, ihr städtebauliches Konzept trotz des um gut zwei Drittel gewachsenen Raumbedarfs zu verwirklichen und das Hauptzollamt, 1927 anstelle des Geburtshauses von Friedrich Stoltze 'Zum Rebstock' gebaut, mit einzubeziehen, wodurch das verfügbare Gelände entsprechend kleiner wurde. 1978 beschloß die Stadt, die geplante Bebauung des Römerbergs nicht weiterzuverfolgen, sondern die Ostseite des Platzes nach historischem Vorbild wiederaufzubauen.

Universität J 13

Lage
Mertonstr. 17

Bereits im 18. Jh. gab es dank der Johann-Christian-Senckenberg-Stiftung Einrichtungen für eine medizinische Fakultät. 1812 wurde – allerdings nur für ein Jahr – eine Frankfurter Hochschule unter Fürstprimas von Dalberg eröffnet. Erst die Gründung wissenschaftlicher Gesellschaften zu

Beginn des 19. Jahrhunderts (Polytechnische Gesellschaft, Senckenbergische Naturforschende Gesellschaft, Akademie für Sozial- und Handelswissenschften u. a.) führte zu der geplanten Universität, die 1914 unter Bürgermeister Franz Adickes gegründet wurde. Das Universitätsgebäude – der Name wurde 1932 in Johann-Wolfgang-Goethe-Universität geändert – liegt an der Senckenberganlage am Rande des → Westends, dessen Kernstück vom Senckenbergmuseum, Physikalischen Verein (mit Sternwarte) und vom Jügelhaus gebildet wird.
Das Jügelhaus wurde nach Plänen von Ludwig Neher 1906 als Akademie für Handels- und Sozialwissenschaften errichtet. Die Fassade ist ein Abbild des Mittelteils des Mannheimer Schlosses.
Seit 1967 ist die Johann-Wolfgang-Goethe-Universität eine hessische Landesuniversität mit 21 Fachbereichen. Die Institute der Biologie liegen im Botanischen Garten, die der Kernphysik am → Rebstockpark, die Universitätskliniken in → Sachsenhausen, andere Institute haben ihren Sitz, wegen der räumlichen Enge an der Senckenberganlage, in Villen im → Westend; ein Erweiterungsgelände der Universität liegt in → Niederursel. Zu den Hochschullehrern zählten u. a. die Soziologen Adorno und Horkheimer, der Neurologe Edinger und der Chemiker Ehrlich.

Universität (Fortsetzung)

U-Bahnen
U6, U7 (Bockenheimer Warte)

Straßenbahn
16 (Bockenheimer Warte)

Busse
32 (Senckenbergmuseum); 33, 50 (Bockenheimer Warte)

Untermainbrücke K 14/15

Die wichtigste Straßenverbindung über den Main zwischen Innenstadt und Sachsenhausen (Neue Mainzer Straße – Schweizerstraße) ist die Untermainbrücke, 1872–1874 nach Entwürfen des Oberingenieurs Peter Schmick gebaut. Die fünf 29 m breiten Stromöffnungen wurden überspannt von nebeneinandergelegten Zweigelenkbögen, auf denen die Fahrbahn auflag. 1945 wurde die Brücke gesprengt, 1949 als flache Stahlkonstruktion wiederaufgebaut und erneut dem Verkehr übergeben.

Lage
Westlich des Eisernen Stegs

U-Bahnen
U1–U4 (Willy-Brandt-Platz)

Volkspark Niddatal (Ehem. Bundesgartenschau-Gelände) G 11/12

Im Nordwesten Frankfurts, zwischen den Stadtteilen Ginnheim, Praunheim und Hausen, liegt der 168 ha große Volkspark Niddatal, ein beliebter Naherholungsraum mit urwüchsigen Waldflächen, Wiesen und Feuchtbiotopen. Im Norden des Parks zieht sich ein Vogelschutzgebiet die Nidda entlang, im Osten liegen Sport- und Tennisplätze. Rund 90 ha wurden hier als Standort der Bundesgartenschau 1989 ausgewiesen, die nach Ende der Gartenschau wieder in den Bestand des Volksparks übergegangen sind. Ganz im Trend des wachsenden Umweltbewußtseins wurde die vorhandene Vegetation weitgehend erhalten und in den landschaftlich naturnah gestalteten Park einbezogen.

Lage
(Rosa-Luxemburg-straße/Nidda)

U-Bahnen
U1 (Niddapark)
U7 (Hausen)

Straßenbahn
16 (Ginnheim)

* Wallanlagen J/K 14–16

Die Parkanlagen ziehen sich auf 3,5 km Länge anstelle der ehemaligen Stadtmauern (Wälle) rund um den Frankfurter Stadtkern. Die einzelnen Abschnitte des fast geschlossenen grünen Rings und die sie umgebenden Straßenzüge wurden nach den alten Stadttoren, von denen nur noch der Eschenheimer Turm erhalten ist, benannt. Ein Spaziergang durch die unterschiedlich breiten (50 – 100 m) Anlagen führt an Weihern, Blumenbeeten, Bäumen und vielen Denkmälern vorbei.

Lage
Rund um die Innenstadt

Geschichte

1627 entwarf Johann Wilhelm Dillich die Bastionen (Ende des 17. Jh.s fertiggestellt), mit denen die alte gotische Stadtmauer der neuen Kriegsführung angepaßt wurde. Da sich die Stadt jedoch schon bald über diese

Geschichte (Fortsetzung)

künstlichen Grenzen hinaus ausdehnte, wurden die Wälle eingeebnet und die städtischen Promenaden angelegt. Angeregt durch Maire Guiollett und ausgeführt von Stadtgärtner Sebastian Rinz und seinem Nachfolger Weber, entstand eine schon in zeitgenössischen Berichten hochgelobte Garten- und Parkanlage. Kaum war jedoch im Frühjahr 1812 das letzte Stück Promenade fertiggestellt, als sie bereits im Winter 1812/1813 durch die nach Frankfurt zurückdrängenden napoleonischen Armeen des Rußlandfeldzuges wieder zerstört wurde. Unmittelbar nach den Befreiungskriegen begann man mit der Wiederherstellung.

Rundgang

Der folgende Rundgang beginnt im Westen am ⟶ Jüdischen Museum bzw. den ⟶ Städtischen Bühnen und endet am Heilig-Geist-Hospital im Osten.

Untermainanlage

Ausdehnung

Oberhalb des Jüdischen Theaters beginnt der Park, der hier vor der Berührung mit dem Main auf die ⟶ Nizza-Anlagen stößt. In den weitläufigen Anlagen zwischen Mainufer und Opernplatz werden Deutschlands größte Geister – Goethe, Schiller, Beethoven, Heine – von Deutschlands größten Banken bedrängt, sinnfälliger Ausdruck der Entwicklung von der Freien Reichsstadt zu "Mainhattan".

Märchenbrunnen

Westlich des Theaters plätschert bei schönem Wetter der Märchenbrunnen in der Untermainanlage, ein Werk von Friedrich Hausmann. Entworfen 1901, wurde er 1910 eingeweiht. Um eine zentrale Mädchenfigur auf einem hohem Brunnenstock gruppieren sich die vier Wasserbecken aus Tuffstein, deren zungenartig aufgerollte Ränder als Basis für Kinderfiguren und Fische aus Bronze dienten. Obschon im Zweiten Weltkrieg dieses Schmuckes beraubt, ist der Märchenbrunnen immer noch einer der schönsten Brunnen Frankfurts. Das Modell für die Mädchenfigur soll ein neunzehnjähriges Frankfurter Wäschermädchen gewesen sein.

Gallusanlage

Ausdehnung

In der anschließenden Gallusanlage zwischen Willy-Brandt-Platz und Taunustor spaziert man an Wasserspielen vorbei.

Goethedenkmal

Hier steht auch das Goethedenkmal, ein überlebensgroßes Bronzestandbild, eine Schöpfung Ludwig von Schwanthalers von 1840. Es stand von 1844 bis zum Zweiten Weltkrieg auf dem Goetheplatz. Seinen jetzigen Standort (Ecke Kaiserstr./Gallusanlage) nimmt es seit 1952 ein. Die Sockelreliefs zeigen vorn in allegorischen Figuren die Naturwissenschaft, die dramatische und die lyrische Dichtkunst, auf den drei anderen Seiten Figuren aus Goethes Werken.

Opferdenkmal

Ein paar Meter weiter nach Nordosten erinnert das Opferdenkmal in Gestalt einer vom Leid gebeugten Mutter, 1920 von Benno Elkan geschaffen, an die Gefallenen des Ersten Weltkrieges.

Taunusanlage

Ausdehnung

Die Taunusanlage erstreckt sich von hier aus bis zum Opernplatz.

Schillerdenkmal

An der Ecke zum Taunustor steht das Schillerdenkmal, eine Bronzefigur von Dielmann (1864), hinter der die Glasfassaden der Deutschen Bank in den Himmel ragen.

Heinedenkmal

Weiter nördlich das Heinedenkmal mit der anmutigen Gruppe "Schreitender und Ruhender" von Georg Kolbe (1913).

Beethovendenkmal

Auf einer Bastion steht das Beethovendenkmal – drei überlebensgroße Figuren, links ein Heros mit den Zügen Beethovens, begleitet von den weiblichen Gestalten einer "Rufenden" und einer "Sinnenden". Entworfen von Georg Kolbe schon 1926, wurde es erst 1948 in Bronze gegossen und 1951 enthüllt.

"Lachhannes"

An der Ecke Mainzer Landstraße/Taunusanlage steht ein Winzerbrunnen, im Volksmund "Lachhannes" genannt, von Johann Nepomuk Zwerger 1859

Kultur und Kommerz: Das Schillerdenkmal in der Taunusanlage.

geschaffen. Das Guiollettdenkmal erinnert an den Maire, unter dessen Amtszeit die Befestigungswerke geschleift und die Wallanlagen mit Promenaden angelegt wurden. Entworfen von Eduard Schmidt von der Launitz, wurde es 1837 aufgestellt. Guiollettdenkmal

Opernplatz

Lage

Der Opernplatz mit wiedererrichteter ⟶ Alter Oper, an der Stelle des einstigen Bockenheimer Tores entstanden, verbindet die Innenstadt mit dem ⟶ Westend. Nach Fertigstellung der U-Bahn-Station (U6, U7) zur Fußgängerzone geworden, fungiert der Platz heute als Verbindungsglied zwischen den Wallanlagen. Den Mittelpunkt des Platzes bildet der Lucae-Brunnen des Frankfurter Bildhauers Edwin Hüller. Inmitten des kreisrunden, flachen Wasserbeckens erhebt sich auf einem gekehlten Schaft die aus einem Granitblock gefertigte Brunnenschale von 5 m Durchmesser.

Bockenheimer Anlage

Ausdehnung

Weiter nach Osten zieht sich bis zum ⟶ Eschenheimer Tor die Bockenheimer Anlage, seit der Neugestaltung 1980–1981 in sehenswertem Zustand; im Mittelpunkt der Fischweiher. Gegenüber dem Weiher auf der Nordseite der Straße liegt der Mozartplatz, auf dem ein Denkmal von G. Marcks aufgestellt wurde (1963).

Nebbiensches Gartenhaus

Zwischen dem Weiher und dem Stadtbad Mitte liegt einzeln das Nebbiensche Gartenhaus, das um 1810 für den dänischen Verleger und Drucker Johann Nebbien erbaut wurde. Nach der Schleifung des Befestigungssystems der Stadt ab 1806 wurden Teile des ehemaligen Areals der Wälle mit der Auflage, die Parzellen gärtnerisch anzulegen, an Privatpersonen verkauft. Nebbien – 1785 zugezogen – erwarb ein solches Grundstück hinter

Bockenheimer Anlage, Nebbiensches Gartenhaus (Fortsetzung)
Schwindhaus

seinem an der Hochstraße gelegenen Wohnhaus und errichtete um 1815 ein niedriges Gartenhaus in Stilformen des Klassizismus. Heute bietet es Raum für Ausstellungen. Daneben ist ein italienischer Ziehbrunnen des 16. Jh.s aus dem ehemaligen Besitz Carl von Weinbergs zu sehen.
Etwas weiter steht auf der Nordseite das Schwindhaus, eine klassizistische Villa, um 1845 als Wohnhaus für den Maler Moritz von Schwind nach dessen eigenem Entwurf gebaut.

Eschenheimer Anlage

Ausdehnung

Die Eschenheimer Anlage, die zwischen Eschenheimer Turm und Friedberger Tor vermittelt, wird am Scheffeleck zerschnitten durch die U-Bahn-Trasse. An der Basis des Eschenheimer Turms, als optische Überleitung von der Eschenheimer zur Bockenheimer Anlage gedacht, führen die Wasserspiele Hermann Goepferts († 1982) seit 1970 ein abseitiges Dasein auf der Insel inmitten von Frankfurts nördlicher Hauptaus- und -einfallstraße.

Reisdenkmal

Das Reisdenkmal östlich vom Eschenheimer Turm erinnert seit 1919 an Philipp Reis (1834–1874) und die Vorführung seines Telefonapparates 1861 im Physikalischen Verein. Östlich davon der 1982 unter Verwendung von Architekturteilen aus dem ehemaligen Löwensteinischen Palais, heute Standort der Deutschen Bank, neu gestaltete Bürgergarten. Mit Medusenbrunnen und pergolageschützter Sitzgelegenheit ist er ein hübscher Rastplatz nach dem verkehrsumtosten Eschenheimer Turm.
In den Querstraßen beiderseits der Eschenheimer Anlage hin zur Friedberger Anlage befinden sich sehenswerte spätklassizistische Wohnhäuser (Kröger-, Blumen-, Brönnerstraße u. a.).

Maurisches Haus

An der Nordseite der Anlage (Ecke Blumenstraße 2/Eschenheimer Anlage) fällt das 1857 erbaute sog. Maurische Haus auf, ein Zeugnis der kurzen islamisierenden Architekturphase in Europa Anfang des 19. Jh.s. Sternförmige Fenstereinfassungen und Fächerfenster, der Ornamentschmuck, minarettähnliche Ecktürme und ein von Schafsköpfen gestützter Balkon machen den orientalischen Stil unübersehbar. Seit seine Fassade 1985 renoviert wurde, leuchtet es wieder in seinen ursprünglichen Tönen Weiß, Braun und Grün. Heute ein normales Mietshaus, soll es – aber das ist nur Legende – von einem Frankfurter erbaut worden sein, der von einer Ägyptenreise mit einer orientalischen Geliebten zurückgekehrte und für jene unter Aufbietung seiner gesamten finanziellen Kräfte das Maurische Haus gebaut haben soll. Die Verschuldung habe den Mann jedoch in den Selbstmord getrieben, woraufhin die Geliebte wieder in ihre Heimat zurückgekehrt sei. Tatsächlich wurde das Gebäude von einem Maurermeister errichtet, wahrscheinlich im Auftrag des Kaufmanns Nikolaus Wilhelm Brückner, der es 1860 von dem Erbauer abkaufte, um allerdings nur wenige Jahre darin zu wohnen.

Orientalischer Einschlag: Maurisches Haus

Kirchnerdenkmal

Auf einem Sockel mit allegorischen Reliefs steht weiter östlich die Bronzebüste Anton Kirchners (1779–1835), der die erste umfassende Stadtgeschichte schrieb. Das Denkmal entstand nach einem Entwurf von Heinrich Petry und wurde 1879 ausgeführt.

Odeon

Beim Friedberger Tor steht auf leichter Anhöhe das Odeon, um 1815 von Johann Georg Kayser als Museum für Simon Moritz von Bethmann gebaut; nach der Renovierung durch die Stadt wird es seit Sommer 1982 wieder als Café genutzt. Von der Terrasse hat man einen schönen Ausblick über den an Simon Moritz von Bethmann erinnernden Bethmannweiher.

Bethmannpark

Lage

1941 erwarb die Stadt den Bethmannpark vor dem Friedberger Tor. 1952 eröffnet, ist er mit seiner Kombination von Schaugärten und Grünanlage mit einem Weiher eine Bereicherung der Wallanlagen. Nordwestlich am Rande des Parks erhebt sich an der Friedberger Landstraße, bis 1973 noch am Friedberger Tor, das Hessendenkmal, von Friedrich Wilhelm von Preußen nach Befreiung der Stadt von den Franzosen am 2. 12. 1792 durch verbündete Hessen und Preußen gestiftet, ausgeführt 1794 von Ruhl.

Hessendenkmal

Chinesischer Garten

Am südwestlichen Rand des Bethmannparks (Ecke Berger Str.) kann man sich seit 1990 im Chinesischen Garten entspannen. Eine Mauer mit chinesischen Mustern und Fenstern umgibt die Anlage, in die man durch ein von zwei Löwen bewachtes Tor aus Holz gelangt. Der Pavillon sowie ein großes Haus und eine Brücke wurden von chinesischen Handwerkern nach chinesischen Vorlagen entworfen; selbst die verwendeten Materialien, Holz u.a., stammen aus China. Auch der Weiher mit Beleuchtung und die Gartengestaltung wurde nach chinesischen Maßstäben gestaltet.

Chinesische Gartenbauarchitekten gestalteten den Chinesischen Garten.

Bethmanndenkmal

Überquert man die Straße ‘Friedberger Anlage’, gelangt man an einem kleinen Weiher zu der von Eduard Schmidt von der Launitz 1868 geschaffenen Bronzebüste, die mit allegorischen Reliefs am Sockel und der Inschrift “Dem patriotischen Bürger Simon Moritz von Bethmann” geschmückt ist.

Friedberger Anlage

Ausdehnung

Zwischen dem Friedberger Tor und dem Allerheiligentor, benannt nach einer 1366 ‘allen Heiligen’ geweihten und 1730 abgebrochenen Kapelle, liegt die Friedberger Anlage, durchschnitten auf halber Strecke von der

Wallanlagen, Friedberger Anlage (Fortsetzung)

Rinzdenkmal

→ Zeil (Uhrtürmchen). Nördlich der Zeil, zur Stadt hin, steht das spätklassizistische Wohnhaus des letzten Bürgermeisters der Freien Stadt Frankfurt, Carl Fellner, der sich 1866 beim Einmarsch der Preußen den Freitod gab. In der Anlage selbst ist dem Stadtgärtner Sebastian Rinz ein Denkmal gesetzt worden, geschaffen von Petry. Südlich der Zeil, an der Ostseite der Anlage, erinnert ein Gedenkstein an die 1938 durch die Nationalsozialisten zerstörte Synagoge.

Obermainanlage

Ausdehnung

Lessingdenkmal

Schopenhauerdenkmal

Heilig-Geist-Hospital

Vom Allerheiligentor bis zum Mainufer zieht sich das letzte Stück der Wallparks, die Obermainanlage. Nördlich des tief in die Obermainanlage eingegrabenen Rechneigrabenweihers, Lebensraum zahlreicher Wasservögel, befindet sich die Marmorbüste von Gotthold Ephraim Lessing (von Kaupert, 1882). Südlich des Weihers steht das Schopenhauerdenkmal, eine Bronzebüste von Friedrich Schierholz aus dem Jahre 1895.
Durch das Wallservitut von 1807 wurden die Wallanlagen glücklicherweise bis in die Gegenwart weitgehend von Bebauung freigehalten. Nur im Osten schiebt sich zwischen dem Abschluß des Grünzuges am → Portikus der ehemaligen Stadtbibliothek und den noch sichtbaren Mauerresten der Stadtbefestigung an der Obermainanlage das Heilig-Geist-Hospital, erbaut von Friedrich Rumpf 1835–1839 als Dreiflügelanlage in klassizistischen Formen.

Warten K 12 · G 16 · J 13 · L 16

Lage
Entlang der Wallanlagen und beim Südfriedhof

Die vier noch erhaltenen Warten Frankfurts sind Teile einer im 14. Jh. erneuerten zweiten Stadtmauer. Die erste Befestigungsanlage der Stadt, die → Staufenmauer, entstand in der zweiten Hälfte des 12. Jh.s, nachdem 1212 der Sohn Barbarossas, Friedrich II., in Frankfurt zum König gewählt worden war: Die Staufenmauer umschloß die heutige Altstadt zwischen der Kurt-Schuhmacher-Str. im Osten und der Seckbächer Gasse im Westen sowie vom Main im Süden bis zum Hirsch- und Holzgraben im Norden. In der ersten Hälfte des 14. Jh.s genehmigte Ludwig der Bayer, der 1328 zum Kaiser gewählt worden war, die Anlage einer neuen, erheblich weitgefaßteren Stadtbefestigung, die bis zu den heutigen Wallanlagen reichte. Im Laufe des nächsten Jahrhunderts wurden die aus Holz hergestellten Wehr- und Wachtürme → Galluswarte, → Friedberger Warte, → Bockenheimer Warte und Sachsenhäuser Warte (→ Sachsenhausen), durch Steinbauten ersetzt, die zum Teil in den späteren Jahrhunderten renoviert und verändert wurden. Seitdem man die Stadtmauer zwischen 1802 und 1804 während der französischen Besetzung abgerissen hat, existieren nur noch die vier Warten und der Eschenheimer Turm von der alten Befestigungsanlage.

Wasserburg Bad Vilbel (Museum)

Lage
Bad Vilbel, ca. 9 km nördlich des Frankfurter Stadtkerns

Die Ruine der Wasserburg liegt am rechten Niddaufer in der Altstadt von Bad Vilbel. Die Burg, deren älteste Bauteile vermutlich aus dem 12. Jh. stammen, war umgeben von Ringmauer, Palas, Eckturm, Torturm und Wirtschaftsgebäuden und einem mit der Nidda verbundenen Wassergraben. Im 14. Jh. befand sie sich im Besitz der Vilbeler Ritterfamilie; 1399 wurde sie durch Frankfurter, Hanauer und Falkensteiner zerstört, um die ständige Bedrohung durch den Vilbeler Ritter Bechtram V. abzuwenden, der 1420 in der Reichsstadt Frankfurt hingerichtet wurde. 1409–1414 wurde die Ritterburg durch Werner von Falkenstein, Erzbischof von Trier, wiederaufgebaut; das heutige Eingangstor trägt noch das Wappen des

Erneuerers: das münzenbergisch-falkensteinische Symbol, wie es auch das Vilbeler Stadtwappen zeigt, das Trierische Kreuz und das Mainzer (Bolandsche) Rad. Bis etwa 1539 bewohnten die Falkensteiner die Burg als Lehen. Nach Erbteilung 1421 wechselten die Besitzer, und von 1590 bis 1803 übernahm das Kurfürsten- und Erzbistum Mainz die Burg. In den Koalitionskriegen wurde die Burg endgültig zerstört (1796). 1955 kam sie in den Besitz der Stadt Bad Vilbel, die den erhaltenen Turm renovierte, dort das Burg- und Brunnenmuseum einrichtete und den Burghof für Burgfeste umgestaltete.

Waserburg Bad Vilbel (Fortsetzung)

S-Bahn
S6 (Bad Vilbel Bhf.)

Regionalbahnen
30, 34 (Bad Vilbel Bhf.)

Westend

H/J 13/14

Das Frankfurter Westend, noch vor kurzem Symbol für Wohnraumzerstörung, Bodenspekulation und irregeleiteten Nachkriegsstädtebau, ist heute eine der gefragtesten Wohngegenden Frankfurts. Trotz der Substanzverluste durch den Zweiten Weltkrieg und der in den sechziger Jahren geplanten Umstrukturierung des Westends zur reinen Bürostadt und der dadurch möglich gewordenen Spekulation mit all ihren Folgen lohnt sich der Gang durch diesen Stadtteil zwischen Innenstadt und Bockenheim mit seinen schönen Villen, den prächtigen Gründerzeithäusern und den himmelstürmenden Hochhäusern.

Lage
Nordwestlich des Frankfurter Stadtkerns

U-Bahnen
U6, U7 (Westend)

Bus
33 (Westend)

Die Westendsynagoge überstand als einzige heil den Nationalsozialismus.

Geschichte

Ab Mitte des 18. Jh.s hat sich entlang der Bockenheimer Landstraße ein vorstädtischer Gartenbezirk entwickelt, bebaut mit kleinen zweigeschossigen Häusern. Um die Jahrhundertwende begann sich eine großbürgerliche Landhauskultur mit weitläufigen Palästen zu entfalten. Mit der Auflassung der Befestigungswerke 1804–1811 entstanden außerhalb der → Wallanlagen die ersten bürgerlichen Wohnhäuser, sie bestimmten ab der Mitte des 19. Jh.s als schmale Einfamilien- oder Reihenhäuser das Bild

Westend, Geschichte (Fortsetzung)

des Westends. Bis 1866 begann die systematische Erschließung des Westends auch durch Bodenspekulanten. Private Bauunternehmer schufen das heute noch existierende Straßen- und Platzsystem. Die großen Gärten der Häuser wurden aufgelöst und, wenn auch von der gleichen großbürgerlichen Schicht, dichter mit zweieinhalb- und dreigeschossigen Villen bebaut. An den Randgebieten des Westends, besonders nördlich der Bockenheimer Landstraße, wurden vor allem viergeschossige Mietshäuser gebaut, die bis in die fünfziger Jahre den Charakter des Stadtteils weitgehend prägten. Doch die Nachkriegszeit, in der das Nobelviertel zu verfallen drohte, brachte den Wandel: Durch Abrisse alter Häuser wurde einer neuen Architektur der Banken, Versicherungen und Büros Platz gemacht, der Bodenspekulation wurde Vorschub geleistet, und etliche Hochhäuser erhielten Baugenehmigungen (Zürich-Haus, BHF-Bank, Hochtief AG, Rhein-Main-Center u. a.). Erst mit der Gründung der AGW, der Aktionsgemeinschaft Westend, wurde diesen Tendenzen ein Gegengewicht entgegengesetzt: diese vermutlich älteste noch bestehende Bürgerinitiative Deutschlands erreichte, daß 250 Häuser denkmalgeschützt wurden (1972) und 1977 ein Bebauungsplan verabschiedet wurde, der das Bestehende weitgehend festschrieb. Heute sorgt man sich nun nicht mehr um die Häuser selbst, sondern um ihre Nutzung: daß der Mittelstand noch zu erträglichen Mieten in ihnen wohnen kann, damit das Westend nicht zu einer Bürostadt verkommt.

Typische Straßen

Typische Straßen sind die Niedenau mit klassizistischen Villen der Zeit um 1870, darunter die Villa Cronhardt, von Christian Ludwig Schmidt 1872 als Rundbau errichtet, die Guiollettstraße, Feuerbachstraße, Westend- und Savignystraße im südlichen Westend.

In der Ulmenstraße ist sehenswert das Livingstonsche Stallgebäude, eine aufwendige Dreiflügelanlage in Neurenaissanceformen, von Christian Ludwig Schmidt um 1880 als Pferdestallung und Kutschenremise errichtet, heute Café und Bürgertreff.

Nördliches Westend

Im nördlichen Westend überwiegt der Mietshausbau in für heutige Verhältnisse meist sehr guter Qualität, u. a. in der Oberlindau, Eppsteiner Straße, Friedrichstraße, Freiherr-vom-Stein-Straße und der Feldbergstraße. An der Siesmayerstraße, parallel zum Palmengarten, überwiegen die großbürgerlichen Villen, unter anderem die Villa Bonn, das für den Bankier Wilhelm Bonn 1895–1897 von Hofbaurat Ihne aus Berlin errichtete Wohnhaus im Stil des Neoklassizismus.

Westendsynagoge (Abb. S. 153)

Inmitten des nördlichen Westends erhebt sich an der Ecke Freiherr-vom-Stein-/Altkönigstraße die mächtige Kuppel der Westendsynagoge, die 1911 nach Plänen von Franz Roechle fertiggestellt wurde. Außer diesem Gotteshaus existierten noch zwei weitere Synagogen in Frankfurt: In der Friedberger Anlage befand sich die der orthodoxen Israelitischen Religionsgemeinschaft und am ⟶ Börneplatz die der konservativen Gemeinde. Doch nur die Westendsynagoge der weltoffenen jüdischen Gemeinde überstand die Zerstörungen der Nationalsozialisten in der Reichskristallnacht am 9. November 1938, und dies auch nur deshalb, weil man um die umliegenden Häuser fürchtete, in denen damals bereits nationalsozialistische Funktionäre lebten. 1950 wurde die Synagoge wiedereingeweiht, 1994 eine sechs Jahre dauernde Restaurierung abgeschlossen.

*Zeil — J 15/16

Lage
Zwischen Hauptwache und Friedberger Anlage

U-Bahnen
U1–U3, U6, U7 (Hauptwache)

Die Zeil, eine als Fußgängerzone angelegte, berühmte Einkaufsstraße, führt in westöstlicher Richtung durch das Zentrum Frankfurts; südlich liegt die Altstadt, nordlich die Innenstadt. Bereits um 1330 war hier eine ein'zeil'ige Häuserreihe entstanden, der Name 'Zeyl' wird 1632 erstmals auf einem Stadtplan vermerkt. Im 18./19. Jh. beginnen Gasthäuser, Läden und später die Kaufhäuser das Straßenbild zu prägen. Im Jahre 1973 wurde die heute 1100 m lange und 40 m breite Frankfurter Zeil zu einer

Zeil (Forts.)

U-Bahnen
U4, U6, U7
(Konstablerwache)

Fußgängerzone umgebaut, 1983 erweitert und neugestaltet. Die große Zahl von Kaufhäusern sowie von spezialisierten Einzelhandelsgeschäften, Boutiquen, Parfümerien, Schuhgeschäfte u.v.m. macht die Zeil zu einer der bedeutendsten und umsatzstärksten Einkaufsstraßen der gesamten Bundesrepublik Deutschland.

Zeilgalerie

Beginnt man mit dem Bummel an der Hauptwache, sollte man nicht versäumen, einen Blick in die Zeilgalerie "Les Facettes" zu werfen. Diese Einkaufspassage, mit acht Etagen die höchste Deutschlands, bietet ca. siebzig Geschäften Raum, die sich entlang schräger Rampen um einen lichten Innenhof herum in die Höhe schrauben, Rolltreppen und ein gläserner Aufzug durchschneiden das Atrium, um Eilige bequem auf die verschiedenen Ebenen zu transportieren. Nur fünf große Handelsketten legen hier ihre Waren aus, hauptsächlich haben sich kleine Geschäfte mit normalen Preisen hier niedergelassen: Foto-, Tee- und Heimwerkerläden, Kleider-, Schmuck- und Schuhgeschäfte, ein Reisebüro, Restaurants, Bistros und Cafés, darunter auch ein Internet- und Cyber-Space-Café. Ein Kinderhort ermöglicht den Eltern einen gemütlichen Bummel. Sehenswert ist aber vor allem die Architektur und Innenausstattung des Gebäudes: Stahl und Beton, versetzte Glasfronten und Spiegelwände, ein Netzwerk aus roten und blauen Seilen, das mit dem langen Geländer und den roten Pfeilern zusammen ein besonderes Raumgefühl vermittelt. Große Hohlspiegel auf dem Dach der Zeilgalerie drehen sich nach der Sonne und leiten das Licht ins Innere. Von der obersten Etage führt eine Treppe auf die Dachterrasse, mit schönem Ausblick auf die Hauptwache und die Frankfurter Skyline.

**Zoologischer Garten J 16/17

Lage
Alfred-Brehm-Platz 16

Eine tierische Vielfalt bietet der größte Zoo Deutschlands: Wer sich am Anblick und Treiben von Giraffen, Känguruhs, Pinguinen, Leoparden, Tigern, Nashörnern, Krokodilen und kleineren Reptilien, Vögeln, Wasserschweinen, Zebras, nachtaktiven Tieren, Menschenaffen u.v.m. erfreut, wird sich gerne hier aufhalten. Der Frankfurter Zoo im Osten der Stadt

Faule Nashörner dösen in der Mittagssonne.

U-Bahnen
U6, U7 (Zoo)

Straßenbahn
14 (Zoo)

Bus
31 (Zoo)

Öffnungszeiten
Sommer tgl.
8.00 – 19.00,
Winter tgl.
9.00 – 17.00

wurde 1858 von dem Tierarzt Max Schmidt gegründet. Der erste Standort befand sich im Westend; 1874 wurde der Tiergarten auf die sog. Pfingstweide (heutiger Standort) verlegt. 1876 entstand das große Gesellschaftshaus mit Festsaal, Fritz Rémond-Theater im Zoo, Gaststätte, Konzertterrasse und Sitzungssälen. Im Jahr 1915 ging der Zoo in den Besitz der Stadt Frankfurt über. Nach Beseitigung der Kriegsschäden und Erweiterung im Osten hat der 11 ha große Tiergarten heute modernste Freianlagen und Tierbauten. Er besitzt einen überaus beeindruckenden Tierbestand; dazu zählen die Menschenaffenarten, Löwenäffchen, Mähnenwölfe, Okapis, Leoparden, Tiger u. a. Da das Gelände bald nicht mehr ausreicht, ist am Niederurseler Hang im Nordosten Frankfurts ein Ökozoo geplant, der auf 60 ha u. a. ein Freigehege für Elefanten, Nashörner, afrikanische Savannenbewohner sowie einen Schaubauernhof umfassen soll.

Exotarium
(tgl. ab 10.00 geöffnet)

Besonders sehenswert ist das 1957 anstelle eines Aquariums errichtete Exotarium mit einer Reptilien- und Krokodilhalle, einem Klimalandschaftensaal, Aquarien sowie einer Insektenabteilung. Jeden Nachmittag tobt im ersten Stock ein Tropengewitter mit Blitz, Donner und Regen über die gelassenen Krokodilen hinweg, während sich die Pinguine im Erdgeschoß – weniger lethargisch – im Wasser tummeln.

Grzimekhaus
(tgl. ab 9.30)

Das Grzimekhaus, das Gehege für nachtaktive Säugetiere beherbergt, ist eine besondere Attraktion: Man läuft durch einen langgezogenen, in

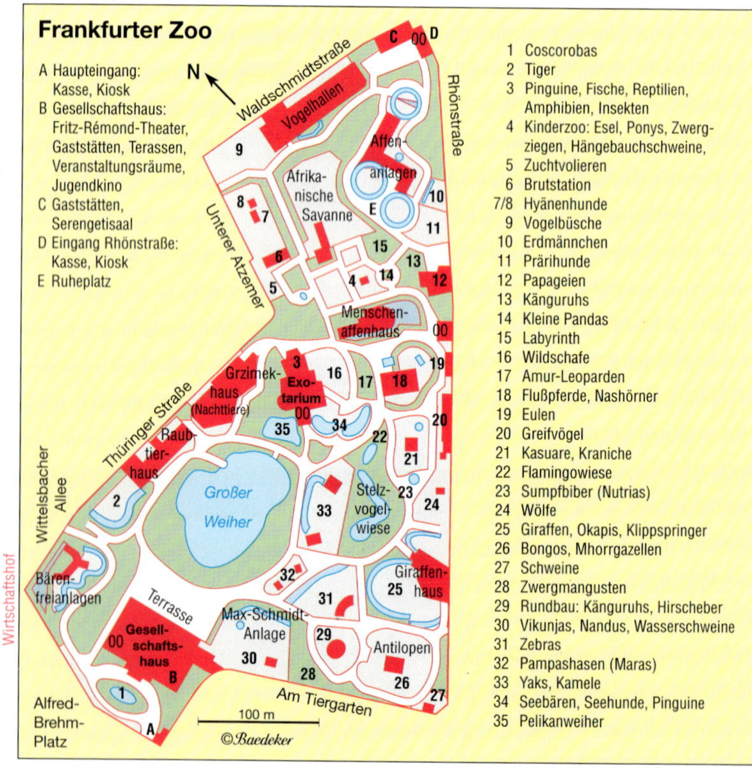

Lippenbären aus den Monsunwäldern ...

... und Sumatra-Tiger

Grzimekhaus (Fortsetzung)

schwachblaues Mondlicht getauchten Dunkelraum, in dem die kleinen Tiere hinter Glas ihren (vermeintlich) nächtlichen Tätigkeiten nachgehen, darunter putzige Nachtaffen, weniger putzige Fledermäuse, Erdferkel u.a. Bernhard Grzimek, den meisten als Moderator seiner langjährigen Fernsehsendung "Ein Platz für Tiere" bekannt, war 1945–1974 Direktor des Frankfurter Zoos, daher der Name des Hauses.

Vogelhallen

Die Vogelhallen im Osten des Geländes wurden 1961 errichtet; hier leben zahlreiche seltene Kleinvögel.

Praktische Informationen von A bis Z

Praktische Informationen von A bis Z

Anreise

Frankfurt ist nationaler und internationaler Verkehrsknotenpunkt, Drehscheibe im Weltflugverkehr mit einem der größten Flughäfen Europas und besitzt Deutschlands größten Kopfbahnhof. Ein nahezu lückenloses Autobahnnetz umschließt die Stadt und ermöglicht eine schnelle Anreise aus allen Richtungen.

Antiquitäten

Geschäfte

Rund 150 Antiquitätengeschäfte und Antiquariate gibt es im Stadtgebiet von Frankfurt, die sich vor allem in der Braubachstraße, der Fahrgasse, im Dom- und Römerbereich sowie in Alt-Sachsenhausen angesiedelt haben. Das Spektrum dieser Geschäfte reicht vom billigen Trödel bis zu musealen Kostbarkeiten.

Flohmarkt

Jeden Samstag (außer an Feiertagen) findet am Schaumainkai zwischen Untermainbrücke und Alter Mainbrücke von 8.00 bis 14.00 Uhr der Flohmarkt statt, auf dem jedermann gegen eine geringe Gebühr Gegenstände aller Art, ausgenommen Lebensmittel, verkaufen darf. Hier stehen professionelle Händler neben echten Amateuren, Studenten und Schüler neben cleveren Geschäftemachern. Wer das Gedränge nicht scheut und eine gehörige Portion Lust zum Stöbern mitbringt, macht hier möglicherweise den Fund seines Lebens.

Antiquitätenmesse

Seit einigen Jahren gibt es auch in Frankfurt eine Kunst- und Antiquitätenmesse, die Frankfurter Antiquitätentage, eine Verkaufsausstellung. Detaillierte Informationen dazu sind unter Tel. (07032) 71009 erhältlich.

Apfelweinwirtschaften

Apfelweinschänken

Zum Gemalten Haus, Schweizer Straße 67 (Sachsenhausen), Tel. 614559
Geöffnet Mi.–So. 10.00–24.00 Uhr
Beliebte Schänke, benannt nach dem mit Lüftelmalerei dekorierten Haus

Adolf Wagner, Schweizer Straße 71 (Sachsenhausen), Tel. 612565
Geöffnet tgl. 11.00–1.00 Uhr

Solzer, Berger Straße 260 (Alt-Bornheim), Tel. 451203
Geöffnet So.–Do. 16.00–24.00 Uhr.
Hessische Speisekarte

◀ *Der hübsche, geometrisch angelegte Rosengarten im Palmengarten mit dem kleinen Haus Rosenbrunnen*

Reges Treiben herrscht auf dem Flohmarkt am Schaumainkai.

Apfelwein-
schänken
(Fortsetzung)

Zur Eulenburg, Eulengasse 46 (Alt-Bornheim), Tel. 451203
Geöffnet tgl. (außer Mo. und Di.) 16.00 – 24.00 Uhr
Traditionelle Apfelweinwirtschaft (Gaststuben und Gartenlokal) mit eigener Kelterei im Alt-Bornheimer Zentrum. Rustikale Gerichte vom Grill und aus der Pfanne, hausgemachte Wurstwaren aus eigener Schlachterei.

Frankfurter Hof ('Seppche'), Alt-Schwanheim 8, Tel. 355238
Geöffnet Di. – Fr. 15.00 – 24.00, Sa./So. 10.00 – 24.00 Uhr
Hausmannskost, im Sommer wird im kastanienbestandenen großen Garten bewirtet, ansonsten im rustikalen Gastraum.

Friedberger Warte, Friedberger Landstraße 360, Tel. 592465
Geöffnet Di. – Sa. 15.00 – 24.00, So. 11.00 – 24.00 Uhr
Eine der bekanntesten, gemütlichen Apfelweinwirtschaften, die neben Hausmannskost auch Grillspezialitäten anbietet.

Römer-Bembel, Auf dem Römerberg 20 – 22, Tel. 288383
Geöffnet tgl. 11.30 – 23.00 Uhr
Alt-Frankfurter Apfelweinwirtschaft auf dem Römerberg

Zur Buchscheer, Schwarzsteinkautweg 17, Tel. 635121
Geöffnet Mo. u. Mi. – Fr. 15.00 – 23.00, Sa./So. 11.00 – 23.00 Uhr
Traditionsreiche Apfelweinwirtschaft (seit 1876) mit Frankfurter Küche

Historix' (Frankfurter Ebbelwei Museum und Ebbelwei Wertschaft), im Historischen Museum, Tel. 294400
Geöffnet Di. – Fr. 11.00 – 22.30, Sa., So. 11.00 – 17.00 Uhr
Apfelwein vom Faß, Frankfurter Spezialitäten, Zwiebelkuchen

Germania, Textorstraße 16, Tel. 613336; geöffnet Mo. – Do. 16.00 – 24.00, So. 11.00 – 24.00 Uhr, im Winter Mo. Ruhetag
Umtriebige Apfelweinkneipe mit typischen Frankfurter Gerichten

Kanonesteppel, Textorstraße 20, Tel. 611891
Geöffnet Mo. – Sa. 16.00 – 24.00 Uhr
Beliebte Apfelweinkneipe mit örtlichen Spezialitäten wie Rippchen mit Kraut, Grüne Soße und Frankfurter Würstchen

In einer Apfelweinwirtschaft wird der berühmte Ebbelwei ausgeschenkt.

Apfelweinwirtschaften (Fortsetzung)

Äpfelwein-Klaus, Meisengasse 10, Tel. 282864
Geöffnet tgl. 11.00–23.00 Uhr
Hausmacher Tellergerichte, dazu im Sommer Apfelweinbowle und im Winter heißer Apfelwein tragen zur guten Stimmung bei.

Apfelweinkneipen in Alt-Sachsenhausen

Zum Fichtekränzi, Wallstraße 5, Tel. 614410
Geöffnet Mo.–Sa. 17.00–24.00 Uhr (So, Fei. geschl.)
Bodenständiges, aber auch feinere Gerichte werden im Sommer im lauschigen kleinen Hof, ansonsten aber im rustikalen Innern serviert.

Zum Grauen Bock, Große Rittergasse 30, Tel. 618026
Geöffnet Mo.–Sa. 17.00–1.00 Uhr (So, Fei. geschl.).

Struwwelpeter, Neuer Wall 3, Tel. 611297
Geöffnet tgl. 16.30–1.00 Uhr

Klaane Sachsehäuser, Neuer Wall 11, Tel. 615983
Geöffnet Mo.–Sa. 16.00–24.00 Uhr

Dauth-Schneider, Neuer Wall 5+7 und Klappergasse 39, Tel. 613533
Geöffnet Mo.–Do. 16.00–24.00,
Fr.–So. 12.00–24.00 Uhr
Apfelweinwirtschaft mit eigener Kelterei

Affentorschänke, Neuer Wall 9, Tel. 627575
Geöffnet Mi.–Sa. 17.00–1.00, So. 12.00–24.00 Uhr
Die Apfelweinschenke serviert auch Fischspezialitäten.

Lorsbacher Tal, Große Rittergasse 49, Tel. 616459
Geöffnet Mo.–Sa. 16.00–23.30,
So. 10.30–14.00, 19.00–23.30 Uhr
Schöner Garten

Zum Eichkatzerl, Dreieichstr. 29, Tel. 617480
Geöffnet außer Mi. und 1. Do. tgl. 15.00–24.00 Uhr
An langen Tischen drinnen sowie draußen im Hof werden deftige Gerichte verspeist. Hier sind die Frankfurter meist noch unter sich.

Baedeker Special

Das Stöffche aus dem Bembel

Wer durch den Frankfurter Stadtteil Sachsenhausen oder durch die alten Dorfkerne diverser Außenbezirke schlendert, dem fallen an einigen meist älteren Häusern Kränzchen aus Reisig auf. Sie zeigen an, daß hier das Frankfurter Nationalgetränk, der *Ebbelwei* bzw. *Äppelwoi,* ausgeschenkt wird. Kredenzt wird dieser oft auch *Stöffche* genannte Apfelwein bzw. Apfelmost im sog. *Bembel,* jenem spätestens seit dem "Blauen Bock" von Otto Höpfner, Lia Wöhr und Heinz Schenk dem Fernsehpublikum bestens bekannten grauen Tonkrug mit blauer Zeichnung. Das Ebbelwei-Trinkglas ist hoch und geriffelt und faßt $^{3}/_{4}$ Liter.

Als erfrischendes und belebendes Getränk hat der Ebbelwei im Raum Frankfurt eine lange Tradition, gedeihen doch in der näheren Umgebung, beispielsweise in der Wetterau, zahlreiche süße und saure Apfelsorten besonders gut. Im Herbst werden die Früchte gemahlen und gepreßt. Jeder Obstbauer hat sein eigenes Rezept, was die Mischung von verschiedenen Apfelsorten betrifft. Geradezu unerläßlich für einen guten Apfelwein sind die Scheinfrüchte (sog. Vogelbeeren) des Speierlings, einer Ebereschenart, die jedoch immer seltener angetroffen wird. Sie sorgen für ein hervorragendes Aroma des geistreichen Getränks. Besonders gewiefte Obstbauern setzen ihren Früchten Quitten und sogar Schlehen zu, die dem Ebbelwei eine ganz besondere Note geben. Das Mostobst – es sollte nicht überreif oder gar unreif sein – wird sorgsam gelagert, damit sich die Stärke in Zucker umwandeln kann. 10 kg Äpfel ergeben etwa 5 bis 7 Liter Süßmost, der im Raum Frankfurt als 'Süßer' bekannt ist – mit geradezu durchschlagender Wirkung im Bereich der Verdauungsorgane. Nach einigen Tagen beginnt dieser Fruchtsaft zu gären, verbunden mit einer raschen Zunahme des Alkoholgehaltes. Jetzt spricht man vom 'Rauscher', der das Blut in Wallung bringt. Nach weiteren Wochen der Gärung und liebevollen Pflege entwickelt der Apfelwein sein volles Bouquet. So kann man bereits zu Weihnachten den allseits beliebten 'Hellen' kosten. Reift der neue Most aber noch länger im Faß,

wird er zum richtigen 'Stöffche', das dem Genießer nicht nur die Zunge lockern, sondern auch zu Kopf steigen kann – mit allen dazugehörigen Folgen. Leicht kann man sich, wie weiland die berühmte Frau Rauscher in der Sachsenhäuser Klappergaß', eine Beule – und nicht nur das – zuziehen. Man genießt den Ebbelwei pur oder auch mit Mineralwasser bzw. Limonade gespritzt. Damit einem das leicht alkoholische Getränk nicht allzu rasch zu Kopf steigt, ißt man Brezeln, Salzgebäck oder gar einen 'Handkäs' mit Musik' (Sauermilchkäse, gewürzt mit Zwiebelringen, Kümmel, Paprika, Pfeffer, Essig und Öl).

Ausflüge

Ziele

Nicht nur die Stadt, auch die schöne und romantische Umgebung Frankfurts lädt zu Ausflügen ein, liegen doch Taunus, Spessart und Odenwald praktisch vor der Haustür, mit dem RMV (⟶ Verkehrsmittel) bequem zu erreichen. Ein Spaziergang auf markierten Wanderwegen, die in großer Zahl rund um Frankfurt angelegt sind, etwa auf dem Feldberg, dem Hausberg der Frankfurter, kann ebenso reizvoll sein wie eine Fahrt zu einem der beliebten Ausflugsziele oder eine Dampferfahrt auf Main und Rhein. Wer es vorzieht, nicht auf eigene Faust, sondern in der Obhut eines Organisators loszuziehen, findet ein reichhaltiges Programm, das von der Tourismus+ Congress GmbH, von der Deutschen Bahn, privaten Reisebüros und Busunternehmen angeboten wird. Lohnende Ausflugsziele sind z. B. die Freizeit- und Erholungszentren, die der Umlandverband Frankfurt geschaffen hat, zu denen u. a. der Taunus-Lehrpfad Saalburg-Hessenpark gehört.

RMV (Rhein-Main-Verkehrsverbund)

Fahrpläne und Tarife im RMV sind zu erfragen bei der RMV-HotLine (Mo. bis Fr. 8.00–18.00, Sa. 8.00–12.00), Tel. (01 80) 2 351 451.

Deutsche Bahn

Die Broschüre 'Der Schöne Tag' informiert über eintägige Gesellschaftsreisen und Fahrten mit Sonderzügen der DB. Veranstalter ist die Deutsche Bahn AG, Geschäftsbereich Fernverkehr, Regionalbereich Mitte, Friedrich-Ebert-Anlage 37, D-60327 Frankfurt am Main, Tel. (069) 265-4464. Auskünfte sind auch bei allen Fahrkartenausgaben der DB zu erhalten.

Autobusreisen

Der Taunus, das Rheinpanorama oder interessante mittelalterliche Städte in Frankfurts entfernter Umgebung, wie z. B. Rüdesheim, Heidelberg oder Rothenburg ob der Tauber, erschließen u. a. die Tourismus+Congress GmbH, Tel. 069/212-38953, oder die Deutsche Touring GmbH, Am Römerhof 17, Tel. 7903-0. Informationen erteilt auch die Verkehrsgesellschaft mbH Untermain, Mainzer Landstr. 189, Tel. 758095-0, oder Hedderichstr. 59, Tel. 629073 und Tel. 627913.

Casino-Express

Fahrten mit dem Casino-Express zur Spielbank in Bad Homburg sind kostenlos, d. h. der Fahrpreis wird voll auf den Eintrittspreis angerechnet bzw. kann in Jetons eingelöst werden. Die Abfahrt nach Bad Homburg erfolgt täglich ab Frankfurt Hauptbahnhof um 14.00 Uhr, danach jede volle Stunde bis 22.00 Uhr, dann ab 22.25 bis 1.25 Uhr; ferner ab Messegelände, Poseidonhaus; die Rückfahrt ab 16.00 Uhr bis 3.30 Uhr jede volle Stunde. Weitere Informationen erteilt die Spielbank Bad Homburg, Tel. (06172) 17010.

Dampfzug-Pendelfahrten am Mainufer

Mit der Historischen Eisenbahn Frankfurt e. V. auf den Gleisen der Frankfurter Hafenbahn am Mainkai am Eisernen Steg mit einem 40 Jahre alten Dampfzug entweder westwärts nach Frankfurt-Griesheim oder ostwärts nach Frankfurt-Mainkur. Sonderveranstaltungen auch an Ostern und Pfingsten, am 1. und 2. Juni (Tage der offenen Tür der Stadt Frankfurt) und Mitte Dezember. Auskunft (jeden Mi. ab 17.00 Uhr): Historische Eisenbahn Frankfurt e.V., Betriebsgelände: Intzestr. 34 (Osthafengebiet), D-60314 Frankfurt am Main, Tel. (069) 436093; oder schriftlich: Historische Eisenbahn Frankfurt e.V., Postfach 900345, D-60443 Frankfurt am Main.

Schiffahrt auf Main und Rhein

Vom Eisernen Steg, Dampferanlegestelle unweit des Römers, starten Schiffe zu Rundfahrten auf dem Main sowie zu Ausflügen mainabwärts bis zum Rhein und mainaufwärts (u. a. Seligenstadt und Aschaffenburg). Auskünfte über Fahrpläne und Fahrpreise erteilen:
Adolf-Ulfried Nauheimer (Wikinger-Line), Eiserner Steg, Mainkai 36,
Tel. 293960 und 282886 sowie Fax 282886;
Fahrgastschiffe: 'Wikinger I' und 'Wappen von Frankfurt'
Frankfurter Personenschiffahrt Anton Nauheimer (Primus-Line),
Eiserner Steg, Mainkai 36, Tel. 281884, Fax 284698;

Fahrgastschiffe: "Primus", "Nautilus" und "Johann Wolfgang von Goethe". Auskünfte sind auch am Fahrkartenschalter am Eisernen Steg erhältlich. Charterfahrten für Gruppen bzw. Schiffsvermietung ganzjährig auf Main und Rhein nach Vereinbarung.

Ausflüge, Schiffahrt auf Main und Rhein (Fortsetzung)

Die Köln-Düsseldorfer Deutsche Rheinschiffahrt (KD, Frankenwerft 15, D-50667 Köln, Tel. 0221/2088-0, Zentrale), Abfahrtsstelle und Agentur-Pavillon in Frankfurt am Eisernen Steg, Mainkai 35, Tel. 285728, organisiert Schiffsausflüge an den Rhein, u.a. mit dem Tragflügelboot "Rheinpfeil" von Mainz nach Koblenz, bietet kombinierte Bahn-/Schiffsausflüge oder Schiffstouren mit Ausflügen in das romantische Rheintal an. Auskunft über Fahrpläne und -preise ist unter den zuvor genannten Telefonnummern oder direkt am Fahrkartenschalter am Eisernen Steg erhältlich.

KD (Köln-Düsseldorfer)

Auskunft

Tourismus+Congress GmbH, Kaiserstraße 52, D-60329 Frankfurt am Main
Zentrale Information: Tel. (069) 21238800 und 2123120, Fax 21240512
Zentrale Zimmerreservierung (Hotel Key Frankfurt Soft):
Tel. (069) 21230808, Fax 21240512
Gästeführer für Gruppen: Tel. (069) 21238953, Fax 21238243
Die Tourismus+Congress GmbH versendet Informationsmaterial und beantwortet Anfragen zur Zimmerreservierung.

Tourismus+ Congress GmbH

Tourist Information im Hauptbahnhof Nordseite, gegenüber von Gleis 23, Tel. (069) 21238849–51
Geöffnet Mo.–Fr. 8.00–21.00, Sa., So., Fei. 9.00–18.00 Uhr.
Neben der Vermittlung von Zimmern (persönliche Buchung nur am Anreisetag) sind hier touristische Informationen aller Art sowie Stadtpläne, Broschüren, Souvenirs und die Frankfurt Card (⟶ Touristische Angebote) erhältlich; außerdem können hier Stadtrundfahrten gebucht werden.

Tourist Information Hauptbahnhof

Tourist Information Römer, Römerberg 27, Tel. (069) 21238708/09 (geöffnet tgl. 9.00–18.00 Uhr). Hier können – bis auf die Zimmervermittlung – ebenfalls sämtliche zuvor bei der Tourist Information im Hauptbahnhof genannten Leistungen in Anspruch genommen werden.

Tourist Information Römer

In einem Rundpavillon auf der Zeil ist Deutschlands erste Mobilitätszentrale untergebracht, in der man Auskünfte über alle Verkehrsmittel in der Rhein-Main-Region erhält. Außerdem kann man hier Fahrkarten für den Verkehrsverbund RMV und die Deutsche Bundesbahn kaufen.

Mobilitätszentrale

Das Frankfurt Forum, Römerberg 32, ist ein Informationsmarkt für alles, was in Frankfurt interessant und wissenswert ist: aktuelle Informationen, Tips, Programme und Kontakte.

Frankfurt Forum

Telefonische Antwort auf Fragen aller Art sind erhältlich über das "Römertelefon" des Presse- und Informationsamtes: Tel. (069) 212-40000 (Mo. bis Mi. 8.00–16.30, Do. 8.00–18.00, Fr. 8.00–14.00 Uhr).

Bürgerberatung

Anlaufstelle für Kinder und Jugendliche ist der Intertreff Jugendkiosk, Hauptwache/B-Ebene Tel. (069) 21234430, geöffnet Mo.–Fr. 10.00 bis 18.00 Uhr. Hier gibt es eine Anzeigenwand, Prospekte, Programme, Jugendherbergsausweise und einen Kartenvorverkauf für Jugendkonzerte.

Weitere Auskunftsstellen
Intertreff Jugendkiosk

Aufkünfte am Flughafen kann man bei folgenden Stellen bekommen: Info-Schalter 1, Abflug-Halle B; Info-Schalter 14, Ankunft-Halle B; Info- Schalter 10, Transit-Halle B, Tel. 690-30511 (rund um die Uhr); Lufthansa-Auskunft, Tel. 255266 und 690-71222 sowie am Airport Center Terminal 2, Tel. 690-72744–46 (6.00–22.00 Uhr).

Flughafen Frankfurt/Main

Auskunft (Fts.) Deutsche Bahn	Unter Tel. (069) 2650 sind Auskünfte über S-Bahnen und Bahnbusse der DB innerhalb Frankfurts und in die Naherholungsgebiete erhältlich.
"Frankfort-Telefon"	'Das Frehliche Frankfort-Telefon', Informatives, 'Gebabbel' und 'Gedichtscher', Tel. (069) 21235001.
'Mode-Telefon'	Im Modekreis Frankfurt (Römerberg 18, D-60311 Frankfurt am Main) haben sich mehrere in Frankfurt ansässige Stilisten zusammengeschlossen, die jeweils montags und donnerstags unter einem bestimmten Thema den 'Frankfurter Stil' vorstellen, Tel. (069) 292905 (Anrufbeantworter).

Autohilfe

ACE	ACE (Auto Club Europa) Geschäftsstelle Frankfurt und Information Wilhelm-Leuschner-Str. 90, Tel. 235158
ADAC	ADAC (Information und Reisebüro) Schumannstr. 4–6, Tel. 743800 Schillerstr. 12, Tel. 7438-335 oder -296 Wiesbadener Straße (BAB-Ausfahrt West), Tel. 7438-330 oder -331
AvD	AvD (Automobilclub von Deutschland) Lyoner Straße 16, Tel. 66060 Auskunft, Hotelvermittlung Informationszentrale, Tel. 660-6300
Pannendienste	ADAC Pannenhilfe, Tel. (01802) 222222 AvD Pannenhilfe, Tel. 6606-600 oder zum Nulltarif (0130) 9909 ACE Pannenleitstelle, Tel. 19216
Reparatur-werkstätten	Reparaturwerkstätten sowie Vertragswerkstätten der Automobilhersteller sind dem örtlichen Branchentelefonbuch zu entnehmen.

Bäder

Öffnungszeiten	Während die Hallenbäder das ganze Jahr über geöffnet sind, sind die Freibäder (einige beheizt) im allgemeinen vom 15. Mai bis 15. September offen.
Eintrittspreise	Ermäßigten Eintritt in die Badeanstalten gibt es für Kinder und Jugendliche, Studenten, Soldaten, Senioren und Behinderte; Kinder unter 5 Jahre haben vielfach freien Eintritt. Detaillierte Auskünfte erteilen die entsprechenden, nachfolgend genannten Bäder.
Hallenbäder	*Rebstockbad, August-Euler-Str. 7, Tel. 708078/79 Das Rebstockbad, vom Volksmund auch 'Schwimmoper' genannt, verfügt über sport- und freizeitgerechte Einrichtungen: Schwimmhalle mit Brandungsbad, Schwimmkanäle und 50-m-Wettkampfbecken mit elektronischen Anzeigetafeln (geeignet für nationale und internationale Veranstaltungen), Lehrschwimm- und Sprungbecken, Doppelrutschbahn, Behindertenbecken und Planschpool, temperierter Außenpool, ferner Sauna, Gymnastiksaal, Solarien, Restaurant, Café und Sport-Boutique. *Titus Thermen, Walter-Möller-Platz 2, Tel. 958050 Freizeitzentrum mit Erlebnisbad (Wasserfall, Strömungskreisel, Whirlpool, Solebad), Saunawelt mit 12 Saunen über 3 Etagen, Solarien, Fitness Center unter Leitung von Sportwissenschaftlern, Squash und Bowling Center sowie Restaurants.

Bäder
Hallenbäder
(Fortsetzung)

Stadtbad Mitte, Hochstr. 4–8, Am Eschenheimer Turm, Tel. 212-35238
Bezirksbad Süd (Sachsenhausen), Textorstr. 42, Tel. 212-34035
Schwimmhalle, Wannen- und Brausebäder, medizinische und irisch-römische Bäder, Sauna, Gymnastiksaal, Solarium, Gaststätte
Panoramabad Bornheimer Hang, Inheidener Str. 60, Tel. 465185
Schwimmhalle, Sauna, Solarium, Gaststätte
Bezirksbad Bergen-Enkheim, Fritz-Schubert-Ring, Tel. (06109) 35861
Schwimmhalle, Sauna
Bezirksbad Fechenheim, Konstanzer Str. 16, Tel. 412515
Schwimmhalle, Wannen- und Brausebäder, medizinische und irisch-römische Bäder, Sauna, Solarium, Gaststätte; Schwimmhalle im Sommer zur Liegewiese hin geöffnet

Freibäder

Brentanobad, Rödelheimer Parkweg, Tel. 212-39020
Große Liegewiese mit altem Baumbestand, Minigolf, Tischtennis
Freibad Eschersheim, Im Uhrig, Tel. 212-32153
Sprühanlage, Tischtennis
Freibad Höchst, Palleskestraße, Tel. 311416
Minigolf, Tischtennis

Beheizte Freibäder

Die Bäder mit beheiztem Beckenwasser (25°) sind meist von Anfang April bis Ende Oktober geöffnet.
Freibad Hausen, Ludwig-Landmann-Straße 341, Tel. 212-34105
Freibad Niedereschbach, Heinrich-Becker-Straße, Tel. 5074013
Tischtennis
Freibad Bergen-Enkheim, Fritz-Schubert-Ring, Tel. (06109) 35861
Silobad, Farbwerke Hoechst, Tel. 316317
Stadionbad, Mörfelder Landstraße 362, Tel. 67804152
Riesenrutschbahn

Badesee

An natürlichen Gewässern gibt es in Frankfurts unmittelbarer Umgebung den Langener Waldsee – im Süden der Stadt an der B 44 gelegen – mit FKK-Strand. Der Main ist zum Baden nicht geeignet.

Bahnhöfe

Bahnhöfe
Hauptbahnhof

Einer der größten Kopfbahnhöfe Europas mit tgl. rund 300000 Fahrgästen, zudem etwa 50000 Besuchern (Einkaufen, Post u.s.w.) und ca. 1500 Zügen im Werktagsdurchschnitt ist Knotenpunkt des innerdeutschen und internationalen Reisezugverkehrs, Station für ICs und gleichzeitig zentrale Umsteige- und Endhaltestelle im RMV (Rhein-Main-Verkehrsverbund).

Südbahnhof

Am Südbahnhof starten Züge der DB in Richtung Hauptbahnhof, Wächtersbach, Bad Soden – Salmünster, Gelnhausen, Fulda, Hanau, Aschaffenburg, Mittenberg (die letzten drei über Frankfurt am Main-Ost).

Ostbahnhof

Züge der DB in Richtung Hanau, Aschaffenburg, Hauptbahnhof und Frankfurt am Main-Süd sowie Bahnbusse in Richtung Dörnigheim und Hanau verkehren vom Ostbahnhof.

Frankfurt-Höchst

Von Frankfurt-Höchst gehen Züge der DB in Richtung Hauptbahnhof, Königstein, Wiesbaden, Niedernhausen sowie Bahnbusse in Richtung Königstein und Bad-Soden.

Elektroautos

Am Hauptbahnhof bietet die Deutsche Bahn mit dem Autovermieter Sixt Mietwagen mit Elektroantrieb an (bis 90 km Reichweite, 95 km/h schnell, an jeder Steckdose binnen 30 min. auf 80% wiederaufladbar). In 16 Frankfurter Parkhäusern können E-Mobil-Fahrer kostenlos parken.

Bahnreisen
Zugauskunft
Platzkarten

Informationen über Reisezüge und Fahrpreise (auch Platzkartenreservierung) im Hauptbahnhof bei der Reisezugauskunft, Tel. 19419.

Service Point

Service Point im Hauptbahnhof, Tel. 285-4146

Bahnhöfe (Fortsetzung) Tourist Information	Auch die Tourist Information der Frankfurter Tourismus+Congress GmbH, Hauptbahnhof, Nordseite, gegenüber Gleis 23, erteilt Auskünfte über Bahnreisen.
Expreßgut	Expreßgutempfang: Tel. 265-41 35; Expreßgutversand: Tel. 265-46 47
Fahrplanhinweise	Fernsprechansage der wichtigsten Zugverbindungen: Tel. 11531 (0.00–8.00 Uhr) Tel. 11532 (8.00–11.00 Uhr) Tel. 11533 (11.00–15.00 Uhr) Tel. 11534 (15.00–17.00 Uhr) Tel. 11535 (17.00–20.00 Uhr) Tel. 11536 (20.00–24.00 Uhr) Die letzten Anschlüsse der S- und U-Bahnen sowie von Omnibussen sind unter Tel. 11537 zu erfahren. Automatische Fahrplanauskunft über BTX-Automaten wird an großen Haltestellen angeboten.
Reisegepäck	Tel. 265-4834

Behindertenhilfe

Stadtführer für Behinderte	Über behindertengerechte Einrichtungen informiert ein u.a. bei folgender Anschrift kostenlos erhältlicher Stadtführer für Behinderte: Sozialamt Frankfurt am Main, Behindertenbeauftragter, Neue Kräme 26, D-60311 Frankfurt am Main, Tel. (069) 212-35771.
Informationen für behinderte Fluggäste	Die Broschüre ‘Informationen für behinderte Fluggäste’ informiert u.a. über Transportmittel und Telefone für behinderte Passagiere auf dem Flughafen. Sie ist zu beziehen bei der Flughafen Frankfurt/Main, Presse und Publikationen, D-60547 Frankfurt am Main, Tel. (069) 690-70555, Fax 690-55071.
Fahrdienste	Sowohl Frankfurter Taxi-Unternehmer (Tel. 230084) als auch der Fahrdienst des Sozialamtes (s.o.; Anmeldung Tel. 748090/99) und die Behinderten-Selbsthilfe (Tel. 547015) nehmen Fahrwünsche entgegen.

Bibliotheken und Archive (Auswahl)

Albert-Schweitzer-Archiv und -Museum	Neue Schlesingergasse 22–24, Tel. 284951 Geöffnet Mo.–Fr. 10.00–16.00 Uhr und nach Vereinbarung Stationen im Leben von Albert Schweitzer in Bild, Schrift und Ton
Bibliothek des Französischen Kulturinstitutes (Institut Français)	Jordanstr. 7, Tel. 778001 und 709062 Geöffnet Mo.–Do. 9.30–12.00, Do. zusätzlich 14.00–16.00 Uhr Präsenzbibliothek. Ein ausleihbarer Bestand von ca. 16000 Bänden (v.a. Belletristik) wurde an die Stadtbücherei (s.u.) abgegeben.
Bibliothek des Freien Deutschen Hochstiftes	Großer Hirschgraben 23, Tel. 282824 Geöffnet Mo.–Fr. 10.00–12.00, 13.00–16.00 Uhr Präsenzbibliothek (etwa 100000 Bände) mit Lesesaal: Literatur der Goethezeit und Romantik, Almanache, Frankfurtensien, Rekonstruktion der Bibliothek von Johann Caspar Goethe; Handschriftenarchiv mit etwa 20000 Manuskripten
Bibliothek des Historischen Museums	Saalgasse 19, Tel. 212-36181 Geöffnet Di.–Fr. 10.00–12.00, 14.00–17.00 Uhr Kultur- und Kunstgeschichte mit Schwerpunkt Frankfurt; wissenschaftliche Handbibliothek

Bibliotheken und Archive (Fortsetzung)
Bundesarchiv

Außenstelle Frankfurt, Seckbächer Gasse 4, Tel. 212-35220
Geöffnet Mo.–Do. 8.00–16.00, Fr. 8.00–15.00 Uhr
Akten des Reichskammergerichts, des Deutschen Bundes (1815–1866) und der Deutschen Nationalversammlung

Chaplin-Archiv

Privatsammlung Wilhelm Staudinger, F-Eschersheim, Klarastr. 5
Tel. 524890 und 521585
Geöffnet Fr. 17.00–19.00 Uhr oder nach tel. Vereinbarung
Alle Chaplin-Filme – rund 120 Streifen – des Stummfilmkomikers und späteren Regisseurs und Drehbuchautors liegen hier vor. Eine Fülle von Dokumenten und über 150 Abhandlungen zeigen die Vielseitigkeit des Künstlers Sir (1975) Charles Spencer Chaplin (1889–1977), der in England als Artist seine Laufbahn begann. Für Interessierte gibt es auch Sondervorführungen (Anmeldung erforderlich).

Deutsche Bibliothek

Adickesallee 1, Tel. 1525-0
Geöffnet Mo.–Do. 9.00–20.00, Fr. 9.00–18.00, Sa. 9.00–17.00 Uhr
Nationalbibliothek der Bundesrepublik Deutschland (1997 eröffnet): Präsenzbibliothek (keine Ausleihe) mit der Sammlung aller in Deutschland und im Ausland seit 1945 erschienenen deutschsprachigen Schriften; digitales elektronisches Archiv; Multimedia-Lesesaal

Kunsthistorische Bibliothek

Kunsthistorische Bibliothek (Tel. 605098-169) des Städelschen Kunstinstituts

Schopenhauer-Archiv

Forschungsstätte der Schopenhauer-Gesellschaft mit einer Sammlung von Erinnerungen an den Philosophen nebst seiner 600bändigen Bibliothek (Sonderabteilung der Stadt- und Universitätsbibliothek; s. u.).

Senckenbergische Bibliothek

Bockenheimer Landstr. 136–138, Tel. 7983369
Geöffnet Mo.–Fr. 8.30–20.00, Sa. 9.00–13.00 Uhr
Naturkundliche Fachbibliothek

Stadtarchiv

Karmeliterkloster, Karmelitergasse 5, Tel. 21235479
Geöffnet Mo.–Fr. 8.00–16.00 Uhr
Das älteste und eines der drei größten Stadtarchive Deutschlands. Akten und Urkunden zur Frankfurter Stadtgeschichte sowie städtevergleichenden Geschichte. Die Bestände reichen bis ins 9. Jh. zurück.

Stadtbücherei
Zentralbibliothek, Musikbibliothek

Zeil 17–23, Tel. 212-35579
Zentralbibliothek geöffnet Di.–Fr. 10.00–19.00, Sa. 10–13.00 Uhr
Musikbibliothek mit Mediothek, Tel. 212-34400
Geöffnet Di.–Fr. 10.00–19.00, Sa. 10–13.00 Uhr

Stadt- und Universitätsbibliothek

Bockenheimer Landstr. 134–138
Die unterschiedlichen Öffnungszeiten für die einzelnen Abteilungen erfrage man unter Tel. 212-39256 (Pforte); Auskunft: Tel. 212-39208.
Wissenschaftliche Literatur: Sonderabteilung mit Francofurtensien, Musikabteilung (Mauskopfsches musikhistorisches Museum), Schopenhauer-Archiv (Tel. 212-39213), Buch- und Bibliothekswesen

Zentrale Kinder- u. Jugendbibliothek

Bürgerhaus Bornheim, Arnsburger Str. 24, Tel. 212-33631
Geöffnet Di.–Fr. 13.00–19.00, Sa. 10.00–13.00 Uhr

Cafés (Auswahl)

Altes Café Schneider, Kaiserstr. 12, Tel. 281447
Das traditionsreiche Kaffeehaus (innen gibt es viel Plüsch; im Sommer auch Boulevard-Café) ist berühmt für seinen schaumigen, kräftigen Kaffee, seine Kuchenvielfalt und leckeren Eisbecher

Café Hauptwache, An der Hauptwache, Tel. 281026, und
Café Laumer, Westend, Bockenheimer Landstr. 67, Tel. 727912
Beide Cafés stehen unter gleicher Leitung; das Interieur des Cafés Laumer (auch Terrassenlokal) ähnelt dem Wiener Kaffeehausstil. Beide Kaffeehäuser sind berühmt für ihre außergewöhnlich große Auswahl an Kuchen, wie z.B. Herrentorte Laumer, Sahnetorten, Baumkuchen, Frankfurter Brenten, und für herrliche Eisbecher.
Café Hofgarten im ⟶ Hotel Frankfurter Hof, Kaiserplatz 1, Tel. 21502
Hier trifft sich in stilvollem Ambiente internationales Publikum bei Kuchen und kleinen Snacks.

Mediterranes Flair im Straßencafé

Eiscafé Italia, Nordend, Bornheim, Berger Str. 70 und 94, Tel. 491826 und Tel. 435039
Auf Bornheims Einkaufsstraße werden im Sommer viele köstliche Eiskreationen für Schlemmer und kleine italienische Gerichte serviert.
Mozart Café, Töngesgasse 23–25, Tel. 291954
Neben Kuchen und Torten, Eclairs und vielen anderen kalorienreichen Leckereien werden auch belegte Baguettes und kleine Gerichte gereicht. Frühaufsteher haben die Qual der Wahl, denn es wird vom kleinen bis zum Schlemmerfrühstück alles serviert.
Schwille, Große Bockenheimer Str. 50 ('Fressgass'), Tel. 92010-910
Traditionsreiches Kaffeehaus
Teuscher, Große Bockenheimer Str. 52 ('Fressgass'), Tel. 284514
Spezialitäten: Espresso-Bar, Schweizer Schokolade.
Wald-Café, Hainer Weg 250, Tel. 682248

Cafés mit Bistro-Charakter

Café Cult, Rahmhofstr. 2, in der Schillerpassage, Tel. 282250 oder Tel. 283890
Bistro, Café, Restaurant-Theater; auch Terrassenlokal

Cafés (Fortsetzung)

Café (Kaffeehaus, Bistro, Restaurant) im Literaturhaus, Westend, Bockenheimer Landstraße 102, Tel. 745550
Schon der äußere Rahmen mit Jugendstilornamenten und Holzvertäfelungen erregen Aufmerksamkeit, zum Verweilen laden aber auch Wintergarten und Sommerterrasse ein; sonntags wird ein umfangreiches Frühstück serviert, werktags (außer Sa.) gibt es u.a. französische und indische Gerichte.

Schirn Café (auch Restaurant und Bar), Am Römerberg 6a, Tel. 291732
Internationales, überwiegend junges Publikum; vernünftige Preise; tagsüber wird Kaffee und mittags ein preiswertes Menü serviert; nach 23 Uhr Café-Bar mit Musik.

Camping

Campingplatz

City-Camp Frankfurt (Heddernheim)
An der Sandelmühle 35 (am rechten Niddaufer)
D-60439 Frankfurt am Main, Tel. und Fax (069) 570332

Einkaufen und Souvenirs

Einkaufen
Allgemeines

Die großen Kaufhäuser haben sich fast alle an der Zeil in der Innenstadt angesiedelt und befriedigen den Bedarf an erschwinglichen Artikeln, seien es Textilien oder Konsumgüter. Über 70 Geschäfte, Bars, Cafés und Restaurants sowie eine Diskothek finden sich in der siebenstöckigen, glasüberdachten Zeilgalerie 'Les Facettes', Zeil 112–114 (von der obersten Etage einzigartiger Blick auf die Skyline von Frankfurt).

Zeilgalerie 'Les Facettes'

Boutiquen, Feinkostläden, Parfümerien u.v.a.

Die exklusiven, teuren Boutiquen beherrschen wie eh und je das Viertel um den Opernplatz, die Goethestraße, die Große Bockenheimer Straße (Freßgass' mit Freßgass'-Passage und Galerie Freßgass', u.a. wegen der vielen Lebensmittel- und Feinkostläden sowie Straßencafés so genannt), Schillerstraße, Schillerpassage (Rahmhofstr. 2–4), den Steinweg mit Steinweg-Passage (Steinweg 7 bis Roßmarkt 12), Goetheplatz, Rathenauplatz und die Kaiserstraße. Große französische und italienische Modeschöpfer unterhalten hier ebenso ihre Dependancen wie die international renommierten Kosmetikfirmen ihre Depots in den teuren Parfümerien. In den Straßen, die von der Zeil zum Römerberg hinunterführen (Fußgängerzone), findet man dagegen Boutiquen aller möglichen Preisklassen sowohl für Damen- und Herrenmode als auch für Geschenkartikel, Bücher, Lederwaren, Einrichtungsgegenstände u.a. Vom Roßmarkt in Richtung Haupbahnhof reihen sich Lederwarengeschäfte, Boutiquen, Blumenläden, Juweliergeschäfte und Parfümerien aneinander.

Buchhandlungen, Antiquitätenläden, Galerien

Viele Buchhandlungen haben ihren Standort rund um die Hauptwache, während sich beim Römer besonders Antiquitätengeschäfte, Galerien und Antiquariate angesiedelt haben.

Geschäftszentren

Die Läden in den Geschäftszentren unter dem Vorplatz des Hauptbahnhofs, in Bergen-Enkheim ('Hessen-Center' sowie 'Nordwest Zentrum', Erich-Ollenhauer-Ring, mit über 120 Geschäften und Erlebnisbad Titus Therme) und am Flughafen sind größtenteils über die allgemein üblichen Verkaufszeiten hinaus geöffnet.

Einkaufsstraßen in der Umgebung

Außerhalb haben sich in Bockenheim die Leipziger Straße (bunte Vielfalt kleiner Geschäfte mit studentischem Flair), in Bornheim die Berger Straße (Treffpunkt für Trendsetter, aber auch volksnah an Markttagen), in Sachsenhausen die Schweizer Straße (u.a. Edeltrödel und viel Gastronomie) zu attraktiven Einkaufsstraßen entwickelt. Im Nordwesten, zwischen Heddernheim und Oberursel, macht die Einkaufspassage Merton's im Mertonviertel (Lurgiallee 6–8) mit über 20 Geschäften, Restaurants und einer großen Servicepalette durch seine moderne Architektur sowie als Kommunikations-Drehscheibe von sich reden.

Einkaufen und Souvenirs

Souvenirs
Bembel

Das bekannteste Frankfurter Souvenir ist der Apfelwein-'Bembel' aus grauem Westerwälder Steinzeug, blau bemalt. Original aus der Töpferei bekommt man ihn in Sachsenhausen bei Maurer (Wallstr. 5) oder – noch 'frankforderischer' – im Frühjahr oder Herbst auf der Dippemess' (⟶ Jahrmärkte und Volksfeste).

Broschen, Krawattennadeln

Zu den beliebten Souvenirs zählen u. a. auch Damenbroschen und Krawattennadeln mit der Skyline von Frankfurt am Main.

Struwwelpeter

Der 'Struwwelpeter', Titelfigur des gleichnamigen weltberühmten Kinderbuches von Heinrich Hoffman, gilt als Frankfurts Maskottchen. Man bekommt ihn als Hampelmann bei der Tourismus+Congress-Gesellschaft (⟶ Auskunft).

Bethmännchen

Als Mitbringsel beliebt sind ferner die 'Bethmännchen', Marzipankugeln mit seitlich eingedrückten Mandelhälften.
Andenkenläden gibt es überall dort, wohin es auch Touristen zieht, z. B. in der Hauptwache-Passage, im Bahnhofsviertel oder in der Fußgängerzone um Zeil und Römer.

Ausgewählte Geschäfte

Arizona Galerie, Große Bockenheimer Str. 37, Tel. 287379.
Dieser Ethnoladen führt ein Riesensortiment an Kunsthandwerk und Schmuck nordamerikanischer Indianer.

Beacon Hill Antiques, Jahnstr. 60, Tel. 5971561
Englische Antiquitäten und Kuriositäten sind die Spezialitäten dieses Geschäftes.

Behle Spiel + Freizeit, Große Friedberger Str. 7–11, Tel. 20014, auch im Main-Taunus-Zentrum, Tel. 303022, und im Hessen-Center, Tel. 31771
Eltern finden hier ein umwerfendes Sortiment an Spielzeug für ihre Sprößlinge.

Blumenarrangeur Grodtmann, Sandhofpassage, Neue Kräme 29, Tel. 291747
Herrliche Blumensträuße und -gefäße werden in mediterranem Rahmen präsentiert.

Die Praline, in der Kleinmarkthalle, Hasengasse 7, Tel. 288260
Naschkatzen können unter mehr als 150 Sorten feinster belgischer Pralinen sowie zahlreichen Bonbon-, Schokolade- und Marmeladesorten wählen; auch an Diabetiker ist gedacht.

Elegance, Goetheplatz 5, Tel. 288707
Feines klassisches Schuhwerk (Damen und Herren) berühmter italienischer Hersteller lohnt eine Schuhprobe.

A. Fleischhauer, Galerie 'les facettes', Zeil 112–114, Tel. 20912
Wer elegante Schreibgeräte und Geschenkartikel sucht, ist hier richtig am Platz.

Hermès Paris, Goethestr. 25, Tel. 295247
Bekannt edle und exklusive Accessoires wie Krawatten, Schals und Gürtel umfaßt das Sortiment von Hermès.

Guerlain Paris (Boutique und Institut de Beauté), Goethestr. 27, Tel. 1310409
Im Angebot sind Parfümeriewaren, Kosmetikartikel und Accessoires; im Schönheitsinstitut hat sich schon mancher Kunde mit einer Behandlung verwöhnen lassen.

Hugendubel, Steinweg 12, Tel. 29982-0 und -130 (Reise)
Die gutsortierte Buchhandlung bietet eine Riesenauswahl an Lesestoff, aber auch Software und Videoliteratur sowie CDs.

Hysterie, Schillerpassage, Rahmhofstr. 2, Tel. 285129
Neben exklusiver Mode berühmter Designer wie Karl Lagerfeld und Gaultier findet sich Ausgefallenes für Avantgardistische.

Jeans-Palast, Zeil 68, Tel. 288222, und Zeilgalerie, Tel. 280720
Zu günstigen Preisen sind Jeans bekannter Marken, Sweatshirts und T-Shirts in allen Größen erhältlich.

Just Music, Fahrgasse 109, Nähe Konstabler Wache, Tel. 290402
Hier bietet sich dem Musikliebhaber eine Riesenauswahl an Schallplatten und CDs.

Einkaufen und Souvenirs Ausgewählte Geschäfte (Fortsetzung)

Kerzen und Leuchter, Berliner Str. 14, Ecke Hasengasse, Tel. 284163
Maxisortiment an Kerzen und Leuchtern, ausgefallen in Farbe, Form und Größe

Larry's Drachenshop, Höchst, Gerlachstr. 40, Tel. 332353
Neben herrlichen bunten Lenkdrachenmodellen für den Selbstbau gibt es auch Frisbees, Bumerangs sowie entsprechende Fachliteratur.

Le Sac, Rathenauplatz 1A, Tel. 289708
Vom Rucksack aus Kalbsleder über Portemonnaies und Reisetaschen bis zum Damenschuh reicht das Angebot von Le Sac.

Peek & Cloppenburg, Zeil 71–75, Tel. 298950
Neben edler und exklusiver Damen- und Herrenmode namhafter Designer wie Ferraud, Armani und Joop auch Boutiqen mit junger Designermode und Shops von Bennetton und Esprit

Pfüller Modehaus, Goethestr. 15–17, und Pfüllers Kinderhaus, Goethestr. 12, Tel. 284547
In der Goethestr. 15–17 bietet das alteingesessene Modehaus klassisch-elegante Damen- und Herren-Oberbekleidung und Wäsche.
In der Goethestr. 12: Hübsche Baby- und Kinderbekleidung, ferner Teenie-Boutique und Accessoires

Plöger Delikatessen, Große Bockenheimer Str. 30, Tel. 1387110
Plöger mit seinem internationalen Spezialitätensortiment, erlesenen Weinen und ausgewählten Spirituosen ist ein Treffpunkt für Gourmets.

Riffel-Moden, Goethestr. 25, Tel. 284124, und Rathenauplatz, Tel. 292741
Das Geschäft ist bekannt für seine qualitativ hochwertige Damenmode.

Rhotert, Liebfrauenberg 56, Tel. 288007
Bei Rhotert findet man alles, um sich gegen unfreundliches Wetter zu schützen: vom edlen Schirm über den praktischen Mini-Knirps bis zum Regenmantel, aber auch Spazierstöcke und Taschen.

Satyricon, Zeil 111 (Zeil-Passage), Tel. 287919
Ob klassische oder ausgefallene Ledermode, ob Kleid, Corsage oder Motorradjacke: Hier kann der Kunde unter einem Riesenangebot an Lederwaren wählen.

sjö-dam, Sandhof-Passage, Sandgasse 6, Tel. 285282
Wenn es um Garderobe für festliche Anlässe geht, ist sjö-dam die Adresse.

Tiffany, Goethestr. 20, Tel. 9200270
Neben extravagantem Schmuck werden auch kostbare Accessoires, Porzellan und Parfüm präsentiert.

Tresor am Römer, Braubachstr. 15, Tel. 281248
Das Buch- und Kunstantiquariat verkauft seltene Bücher und dekorative Graphik des 15. bis 19. Jahrhunderts.

Versace Sport, Goethestr. 22, Tel. 288134, und Versace Boutique, Goethestr. 23, Tel. 288835
Individuelle Haute-Couture-Mode, aber auch Accessoires, Uhren und Schmuck werden in den Geschäften des italienischen Star-Designers angeboten.

Wempe, An der Hauptwache 7, Tel. 291077 und 20011
Eine Riesenauswahl an exklusiven Uhren und Schmuck namhafter Hersteller präsentiert Juwelier Wempe.

Essen und Trinken

Allgemeines

In Frankfurt ißt man ebenso gut wie in anderen deutschen Städten auch und genießt hier obendrein die Annehmlichkeiten einer Großstadt mit internationalem Flair. Neben der eigenen Küche beherbergt es auch noch eine Vielzahl fremdländischer und exotischer Küchen (→ Restaurants).

Spezialitäten

Frankfurter Würstchen sowie Frankfurter Apfelwein (→ Baedeker Special S. 163 und Apfelweinwirtschaften) haben sicher ebenso zum Ruhm Frankfurts beigetragen wie Römer, Paulskirche oder Kaiserdom, errangen doch

Essen und Trinken (Fortsetzung)
Frankfurter Würstchen, 'Ebbelwei', 'Handkäs mit Musik'

die echten 'Frankfurter Würstchen' sogar auf der Weltausstellung in Chicago 1893 höchste Auszeichnungen. Und daß zum guten Frankfurter 'Ebbelwei' (auch 'Stöffche' genannt) unbedingt eine Portion 'Handkäs' mit Musik' (Betonung auf der ersten Silbe) gehört, hat sich mittlerweile auch schon außerhalb der hessischen Landesgrenzen herumgesprochen, wobei die Musik in einem Konzert aus Essig und Öl, Pfeffer und Salz und feingeschnittenen Zwiebeln besteht.

Grüne Soße (Grie Soß')

Es muß nun allerdings zugegeben werden, daß die Frankfurter Küche außer den zuvor genannten Köstlichkeiten nicht viel Eigenständiges hervorgebracht hat. Typisch frankfurterisch ist noch die Grüne Soße (Grie Soß'), die aus mindestens sieben verschiedenen fein gehackten Kräutern (Schnittlauch, Petersilie, Kerbel, Zitronenmelisse, Sauerampfer, Borretsch und Pimpernelle), gekochten und gehackten Eiern, Gewürzgurken, Weinessig oder Zitronensaft und reichlich Öl zusammengerührt, mit Senf, Knoblauch, Pfeffer und Salz abgeschmeckt wird und zu gekochtem Fleisch oder Fisch, pochierten Eiern oder einfach 'Quellmännern', wie in Frankfurt die Pellkartoffeln genannt werden, paßt und angeblich von Johann Wolfgang von Goethe besonders geschätzt wurde. Die fertige 7-Kräutermischung, die man Gourmets als Souvenir mitbringen könnte, ist übrigens auch als 100-g-Haushaltspäckchen oder als 500-g-Großpakkung beim Großhändler erhältlich, Adressen bekommt man beim Hersteller Hans Grötsch (Tel. 735004 oder 733073, Fax 7391006).

'Rippche', Frankfurter Kranz

Auch 'Rippche' (Rippchen) und Kraut sind aus der Frankfurter Küche nicht mehr wegzudenken, und zu guter Letzt wäre noch der Frankfurter Kranz zu nennen, ein mit drei Lagen Buttercreme durchsetzter Rührkuchen, außen mit Krokantstreuseln bestreut und mit Kirschen und Pistazien verziert.

Hessisches 'Nationalgetränk' im Winter

Während der Wintersaison (bis Ende Januar) bringt übrigens die Frankfurter Äpfelweinkelterei Possmann (Tel. 789904-0) einen Apfelwein, nach typisch Altfrankfurter Art mit Zimt, Zucker, Nelken und Zitrone gewürzt, auf den Markt. Der erhitzte Äpfelwein sorgt mit seinem angenehmen Duft und seiner Wärme für Wohlbehagen.

Kleines Mundartlexikon

Bembel	Apfelweinkrug
Ebbel	Äpfel
Fußlappegemies mit Flöh	Weißkraut mit Kümmel
Gehlerieb	Karotte
Gickel	Hahn
Gutsje	Bonbon
Haspel	Eisbein
Hinkel	Huhn
Krebbel	Krapfen, Berliner
Krotze	Kernhaus des Apfels
Latwersch	Zwetschgenmus
Plunz	Blutwurst
Quetsche	Zwetschgen, Pflaumen
Rinnsworscht	Rindswurst (berühmt dafür ist insbes. die Schlachterei Gref-Völsing, Hanauer Landstr. 132, Tel. 433530)
Rippche	Rippchen
Schoppepetzer	Apfelweintrinker
Zwiwwel	Zwiebel

Feiertage

In Frankfurt werden folgende Feiertage eingehalten: Neujahr (1. Januar), Fastnachtsdienstag (nachmittags), Karfreitag, Ostermontag, Maifeiertag (1. Mai), Christi Himmelfahrt, Pfingstmontag, Frankfurter Wäldchestag (Dienstag nach Pfingsten, nachmittags), Fronleichnam, Nationalfeiertag (3. Oktober), Heiligabend (24. Dezember, nachmittags), 1. und 2. Weihnachtsfeiertag (25., 26. Dezember), Silvester (31. Dezember, nachmittags).

Flugverkehr

Flughafen
Allgemeines

Der Frankfurter Flughafen liegt unweit südwestlich der Stadt nahe dem Kreuzungspunkt der Hauptautobahnen und des zentralen Schienenverkehrs, in 11 Minuten mit der S-Bahn erreichbar.
Besonders beliebt ist der Frankfurter Flughafen als Umsteigestation. Frankfurt verzeichnet pro Jahr mehr als 370000 ankommende und abgehende Flüge. Derzeit können unter Instrumentenflugbedingungen 72 Flugzeuge pro Stunde starten oder landen.

Flughafeninformation

Tel. 690-30511

Flughafenbahn

S-Bahn-Linie S 8: Hanau – Hauptbahnhof – Flughafen und weiter über Rüsselsheim und Mainz nach Wiesbaden.
Der S-Bahnhof Flughafen befindet sich unterirdisch unmittelbar vor dem Terminal 1.

Weitere Züge

Auch Regional- und StadtExpreßzüge sowie zahlreiche IC/EC-Züge halten am Airport.

Besucherterrassen

Geöffnet 8.00 – 19.00 Uhr

Fluggesellschaften
Allgemeines

Fluggesellschaften aus aller Welt sind in Frankfurt mit Niederlassungen vertreten. Sie sind entweder direkt oder am Flughafen auch über die Flughafenzentrale erreichbar.

Flughafenzentrale

Tel. 690-1

Air France

Am Flughafen: Tel. 690-26251
In der Stadt: Kaiserstr. 19 – 21, Tel. 2566-243

Alitalia

Am Flughafen: Tel. 69505233

Austrian Airlines

Am Flughafen: Tel. 690-33031
In der Stadt: Gutleutstr. 32, Tel. 25602200

British Airways

Am Flughafen: Tel. (0130) 3636
In der Stadt: Düsseldorfer Straße, Tel. 232441

Deutsche Lufthansa

Am Flughafen: Tel. 255266;
Airport Center Terminal 2 (6.00 – 22.00 Uhr), Tel. 690-72744 – 46
In der Stadt: Lufthansa City Center,
Am Hauptbahnhof 2, Tel. 2554510

Swissair

Im Flughafen: Tel. 690-58491
Am Hauptbahnhof 6, 6. Stock, Tel. 24235244

Fundbüros

Städtisches Fundbüro (Ordnungsamt), Mainzer Landstr. 315
Tel. 212-42403/04
Geöffnet Mo. und Mi. 7.30 – 13.00, Do. 10.00 – 13.00 und 15.00 – 18.00, Fr. 7.30 – 12.00 Uhr
Funde auf Straßen und in städtischen Einrichtungen

Flughafen-Fundbüro, Terminal 1, Halle C, Ebene 1
Tel. 690-66359
Geöffnet tgl. 7.00 – 19.00 Uhr
Funde im Bereich des Flughafens

Fundbüros (Fortsetzung)

Fundstelle der Deutschen Bahn, Hauptbahnhof Nordseite (Gleis 24)
Tel. 265-4831
Geöffnet tgl. 5.00–24.00 Uhr
Büro und Lagerung Mannheimer Str. 2, Tel. 25605-0
Funde im Bereich der S-Bahnen und der Deutschen Bahn

Fundbüro Öffentliche Verkehrsmittel, Hauptwache, B-Ebene
Tel. 213-22258
Geöffnet Mo.–Fr. 8.00–18.00 Uhr
Funde im Stadtbus-, Straßen- und U-Bahn-Bereich

Galerien

Allgemeines

Präsentiert sich die Liste der in der Mainmetropole aktiven privaten Kunstgalerien im Vergleich zu den Zentren Berlin, Hamburg, München, Köln und Düsseldorf noch immer als zahlenmäßig überschaubar, so hat Frankfurt doch in den zurückliegenden Jahren viel von früher verlorenem Terrain zurückgewinnen können.
Unter den rund drei Dutzend im geographischen Umfeld der Bankzentralen profilierten geschäftsmäßigen Vermittlern von klassischer, moderner und zeitgenössischer Kunst besitzen nicht wenige überregionale Ausstrahlung und sind aufgrund der Qualität ihres Programms lohnend für einen Besuch.

Galerien (Auswahl)

Galerie Appel & Fertsch, Corneliusstraße 30, Tel. 749377
Ihre Vernissagen sind für das hiesige Galerienpublikum ein Muß. Zeitgenossen und bereits zu Klassikern gewordene deutsche Künstler prägen das Programm der 1959 gegründeten Galerie: Michael Croissant, Kurt Gonschior und Gotthard Graubner, um nur drei zu nennen.

Frankfurter Kunstkabinett Hanna Berrer vom Rath, Braubachstraße 15, Tel. 281085
Eine sehr persönliche Affinität zu den Meistern des deutschen Expressionismus war es, die Hanna Bekker vom Rath 1947 zur Gründung des traditionsreichen Unternehmens bewog. Unter Leitung von Margarete Wegner findet sich die Generation nach Heckel, Kirchner und Schmidt-Rottluff nun ebenfalls im Programm repräsentiert: Bernhard Heisig, Elvira Bach und zeitgenössische Abstrakte.

Galerie Timm Gierig, Weckmarkt 17, Tel. 287111
Timm Gierigs 1965 etablierte Galerie hat sich über die Jahre stets die Sensibilität für innovative Tendenzen erhalten können. Im Mittelpunkt stehen Bildhauerei (Emil Cimiotti) und durchweg expressionistische Vertreter zeitgenössischer Malerei: Jürgen Brodwolf, Hartwig Ebersbach, Franz Hitzler, Dieter Krieg.

Galerie Rothe/Graphisches Kabinett im Westend, Barckhausstraße 6, Tel. 722717/728015
Dem seit 1987/1988 in Frankfurt tätigen galeristischen Duo Maria und Wolfgang Rothe kommt schon seit den späten Fünfzigern eine überragende Rolle insbesondere bei der Förderung des deutschen Informel zu. Die internationale Resonanz auf Künstler wie Emil Schumacher, Gerhard Hoehme, Hann Trier, Karl Fred Dahmen und Bernard Schulze wäre ohne die kundige Begleitung durch die Rothes nicht denkbar. Das Graphische Kabinett gilt daneben auch als eine der ersten Adressen für die Publikation von durchweg kleinauflagigen, exquisiten Editionen der Druckgraphik und vorzüglich dokumentierten Nachschlagewerken.

Galerie Meyer-Ellinger, Brönnerstraße 22, Tel. 292994
Herbert Meyer-Ellinger ist es, der den Frankfurtern in den zurückliegenden mehr als zwanzig Jahren einen großen Fundus internationaler Tendenzen vermittelt und herausragende Namen wie Picasso, Chillida und Kirkeby, aber auch heimische Künstler wie Nay, Antes, Baselitz, Girke und Graubner bekannt gemacht hat.

Galerien (Fortsetzung)

Kunsthandlung Helmut H. Rumbler, Börsenplatz 13–15, Tel. 291142
In unmittelbarer Nachbarschaft zum hektischen Frankfurter Börsenleben findet der subtile Kenner und Liebhaber qualifizierter Altmeistergraphik wie auch der graphischen Sammlungen der großen internationalen Museen eine wahre Wallfahrtsstätte ihrer Leidenschaften. Die von Helmut H. Rumbler und seiner Frau Petra 1971 gegründete und konsequent aufgebaute Kunsthandlung gilt mittlerweile zurecht als eine der weltweit führenden Adressen bei der Beschäftigung mit dem graphischen Oeuvre von Dürer, Rembrandt, Tiepolo, Piranesi und Goya, ein Ruf, zu dem in hohem Maß auch die hervorragend dokumentierten Ausstellungskataloge des Frankfurter Hauses beigetragen haben dürften.

Geld

Öffnungszeiten

Banken und Sparkassen sind im allgemeinen montags bis freitags von 8.30 bis 13.00 und 14.00 bis 16.00, donnerstagnachmittags zusätzlich bis 17.30 Uhr geöffnet.

Geldwechsel

Geldwechsel ist möglich bei allen Sparkassen und Banken mit Kundenschalter, in den Hauptpostämtern der Innenstadt und des Flughafens, in den großen Kaufhäusern und Hotels (z.T. mit Aufschlag).

Spätschalter

Bank für Gemeinwirtschaft
Flughafen, Abflughalle B, Tel. 690-38651
Mo.–Sa. 7.00–21.30 Uhr

Commerzbank
Flughafen, Ankunfthalle B, Tel. 6958000, tgl. 6.15–22.00 Uhr

Deutsche Bank
Flughafen, Abflughalle B, Tel. 690-32081, tgl. 7.00–21.30 Uhr

Deutsche Verkehrs-Kredit-Bank
Flughafen, Ankunfthalle B, Tel. 690-35061, tgl. 7.30–21.30 Uhr
Hauptbahnhof, Südseite, Tel. 2648-201, tgl. 6.30–22.00 Uhr
Hauptbahnhof, Einkaufspassage, Tel. 2648-241, tgl. 8.00–19.00 Uhr

Dresdner Bank
Flughafen, Tel. 690-37441
Abflughalle A und Transithalle B, tgl. 7.00–21.30 Uhr

Hotels

Hotelverzeichnis

Ein Verzeichnis aller Hotels, Pensionen und Gasthöfe ist erhältlich bei der Tourismus+Congress GmbH (Anschrift ⟶ Auskunft).

Zimmerreservierungen

Zimmerreservierung der Tourismus+Congress GmbH
per Tel. 212-30808
Mo.–Fr. 8.00–20.30, Sa., So., Fei. 9.00-17.30 Uhr
per Fax 212-40512

DER Deutsches Reisebüro
Flughafen-Ankunfthalle B, Tel. 693071
Geöffnet tgl. 8.00–21.00 Uhr

FAG Flughafen-Reisebüro
Ankunfthalle B, Tel. 690-66211
Geöffnet tgl. 8.00–18.30 Uhr

Zimmerreservierungen (Fortsetzung)

Messe Frankfurt
Ludwig-Erhard-Anlage 1, Torhaus (nur für Messeteilnehmer), Tel. 7575-6696
Geöffnet Mo.–Fr. 8.00–16.15, an Messen tgl. 8.00–19.00 Uhr

Mitwohnzentralen

Frankfurter Mitwohnzentrale Tel. 19445
Mitwohnzentrale City, Tel. 296111

Abkürzungen

Z. = Zimmerzahl
Hb. = Hallenbad
App. = Appartement

Preiskategorien (Normalpreis im Einzelzimmer)

I = 205–355 DM
II = 140–204 DM
III = 50–140 DM

Hinweis

Während viele Hotels Preisermäßigungen an Wochenenden gewähren, wird zu Messezeiten ein erhöhter Zimmerpreis verlangt.

Hotels der Preiskategorie I

*Arabella Grand Hotel Frankfurt, Konrad-Adenauer Str. 7, D-60313 Frankfurt am Main, Tel. 2981702, Fax 2981812, 378 Z., 29 Studios, 11 Suiten, 13 Konferenzräume, Hb.
Viele 'Very Important Persons' wohnten bereits in diesem Fünfsternehotel, dessen große, teilweise dreigeschossige Hotelhalle mit glasüberdecktem Atrium lichte Weite vermittelt.
Das sechsstöckige, im östlichen Teil der Frankfurter Innenstadt an Konstablerwache und Zeil gelegene Luxushotel (1989 erbaut) verfügt über individuell eingerichtete Zimmer; der Stil reicht von Art déco über italienisches Design bis hin zu modernem Mobiliar. Die zweigeschossigen Maisonettesuiten und die ebenfalls zweigeschossige Präsidentensuite liegen im 6. Stock, wo sich ein separater Empfang mit Lounge befindet.
Kulinarisch verwöhnen lassen kann man sich in den sieben Restaurants und in der Bar. Dazu gehören das Seafood-Restaurant Premiere (Gourmetlokal) mit internationalen und Fischspezialitäten, das Restaurant Dynasty mit chinesischen Spezialitäten, das Teppan-Yaki Restaurant Mikari mit Sushibar, die Bierstube Zur Posthalterei, die Rhapsodie Bar und das Café Boulevard, in dem zum High Tea (15.00–17.00 Uhr) feinste Teesorten, Snacks und Teegebäck serviert werden.
Im 6. Obergeschoß, über den Dächern Frankfurts, befindet sich ein 450 m² großer Fitneß- und Badebereich, das Balneum Romanum, das nicht nur Hotel-, sondern auch fremden Gästen zur Verfügung steht und Fitneß von der Sauna über das Dampfbad, Schwimmbad, Massage, Solarium bis zu Trimmgeräten bietet.
Regelmäßig werden im Foyer des Hotels Ausstellungen sowie an Weihnachten und Silvester festliche Veranstaltungen organisiert.

Best Western Alexander am Zoo, Waldschmidtstr. 59–61, D-60316 Frankfurt am Main, Tel. 949600, 50 Z., 9 Suiten mit Deluxe Komfort, Fax- und PC-Anschluß
Kleines Stadthotel mit persönlicher Atmosphäre; Pianobar

Best Western Hotel National, Baseler Str. 50, D-60329 Frankfurt am Main, Tel. 27393-0, Fax 234460, 70 Z.
Im zentral gelegenen Hotel intime Atmosphäre durch mit kostbarem alten Mobiliar eingerichtete Zimmer; gemütliche Hotelbar

Best Western Imperial Hotel Am Palmengarten, Sophienstr. 40, D-60487 Frankfurt am Main, Tel. 7930030, Fax 79300388, 60 Z.
Elegant ausgestattete, schallisolierte und vollklimatisierte Zimmer im First-Class-Hotel am Palmengarten; Grillrestaurant La Provence mit französischer und internationaler Küche (Fisch- und Fleischspezialitäten vom Grill, erlesene Weine; Pilsbar)

*Hessischer Hof, Friedrich-Ebert-Anlage 40, D-60325 Frankfurt am Main, Tel. 75400, Fax 7540924, 117 Z., davon 7 Suiten

Preiskategorie I (Fortsetzung)

Das im Westend, direkt gegenüber dem Haupteingang der Messe gelegene Hotel – einst Stadtpalais der Prinzen von Hessen – ist Mitglied der Leading Hotels of the World.
Der Wintergarten in der Halle eignet sich für Geschäftsgespräche. Der Blaue Gang, der von der Halle zum Nordtrakt führt, ist u.a. mit alten Möbeln und Gemälden bestückt, die sich im Besitz der Prinzen von Hessen befinden. Die Zimmer im Nordflügel wurden alle mit Antiquitäten, jedoch individuell gestaltet. Im Festsaal, der sich sowohl für größere Veranstaltungen als auch für Bälle eignet, zieren sehenswerte alte chinesische Bildtapeten und venezianische Lüster den Raum. In stilvollem Ambiente wird der Gast bestens umsorgt (Teetrinker können unter 10 verschiedenen Teesorten wählen). Internationale und regionale Küche bietet das Restaurant Sèvres (hier Vitrinen mit Sèvres-Porzellan); Jimmy's Bar (Pianomusik live) ist Treffpunkt von Hotelgästen und Einheimischen.

Hotel An der Messe, Westendstr. 104, D-60325 Frankfurt am Main, Tel. 747979, Fax 748349, 46 Z., 2 Suiten
Angenehme Atmosphäre in dem zentralen, doch ruhig und unweit der Messe gelegenen Hotel

*Intercontinental Frankfurt, Wilhelm-Leuschner-Str. 43, D-60329 Frankfurt am Main, Tel. 26050, Fax 252467, 772 Z., 49 Suiten, 1 App., Hb.
Das zentral am Mainufer, unweit von Hauptbahnhof, Oper und Museumsmeile gelegene Hotel bietet mit zahlreichen Tagungsräumen und dem Executive Conference Center auf der 21. Etage (mit überwältigender Aussicht) hervorragende Möglichkeiten für Tagungen und Konferenzen. Zum Entspannen laden ein neben Brasserie (Tagesrestaurant mit internationalen Speisen sowie preisgünstigen Tellergerichten und auch Snacks; Do. Meeresfrüchtebuffet, So. Jazz-Brunch) und Bierstube (mit deutschen Spezialitäten; an Sommerabenden auch Barbecues im Freien) sowie Piano Bar auch der fit&fun Club mit Hallenschwimmbad, Whirlpool, Sauna u.v.a. Die Modernisierung des Hotels, die im Mai 1993 begann, wird voraussichtlich im Jahr 1997 abgeschlossen sein.

*Kempinski Gravenbruch Hotel Frankfurt, Postfach 2168, D-63243 Frankfurt am Main/Neu-Isenburg, Tel. (06102) 505-0, Fax -915, Gästefax 505900, 259 Z., 30 Suiten, Hb., beheiztes Freibad mit Liegewiese, Sauna, Solarium, Fitness-Studio, Tennis; Golf und Reiten nahebei
Das gepflegte Luxushotel im Landhausstil (Mitglied von The Leading Hotels of the World), einst Landsitz mit Forsthaus und Jagdschlößchen, liegt 15 Autominuten vom Frankfurter Flughafen und der Innenstadt entfernt in einer 15 ha großen Parkanlage am Parksee. Die Zimmer sind großzügig eingerichtet und vollklimatisiert. Bankett- und Konferenzmöglichkeiten bestehen für bis zu 600 Personen. Im Angebot sind u.a. Beauty Farm mit Schönheits- und Kosmetikprogrammen, Damen- und Herrenfriseur, Boutiquen. Im eleganten, doch behaglichen Restaurant Forsthaus (auch schattiges Terrassenlokal im Sommer) mit Blick auf den Park werden gehobene Küche regionaler Art, in der rustikalen Forsthaus-Schänke zünftige regionale Spezialitäten geboten; traditionelle deutsche Gerichte werden in der Torschänke, einer Jagdhütte aus dem 15. Jh., im Sommer auch im Schoppenhof serviert.

Le Méridien Parkhotel, Wiesenhüttenplatz 28, D-60329 Frankfurt am Main, Tel. 26970, Fax 2697884, 299 Z. und Suiten.
In unmittelbarer Nähe des Hauptbahnhofs liegt das Parkhotel mit z.T. prächtiger, unter Denkmalschutz stehender Fassade aus der Zeit der Jahrhundertwende. Restaurant Le Parc, Sommerterrasse und Piano-Bar Casablanca; zahlreiche Tagungssäle. Die Küche bietet u.a. ein breites Angebot an erlesensten internationalen Speisen und köstlichsten Desserts. Hier hatte der berühmteste Koch der Welt, Paul Bocuse, seinen ersten Auftritt im Ausland.

Maritim Hotel Frankfurt, Theodor-Heuss-Allee 3, D-60327 Frankfurt am Main, Auskunft Tel. (06151) 905736, 543 Z. und Suiten, Hb.

Preiskategorie I (Fortsetzung)

Eröffnung im September 1996 im Congress Center Messe Frankfurt (⟶ Messen)
Luxuriös eingerichtete klimatisierte Zimmer, zwei Restaurants, elegante Hotelbar mit täglicher Live-Musik, Fitneßraum, Sauna, Dampfbad u. v. a.; diverse Konferenzräume

*Steigenberger AVANCE Frankfurt Airport, Unterschweinstiege 16, D-60549 Frankfurt am Main, Tel. 69750, Fax 69752505, 421 Z., 35 Suiten, Hb.
Behagliche Atmosphäre in den Räumen bzw. Suiten mit TV, Video und Klimaanlage; Fitness Center mit Blick auf den Flughafen, Sauna, Solarium, Massage u. v. a.; Business Center und mehrere Restaurants wie Park Restaurant mit internationaler Küche, historisches Waldrestaurant Unterschweinstiege mit regionaler Küche; Bistro, Bar, Montgolfière Diskothek mit Live-Musik.

Sofitel Frankfurt, Savignystr. 14–16, D-60325 Frankfurt am Main, Tel. 75330, Fax 7533175, 124 Z.
Das Hotel, wegen seiner Architektur auch 'Glashaus' genannt, ist im Westend, unweit der Messe gelegen. Elegant eingerichtete und klimatisierte Zimmer mit großzügig ausgestatteten Bädern, besonders hübsche Räume im Westendflügel; bekanntes Tagungshotel

Der prachtvolle Frankfurter Hof hat schon viele berühmte Persönlichkeiten beherbergt.

*Steigenberger Frankfurter Hof, Am Kaiserplatz 17, D-60311 Frankfurt am Main, Tel. 215-02, Fax 215-900, 347 Z., 38 Suiten.
Das prachtvolle Haus aus der Gründerzeit, Treffpunkt der feinen Gesellschaft (Gäste waren u. a. Thomas Mann und Henry Kissinger) und noble Adresse für Feinschmecker, ist eines der führenden Grandhotels in Europa, im Herzen Frankfurts gelegen, 750 m vom Hauptbahnhof, 4 km vom Messegelände und 14 km vom Flughafen entfernt. Der größte Teil der Hotelzimmer ist u. a. mit Telefaxgeräten ausgestattet, Kinder bis 12

Preiskategorie I (Fortsetzung)

Jahre sind im Zimmer der Eltern frei. An Wochenenden und für Tagungen werden Sonderpreise und Arrangements angeboten. Für höchste Ansprüche steht die stilvolle Präsidenten-Suite zur Verfügung. Beliebte Treffpunkte sind die Hotelrestaurants *Français, Hofgarten (auch Terrassenlokal), Frankfurter Stubb sowie das Bistro Kaiserbrunnen und die Lippizaner Bar.

Preiskategorie II

Best Western Bauer Hotel Domicil, Karlstr. 14, D-60329 Frankfurt am Main, Tel. 27111-0, Fax 253266, 70 Z.
Komfortabel ausgestattete Zimmer in dem nahe Bankenviertel, Hauptbahnhof und Messe gelegenen Hotel

Palmenhof, Bockenheimer Landstr. 89–91, D-60325 Frankfurt am Main, Tel. 7530060, Fax 75300666, 46 Z., 2 Suiten.
Das in rotem Sandstein im Jahr 1890 erbaute und 1985 renovierte Hotel ist im Nobelstadtteil Westend, unweit Bankenviertel und Messe gelegen. Die Zimmer sind mit neuzeitlichem Komfort sowie Fax, PC, Anrufbeantworter und Modem ausgestattet. Stilvolle Atmosphäre herrscht im Restaurant Bastei; angeboten werden neben fränkischen Spezialitäten Fische aus eigenen Gewässern sowie Wildbret.

Ramada Caravelle Hotel Frankfurt, Oeserstr. 180, D-65933 Frankfurt am Main, Tel. 39050, Fax 3808218, 236 Z., Hb.
Die Zimmer sind mit zeitgemäßem Komfort ausgestattet. Die Benutzung von Hallenbad, Sauna und Sonnenterrasse im 12. Stock (*Aussicht auf die Skyline von Frankfurt) ist gratis. Ein kostenfreier Airportshuttle fährt zwischen Hotel und Flughafen, ferner ein Messeshuttle zu allen Frankfurter Messen. Die Speisekarte des Restaurants Hessenstube reicht von kleinen Snacks über regionale zu internationalen Spezialitäten. Gemütliche Caravelle-Hotelbar.

Ramada Hotel garni Frankfurt Nordwest-Zentrum, Walter-Moeller-Platz 2, D-60439 Frankfurt am Main, Tel. 580930, Fax 582447, 93 Z.
Im Einkaufszentrum Nordwest Zentrum, integriert in das Freizeit und Kongreßzentrum Titus-Forum, bietet das Hotel günstige Preise, gemütliche Atmosphäre und gute Tagungsmöglichkeiten.

Scandic Crown Hotel Frankfurt, Wiesenhüttenstr. 42, D-60329 Frankfurt am Main, Tel. 273960, Fax 27396795, 144 Z. und 4 Studios, Hb.
Am Haupbahnhof gelegenes modernes Hotel, ideal auch für Tagungen und Konferenzen. Im Restaurant wird nahezu alles – vom vitaminreichen Businesslunch bis zu internationalen (u.a. auch skandinavischen) Spezialitäten – serviert.

Preiskategorie III

Am Dom, Kannengießergasse 3, D-60311 Frankfurt am Main, Tel. 282141, Fax 283237, 30 Z., 4 Suiten, 4 App.
Im historischen Zentrum der Stadt gelegenes Haus mit gemütlichen Zimmern.

Ibis Frankfurt West, Königsberger Str. 1–3, D-60487 Frankfurt am Main, Tel. 247070, Fax 24707132, 114 Z. (auch Nichtraucher- und behindertengerechte Zimmer)
Das Hotel liegt ca. 3 km vom Hauptbahnhof entfernt und verfügt über hell und freundlich eingerichtete Zimmer, eine gemütliche Hotelbar und einige kleinere Konferenzräume.

InterCity Hotel Frankfurt (Steigenberger), Poststr. 8, D-60329 Frankfurt am Main, Tel. 273910, Fax 27391999, 224 Z.
Das Hotel liegt direkt am Hauptbahnhof. Die Zimmer sind hell und freundlich eingerichtet sowie schallisoliert (auch Farb-TV mit Kabelanschluß, Minibar, Tel. und Fax). Ab 6.30 Uhr kann man von einem reichhaltigen Frühstücksbuffet wählen, abends gibt es eine kleine Karte mit Speisen und Getränken.

Motel Frankfurt, Eschersheimer Landstr. 204, D-60320 Frankfurt am Main, Tel. 568011, Fax 568010, 65 Z.
Freundliches Motel mit einem Autoparkplatz vor dem Appartement in zentraler ruhiger Lage (2 km bis zur Innenstadt), umgeben von einer

Hotels, Preiskategorie III (Fortsetzung)

Park- und Gartenlandschaft. Wochenendrabatte für Ehepaare auf Anfrage möglich.

Nizza, Elbestr. 10, D-60329 Frankfurt am Main, Tel. 2425380, Fax 242538 30, 24 Z.
Künstlerhotel nahe Mainufer Nizza (wegen seiner mittelmeerischen Flora so genannt) in einem schönen Haus aus der Gründerzeit mit individuell möblierten Zimmern mit Parkettfußböden, z.T. extravaganten Bädern sowie einer Hotelbar und einem Billardraum; Blick auf einen Teil der Frankfurter Skyline von der 5. Etage.

Steigenberger Maxx Hotel Langen, Robert-Bosch-Str. 26, D-63225 Langen, Tel. (06103) 9720, Fax 972555, 208 Z.
In Langen, 15 km vom Flughafen Frankfurt entfernt, liegt das 1992 erbaute Haus mit anglo-amerikanischen Stilelementen der dreißiger, vierziger und fünfziger Jahre; an den Wänden Fotografien, Plakate und Reklameschilder von damals; Dampfbad, Sauna. Die Zimmer sind in warmen Erdtönen gehalten; die Bar – mit viel Holz und Leder – erinnert an Rick's Café aus dem Film "Casablanca". Neben American Breakfast, Barbecue und frischen Salaten wird auch hessische Küche geboten; kredenzt werden u.a. Samuel Adams Bier und kalifornischer Wein. Beliebtes Tagungshotel

Jahrmärkte und Volksfeste

Während der Zeit von Mitte Juli bis Mitte Oktober lohnen in den Frankfurter Stadtteilen, z.B. in Oberrad, Praunheim, Bornheim und Schwanheim, Kirchweihfeste einen Besuch.
Kirchweih in Nied wird von Ende April bis Anfang Mai an der Niddabrücke gefeiert.

Februar

Fastnachtsveranstaltung auf dem Römerberg/Paulsplatz
Fastnachtssonntag: Umzüge durch die Innenstadt
Fastnachtsdienstag: Heddernheimer Fastnachtszug

März/April

Frühjahrs-Dippemess' auf dem Festplatz am Ratsweg: traditioneller Frankfurter Frühjahrsmarkt, ursprünglich hauptsächlich Töpferwaren, heute allgemeiner Rummel

April/Mai

Frühlingsfest Sossenheim auf der Kurmainzer Straße

Mai

Kunsthandwerk Heute auf dem Paulsplatz: Kunsthandwerker- und Händlermarkt
'Frankfurter Wäldchestag' am Dienstag nach Pfingsten, 'Nationalfeiertag' der Frankfurter, mit viel Rummel im Stadtwald (Wäldchen am Oberforsthaus)
Sommerfest Eckenheim, Hügelstraße

Juli

Höchster Schloßfest

August

Mainfest auf dem Paulsplatz, Römerberg, Fahrtor und dem angrenzenden Mainkai mit traditionellem Fischerstechen, bei dem zwei in Nachen stehende Kämpfer mit langen Stangen versuchen, sich ins Wasser zu stoßen
Museumsuferfest: Kulturfest mit Künstlern aus aller Welt am Mainkai, Untermainkai und Schaumainkai
'Bernemer Kerb' (Bornheimer Kirchweih), Veranstaltungsort: Weiße Erde
Brunnenfest Sachsenhausen mit Wahl der Brunnenkönigin am Deutschherrnufer

Ende August/Anfang September

Rheingauer Weinmarkt auf der Freßgass' und dem Opernplatz: Rheingauer Winzer verkosten edle Weine und Sekte auf Frankfurts 'Flaniermeile'
Berger Markt auf dem Berger Marktplatz

Herbst-Dippemess' auf dem Festplatz am Ratsweg: Pendant zur Frühjahrs-Dippemess' — September

Jahrmarkts-Zeiten: nostalgischer Jahrmarkt mit mittelalterlichem Markt und Kulturspektakulum auf der Zeil/Konstabler Wache — Oktober

Weihnachtsmarkt von der Zeil über Römerberg und Paulsplatz bis zum Main. Rahmenprogramm: Internationale Weihnacht, Veranstaltungsstätten: Liebfrauenberg, Neue Kräme, Paulsplatz, Römerberg, Fahrtor und Mainkai. — Dezember

Jugendherbergen

in Frankfurt

In Frankfurt selbst gibt es nur eine Jugendherberge, die dem DJH zwar angeschlossen, deren Träger jedoch der Verein Haus der Jugend e.V., Frankfurt, ist:

Haus der Jugend (Jugendherberge und Jugendgästehaus)
Deutschherrnufer 12 (zwischen Untermain- und Obermainbrücke)
D-60594 Frankfurt am Main
Tel. 619058, Fax 618257
500 Betten, auch Appartements und Zweibettzimmer, Familienzimmer und Zimmer für Rollstuhlfahrer

Jugendherbergen in der näheren Umgebung Frankfurts

Hochtaunus-Jugendherberge Oberreifenberg
(auch für Familienferien geeignet)
Fritz-Emmel-Jugendherberge
Limesstr. 14, D-61389 Schmitten
Tel. (06082) 2440, Fax 3305

Jugendherberge Bad Homburg
DJH-Haus Saalburg
Meiereiberg 1, D-61348 Bad Homburg
Tel. (06172) 23950, Fax 22312

Jugendherberge Darmstadt
Am Großen Woog,
Landgraf-Georg-Str. 119, D-64287 Darmstadt
Tel. (06151) 45293, Fax 422535

Weitere Auskünfte

Weitere Auskünfte erteilt das Deutsche Jugendherbergswerk, Landesverband Hessen e.V., Stegstr. 33, D-60594 Frankfurt am Main, Tel. 60913-0, Fax 60913-34.

Kinder

Zoo, Palmengarten, Historische Eisenbahn, Bäder

Besonders beliebt bei Kindern ist ein Ausflug in den Zoologischen Garten mit Exotarium und Grzimek-Haus, ferner ein Besuch im Palmengarten mit seinen tropischen Pflanzen und zahlreichen Themengärten (⟶ Sehenswürdigkeiten von A bis Z, Zoologischer Garten und Palmengarten). Vergnügen bereitet Kindern und Jugendlichen aber u.a. auch eine Fahrt mit einer historischen Eisenbahn (⟶ Ausflüge). Spaß macht ferner das Planschen in einem der ⟶ Bäder.

Kinder- und Jugendtheater

Des weiteren lohnen diverse unter ⟶ Theater erwähnte Bühnen wie das Theater im Laden, das Kinder- und Jugend-Theater Frankfurt im Bürgerhaus Nordweststadt oder das Kinder- und Jugendtheater 'Grüne Soße' einen Besuch.

Kinder-
kulturprogramm

Eine Übersicht über das Kinderkulturprogramm (Kino- oder Theaterveranstaltungen in den verschiedenen Frankfurter Stadtteilen) ist abzuholen (kein Versand möglich) bei Inter-Treff Frankfurt (Jugendkiosk, -reiseberatung), Hauptwache/B-Ebene, Tel. 212-34430; geöffnet Mo.–Fr. 10.00 bis 18.00 Uhr.

Spielwaren

Als Spielwarengeschäfte empfehlen sich Behle und Larry's Drachenshop (⟶ Einkaufen und Souvenirs).

Kindermuseum

Das im Historischen Museum untergebrachte Kindermuseum (⟶ Sehenswürdigkeiten von A bis Z, Saalhof; Tel. 212-35154) organisiert u.a. Wechselausstellungen mit Kindern in Spielform.

Wald-
spielparks,
Grillplätze

Über Waldspielparks und Grillplätze informiert das Forstamt, Flughafenstr. 3, Tel. 212-33649 (⟶ Sehenswürdigkeiten von A bis Z, Stadtwald).

Kinder- und
Jugendbibliothek

Für 'Leseratten' empfiehlt sich – und das nicht nur bei schlechtem Wetter – ein Besuch der Zentralen Kinder- und Jugendbibliothek, Arnsburger Str. 24, Tel. 212-33631.

Babysitter-
Vermittlung

Tel. 559405

Weitere Auskünfte

Weitere Auskünfte erteilt das Jugendamt Frankfurt, Tel. 212-33410.

Kinos

Es gibt in Frankfurt über 70 Erstaufführungskinos und Programmfilmtheater, von denen die meisten rings um die Hauptwache und in der Kaiserstraße sowie in der Weißfrauenstraße liegen. Die Kinoprogramme sind einmal wöchentlich der Tagespresse zu entnehmen (FAZ z.B. freitags) bzw. unter der telefonischen Ansage 11513 (Innenstadt, A–F) und 11514 (Innenstadt, G–Z) zu erfahren.

Airportkinos

Frankfurt Flughafen, Bereich C, Tel. 6904645

Autokino

Autokino Gravenbruch, Tel. (06102) 5500

Programmkinos

Berger 177 Cinema Studios, Bornheim
Berger Str. 177, Tel. 456405

Harmonie, Sachsenhausen
Dreiechstr. 54, Tel. 613550

Orfeo, Bockenheim
Hamburger Allee 45, Tel. 702218

Kommunales Kino
im Deutschen
Filmmuseum

Eine ursprünglich Frankfurter Einrichtung ist das im Jahr 1970 von H. Hofmann gegründete Kommunale Kino, das seit 1985 im Deutschen Filmmuseum (Sachsenhausen, Schaumainkai 41, Tel. 21238830) untergebracht ist. In seinem täglich mehrmals wechselnden Programm werden Filme unabhängig von ihrem kommerziellen Wert präsentiert, die aus künstlerischen, filmhistorischen oder anderen Gründen besonders bemerkenswert sind.
Infolge des Frankfurter Kinos entstanden in der gesamten Bundesrepublik Deutschland etwa 130 andere Kommunale Kinos, die ebenfalls dem Film den gleichen kulturpolitischen Rang wie den anderen Kunstgattungen einräumen.
Vorstellungen: Di.–Do. 18.00, 20.30 und 22.00 Uhr, Fr., Sa. 22.30 oder 23.00 Uhr. Sonntags um 15.30 Uhr werden speziell ausstellungsbegleitende Programme gezeigt.

Märkte

Markthallen

Während in der Großmarkthalle (⟶ Sehenswürdigkeiten von A bis Z), dem zentralen Umschlagplatz des gesamten Rhein-Main-Gebiets für Obst und Gemüse, von den Frankfurtern eher zärtlich als respektvoll 'Gemieskerch' ('Gemüsekirche') genannt, nur Händler einkaufen dürfen, lockt Frankfurts beliebtester Lebensmittelmarkt, die Kleinmarkthalle (⟶ Sehenswürdigkeiten von A bis Z), Hasengasse 5–7, auch Kleinverbraucher mit einer bestechenden Vielfalt an knackigem Gemüse und frischen Kräutern, appetitlichem Obst, knusprigem Brot und zahllosen Käsesorten. Einen zusätzlichen Reiz hat dieser Ort kulinarischer Vorfreuden gewonnen, seit sich im Obergeschoß eine Reihe türkischer Metzger etabliert hat, die mit ihrem 'duftenden' Angebot einen Hauch Orient verbreiten.

Wochenmärkte

Wochenmarkt an der Kleinmarkthalle Höchst, Antoniterstraße
Di., Fr., Sa. 8.00–13.00 Uhr

Bornheimer Wochenmarkt, Berger Straße
Mi. 8.00–18.00, Sa. 8.00–14.00 Uhr

Fallen die Markttage des Wochenmarkts an der Kleinmarkthalle Höchst und der Bornheimer Wochenmarkt auf einen Feiertag, so finden die Märkte einen Tag zuvor statt. Die Verkaufszeiten des jeweils im Dezember eines jeden Jahres stattfindenden Weihnachtsbaummarktes sind den Tageszeitungen zu entnehmen.

Messen

Frankfurt ist Messestadt; Handelsmessen haben hier eine über 800jährige Tradition. Neben den 10 Hallen mit 273 000 m² Ausstellungsfläche steht ab Ende 1996 das multifunktionale (= Tagen – Wohnen – Ausstellen) Congress Center Messe Frankfurt (⟶ Sehenswürdigkeiten von A bis Z ⟶ Messegelände) mit dem Maritim Hotel Frankfurt (⟶ Hotels) zur Verfügung. Auskünfte hierüber sowie über sämtliche in Frankfurt stattfindende Messen und Ausstellungen (⟶ Veranstaltungen) erteilt:
Messe Frankfurt GmbH,
Ludwig-Erhard-Anlage 1, Postfach 15 02 10, D-60062 Frankfurt am Main,
Tel. 7575-0, Fax 7575-6433.

Mietwagen (Auswahl)

ADAC-Autovermietung

Borsigallee 31, Tel. 41 25 75
Hauptbahnhof, Tel. 25 09 29
Flughafen, Tel. 69 14 50

Avis

Avis, bundesweit Tel. (01 80) 5 55 77
Hanauer Landstr. 334, Tel. 29 10 28
Hauptbahnhof, Tel. 23 40 02
Flughafen, Terminal 1, Ankunftshalle A, Tel. 690-3 26 31

Europcar

Europcar, bundesweit Tel. (01 80) 5 22 11 22
Hanauer Landstr. 334, Tel. 29 10 28/29
Flughafen, Terminal 1, Ankunftshalle A, Tel. 690-5 46 41

Hertz

Hertz, bundesweit Tel. (01 80) 5 33 35 35
Hanauer Landstr. 106, Tel. 44 90 90
Flughafen, Terminal 1, Ankunftshalle A, Tel. 690-5 01 11

Mietwagen (Fortsetzung) Sixt Budget

Sixt Budget, bundesweit Tel. (0180) 5214141
Römerhof, Tel. 705018
Flughafen, Terminal 1, Ankunftshalle A, Tel. 6970070

Museen

Gebühren

Die meisten Museen sind unentgeltlich zugänglich, nur einige verlangen ein – meist bescheidenes – Eintrittsgeld, wobei Kinder, Studenten und Gruppen Ermäßigungen erhalten (Ausweis ist vorzuzeigen). Die Eintrittspreise sind jeweils an der Kasse oder über das 'Römertelefon' 212-40000 zu erfragen.

Öffnungszeiten

Soweit nicht anders vermerkt, sind die Frankfurter Museen Dienstag bis Donnerstag von 10.00 bis 17.00 und Mittwoch von 10.00 bis 20.00 Uhr geöffnet. Montags ist generell geschlossen.

Museumsliste

Im Teil 'Sehenswürdigkeiten von A bis Z' sind folgende Museen unter dem entsprechenden Namen detailliert beschrieben:

Deutsches Architekturmuseum
Deutsches Filmmuseum
Deutsches Ledermuseum (Offenbach)
Deutsches Schuhmuseum → Deutsches Ledermuseum (Offenbach)
Dommuseum → Dom
Firmenmuseum der Hoechst AG → Höchst: Schloß
Frankfurter Brauerei-Museum → Sachsenhausen: Henninger-Turm
Goethe-Haus
Goethe-Museum
Heimatmuseum Bergen-Enkheim → Bergen-Enkheim: Altes Berger Rathaus
Historisches Museum → Saalhof
Ikonenmuseum → Deutschordenshaus
Jüdisches Museum
Karmeliterkloster (Stadtarchiv)
Kindermuseum → Saalhof
Klingspormuseum (Offenbach)
Liebieghaus (Museum alter Plastik)
Museum für Höchster Geschichte und Firmenmuseum der Hoechst AG → Höchst: Schloß
Museum für Kunsthandwerk
Museum für Moderne Kunst
Museum für Post und Kommunikation
Museum für Völkerkunde
Museum für Vor- und Frühgeschichte
Museum Judengasse
Naturmuseum Senckenberg
Schirn Kunsthalle
Städelsches Kunstinstitut und Städtische Galerie
Struwwelpeter-Museum → Schirn Kunsthalle

Weitere interessante Museen

Explora – Museum + Wissenschaft + Technik
Glauburg am Glauburg Platz
Tel. 788888
Geöffnet Di. – So. 11.00 – 17.00 Uhr

Frankfurter Kunstverein
Steinernes Haus, Markt 44
Tel. 285339
Wechselnde Ausstellungen zeitgenössischer Kunst

Museen (Fortsetzung)

Frankfurter Äpfelweinmuseum, Historisches Museum
Tel. 294400
Geöffnet Di.–Sa. 11.00–22.30 Uhr, Führungen nach Vereinbarung
Wissenswertes rund um den 'Ebbelwei'

Frankfurter Feldbahnmuseum, Bockenheim, Am Römerhof 15A
Tel. 709292
Geöffnet jeden 2. oder 3. So. im Monat 10.00–17.00 Uhr und nach Vereinbarung
Historische Dampflokomotiven

Geldmuseum der Deutschen Bundesbank, Wilhelm-Epstein-Str. 14
Führungen nur nach Vereinbarung: Tel. 95661

Heimatmuseum Schwanheim, Alt Schwanheim 6
Tel. 356007
Geöffnet So. 11.00–12.00 Uhr und nach Vereinbarung

Heinrich-Hoffmann-Museum (Struwwelpeter-Haus), Westend
Schubertstr. 20, Tel. 747969
Geöffnet Di.–So. 10.00–17.00 Uhr
Bilder, Bücher und Dokumente über Leben und Werk des Frankfurter Arztes und Kinderbuchautors

Luftfahrthistorische Sammlung der Flughafen Frankfurt AG, Flughafen-Besucherterrassen, Terminal 1 und 2
Tel. 690-66076/66647
Flugapparate, Modelle, Originalmotoren

Museum für Uhren und Schmuck
Höchst, Glockenspielhaus
Hostatorstr. 3, Tel. 303030
Geöffnet 1. Sa. im Monat 10.00–15.00 Uhr und nach Voranmeldung
Es werden seltene Exponate gezeigt.

Sportmuseum, Niederrad, Mörfelder Landstr. 362
Tel. 67804-113
Kostenlose Führungen nach tel. Voranmeldung
Interessantes aus der Geschichte des Frankfurter Sports

Stadtwerke Verkehrsmuseum, Schwanheim, Rheinlandstraße
Tel. 213-26251
Geöffnet: Sa., So., Fei. 10.00–18.00 Uhr
Führungen nach tel. Vereinbarung
Von der Pferdebahn bis zur U-Bahn zeigt das Museum eine Sammlung von Schienenfahrzeugen und Omnibussen aus Frankfurt seit 1925.

Stoltze-Turm, Innenstadt, Töngesgasse 34–36
Tel. 21702266
Geöffnet Mo.–Fr. 10.00–17.00, Mi. 10.00–20.00 Uhr
Gedenkstätte für Frankfurts Mundartdichter Friedrich Stoltze

Musik

Das Frankfurter Musikleben ist bestimmt durch vielbeachtete Opernaufführungen der Städtischen Bühnen sowie ein breites Angebot von Orchester- und Solistenkonzerten. Darüber hinaus gilt die Stadt nach wie vor als Hochburg der Jazzmusik.

Eintrittskarten

→ Vorverkaufsstellen

Musik

Konzertstätten

Es gibt mehrere große Konzertsäle, in denen vorwiegend klassische Musik gespielt wird:
Alte Oper Frankfurt
→ Sehenswürdigkeiten von A bis Z, Alte Oper, und Praktische Informationen von A bis Z, Theater

Jahrhunderthalle (Farbwerke Hoechst), Silostraße/Pfaffenwiese
Tel. 3601-240

Festhalle (Messegelände), Ludwig-Erhard-Anlage 1, Tel. 7575-0
In der Festhalle, Frankfurts 'Gut Stubb' genannt, finden neben Sport- und Messeveranstaltungen sowie Firmengalas u.a. auch Rock- und klassische Konzerte statt.

Palmengarten, Siesmayerstr. 61

Städtische Bühnen (Oper), Willy-Brandt-Platz (→ Theater)

Sendesaal des Hessischen Rundfunks, Bertramstr. 8,
Tel. 155-1 und 287573

Konzertsaal der Deutschen Bank, Junghofstraße 5–11
Informationen bei der Bachgesellschaft, Tel. (06172) 23016

Termine, Karten

Oper- und Konzerttermine werden täglich in den Frankfurter Tageszeitungen bekanntgegeben (FAZ, Frankfurter Rundschau), außerdem in der zweimal monatlich erscheinenden Frankfurter Woche oder in monatlich herausgegebenen Programmheften und Magazinen, die in den großen Hotels und an Kiosken ausliegen.
Karten gibt es u.a. an der Hauptvorverkaufsstelle in der U-Bahn-Station Hauptwache (B-Ebene), bei Ludwig Schäfer, Kartenvorverkauf, Schweizerstr. 28A, oder an der Kartenstelle Opernplatz der Alten Oper Frankfurt.

Oper

Frankfurter Opernaufführungen haben sich durch unkonventionelle Interpretation bekannter und oft gespielter Stücke einerseits und durch mutige Neuinszenierungen weniger bekannter Stücke andererseits einen Namen gemacht, der mittlerweile Weltgeltung erlangt hat.
Veranstaltungsort sind immer die Städtischen Bühnen am Willy-Brandt-Platz und nicht etwa die Alte Oper, die nach dem Wiederaufbau lediglich als Konzert-, Operetten-, Musical- und Kongreßzentrum dient.
Der Spielplan des Frankfurter Opernensembles ist an den Kassen der Städtischen Bühnen erhältlich oder kann täglich der Tagespresse bzw. alle zwei Wochen der Frankfurter Woche entnommen werden.

Jazz

Bereits in der frühen Nachkriegszeit hatte der Jazz in Frankfurt Fuß gefaßt und die Stadt dann zu einem bedeutenden Zentrum der Jazzmusik in Deutschland gemacht. Heute gibt es eine ganze Reihe von Lokalen, in denen neben Rock-, Folk- und Popmusik Jazz gepflegt wird. Während des Sommerhalbjahres musiziert man auch vielerorts unter freiem Himmel. Seit mehr als 30 Jahren findet alljährlich im Herbst das Deutsche Jazz Festival statt. (→ Baedeker Special S. 38)

Jazzlokale (Auswahl)

Brotfabrik, Bachmannstr. 2–4, Tel. 789-5513
Jazz, Salsa
Jazzkeller, Kleine Bockenheimer Str. 18A/Goethestraße, Tel. 288537 und 284927
Ältester Treffpunkt der Jazz-Szene in der Stadt; Modern, Hot und Free Live-Jazz
Jazzlokal Mampf, Sandweg 64, Tel. 448674
Live-Jazz
Jazz-Kneipe, Berliner Str. 70, Tel. 287173
Swing

Jazzlokale (Fortsetzung)

Jazz Life Podium, Kleine Rittergasse 22, Tel. 626346
Pop, Rock und Swing
Jazzhaus, Kleine Bockenheimer Str. 12
Tel. 287194
Jazz im Palmengarten, Palmengartenstraße 61, Tel. 212-01
oder 212-34480
Konzerte von Mai bis September alle 14 Tage donnerstags
ab 19.30 Uhr
Kutsch, Kleine Rittergasse 11 (Alt-Sachsenhausen), Tel. 618555
Oldtime-Piano-Jazz

Weitere Musiklokale (Auswahl)

Al Andalus, Affentorhaus 1, Tel. 617032
Flamenco u.a.
Batschkapp (=verbeulter Hut), Maybachstraße 24, Tel. 531037
Fr., Sa. Disko
Café Plazz, Tel. 774827
Irish Pub, Kleine Rittergasse 11 (Alt-Sachsenhausen), Tel. 615996
Celtic Folk Music und Modern
Musiklokal Südbahnhof, Tel. 623201
Schlachthof, Deutschherrnufer 36 (Sachsenhausen)
Live-Musik zum Sonntagsfrühschoppen
Sinkkasten Arts Club, Brönnerstr. 9, Tel. 280385
Rockjazz, Blues
Spritzenhaus, Große Rittergasse 41–43, Tel. 614336
Werkstatt, Große Rittergasse 106, Tel. 621827

Nachtleben

Die Sperrstunde der Nachtlokale wird unterschiedlich gehandhabt, manche Lokale schließen schon um 1.00 Uhr, andere um 2.00 oder auch – besonders zu Messezeiten – erst um 4.00 bzw. 6.00 Uhr morgens.

Diskotheken (Auswahl)

Chamäleon, Kaiserhofstraße 13 (City), Tel. 289977
Keller-Disko
Cooky's, Am Salzhaus 4 (City), Tel. 287662
Pop, Rock, Mo. live; ideal für Nachtschwärmer, da Fr. und Sa. bis 6.00 geöffnet (sonst bis 4.00 Uhr)
Dorian Gray, Flughafen C, Ebene 0, Tel. 690-2212
Entertainment-Nightclub, Disko, Bistro; hier tanzt der Jet-Set.
Funkadelic, Brönnerstr. 11, Tel. 283808
Funk, Soul u.a.
Negativ, Walter-Kolb-Str. 1 (Sachsenhausen), Tel. 628181
Metal, Punk, Wave, Hard
Omen, Junghofstr. 14 (City), Tel. 282233
Jugend-Disko
Sky Fantasy, im Europaturm (*Ausblick), W.-Epstein-Str. (Ginnheim),
Tel. 533077
Pop u.a.

Bars (Auswahl)

Casablanca im Le Médien Parkhotel, Wiesenhüttenplatz 38, Tel. 26970
Cocktailbar
eins und zwei, Hochstraße 40 (City), Tel. 285166
Piano-Kellerbar
Jimmy's Piano Bar im Hotel Hessischer Hof, Friedrich-Ebert-Anlage 40,
Tel. 75400
Le Jardin, Kaiserhofstraße 6 (City), Tel. 289421/22
Edle Tanzbar
Montgolfière im Steigenberger AVANCE Frankfurt Airport
Unterschweinstiege 16, Tel. 694493
Edle Atmosphäre; moderne Tanzmusik live, Bar

Notdienste

Ärztliche Notdienste	Ärzte: Tel. 19292 Zahnärzte: Tel. 6607271
Bereitschafts-dienste	Ärztlicher Bereitschaftsdienst und Apothekenbereitschaftsdienst: Tel. 11500
Flughafenklinik	Tel. 690-66767 (rund um die Uhr erreichbar)
Erste Hilfe	Tel. 112
Feuerwehr	Tel. 112
Pannendienste	→ Autohilfe
Polizei	Tel. 110

Parkhäuser

Flughafen, Terminal 1 und 2, auch Behindertenparkplätze
Geöffnet durchgehend
Hauptbahnhof, Poststraße
Zufahrt über Düsseldorfer, Taunus-, Münchener und Baseler Straße
Geöffnet durchgehend
Alte Oper, Opernplatz 1A
Zufahrt über Taunusanlage, Bockenheimer Anlage
Geöffnet durchgehend
Hauptwache, Kornmarkt 10
Zufahrt über Berliner Straße
Geöffnet durchgehend
Parkhaus Kaiserplatz, Bethmannstraße 50–54
Zufahrt über Friedensstraße
Geöffnet durchgehend
Am Theater, Wilhelm-Leuschner-Str. 1
Zufahrt über Gallusanlage, Untermainanlage
Geöffnet Mo.–Sa. 7.00–1.00, So. und Fei. 10.00–1.00 Uhr
Parkhaus Wilhelm-Leuschner-Straße, Wilhelm-Leuschner-Str. 29–31
Geöffnet Mo.–Fr. 7.00–19.00 Uhr
Junghofstraße, Junghofstr. 16,
Zufahrt vom Goetheplatz und von der Taunusanlage oder Neuen Mainzer Straße
Geöffnet durchgehend
Börse, Meisengasse
Zufahrt über Hochstraße, Zwingergasse
Geöffnet durchgehend
Schiller-Passage, Taubenstr. 7
Zufahrt über Eschenheimer Turm
Geöffnet durchgehend
Karstadt, Brönnerstraße
Zufahrt über Eschenheimer Turm, Bleichstraße
Geöffnet Mo.–Mi. und Fr. 9.00–18.30, Do. 9.00–20.30, Sa. 9.00–14.00, langer Sa. bis 18.00 Uhr
Am Gericht, Klaperfeldstr. 8
Zufahrt über Bleichstraße und Seilerstraße
Geöffnet Mo.–Mi. und Fr. 7.00–20.00, Do. 7.00–21.00, Sa. 7.00–15.00, langer Sa. bis 20.00 Uhr

Parkhäuser (Fortsetzung)

Konstabler Wache, Reineckstr. 5–7
Zufahrt über Berliner Straße, Hasengasse
Geöffnet Mo.–Mi., Fr., Sa. 7.00–20.00, Do. 7.00–22.00 Uhr
Am Gewerkschaftshaus, Gutleutstr. 87
Zufahrt über Gallusanlage
Geöffnet Mo.–Fr. 7.00–20.00 Uhr
Zoo-Passage, Grüne Straße
Geöffnet tgl. 6.00–1.00 Uhr
Parkhaus Moselstraße, Moselstr. 41–43
Zufahrt über Karlstraße, Niddastraße (vom Hauptbahnhof)
Geöffnet durchgehend
Gutleut (Intercontinental Hotel), Gutleutstr. 49
Zufahrt über Gallusanlage
Geöffnet durchgehend
City-Parkhaus, Querstraße
Zufahrt über Oeder Weg
Geöffnet Mo.–Sa. 6.00–24.00 Uhr
Parkebene Römer, Dom-/Braubachstr. 15
Zufahrt über Braubachstraße
Geöffnet Mo.–Do. 7.00–1.00, Fr. und Sa. 7.00–3.00,
So., Fei. 9.00–1.00 Uhr
Senckenberganlage (Hotel Marriott), Hamburger Allee 2–10
Zufahrt über Friedrich-Ebert-Anlage
Geöffnet durchgehend
An der Bockenheimer Warte, Adalbertstr. 10
Geöffnet tgl. 7.30–1.00 Uhr
Walter-Kolb-Straße, Walter-Kolb-Str. 16
Geöffnet durchgehend
Höchst, Billtalstraße
Geöffnet werktags von 7.00 bis 1 Std. nach Ladenschluß
Karstadt Höchst, E.-Josef-Straße
Geöffnet Mo.–Fr. 7.00–19.00, Sa. 7.00–14.30 Uhr
Palmengarten, Siesmayerstr. 61
Geöffnet März–Sept. tgl. 8.00–20.00,
Okt.–Febr. tgl. von 9.00 bis
1 Std. nach Schließung des Palmengartens
Konrad-Adenauer-Straße, Konrad-Adenauer-Str. 15
Geöffnet durchgehend
Arabella Grand Hotel, Kleine Friedberger Straße
Geöffnet durchgehend
Parkhotel, Wiesenhüttenplatz 28–38
Geöffnet durchgehend
Mousonturm, Waldschmidtstr. 6
Geöffnet tgl. 15.00–1.00 Uhr
Behördenzentrum, Mannheimer Straße
Geöffnet Mo.–Fr. 7.00–21.00 Uhr
Westend, Savignystr. 58
Geöffnet tgl. 6.00–2.00
Trianon, Mainzer Landstr. 16
Geöffnet Mo.–Fr. 6.00–24.00
Messeturm, Friedrich-Ebert-Anlage, Tel. 751131
Geöffnet durchgehend

Parks und Grünanlagen

Wer sich vom hektischen Großstadtbetrieb erholen möchte, findet herrliche Spazierwege außer in den Wallanlagen (u.a. mit Bethmannpark und chinesischem Garten) und im Stadtwald (mit Oberschweinstiege und Oberforsthaus) beispielsweise auch im Grüneburgpark mit Schönhof-Pavillon, im Holzhausenpark Holzhausenschlößchen, beim Waldstadion, im

Parks und Grünanlagen (Fortsetzung)

Volkspark Niddatal (ehem. Bundesgartenschau-Gelände) sowie im Palmengarten oder im Zoologischen Garten.

Weitere Auskünfte

Weitere Auskünfte erteilen das Gartenamt, Tel. 2123-0282, sowie das Forstamt, Tel. 2123-3649.

Post

Öffnungszeiten

Hauptpostamt (auch für postlagernde Sendungen):
Zeil 110, Tel. 90901-0
Geöffnet Mo.–Fr. 9.00–18.00, Sa. 9.00–13.00 Uhr
Spätschalter: Mo.–Mi. und Fr. 18.00–19.00,
Do. 18.00–20.00 Uhr

Postamt im Hauptbahnhof, Tel. 2424270
Geöffnet Mo.–Fr. 6.00–22.00, Sa., So., Fei. 8.00–21.00 Uhr

Flughafen-Postamt, Terminal 1, Halle B, Abflugebene
Tel. 694744
Geöffnet tgl. 6.30–21.00 Uhr

Messepostamt, Messegelände, Tel. 745400
Geöffnet während der Messen tgl. 8.00–19.00 Uhr

Reisedokumente

Für Bürger der Europäischen Union (EU) besteht bei der Einreise nach Deutschland Mitführungspflicht der Ausweispapiere (Personalausweis oder Reisepaß), des nationalen Führerscheins und des Fahrzeugscheins. Schweizer Staatsbürger benötigen die Identitätskarte oder den Reisepaß, den nationalen Führerschein und den Fahrzeugschein.
Weitere Informationen erteilen der Bundesgrenzschutz in Frankfurt am Main, Tel. 695090, sowie für die Einfuhr von Tieren der Amtstierarzt im Frachtzentrum des Frankfurter Flughafens, Tel. 69692801.

Restaurants (Auswahl)

Restaurants in Frankfurt

*Windows im Europa-Turm, Wilhelm-Epstein-Str. 20, Tel. 533077
Gourmetrestaurant mit herrlichem Blick aus 220 m Höhe

Bistrot 77, Ziegelhüttenweg 1–3, Sachsenhausen, Tel. 614040
Restaurant mit erstklassiger französischer Küche und guter Ausstattung; auch Terrassenlokal

Da Anna–Am Dom, Braubachstr. 15, Tel. 283964
Italienisches Restaurant (auch Terrassenlokal) am Dom

Daitokai, Friedberger Anlage 1/Ecke Hanauer Landstraße, Tel. 4990021
Restaurant mit klassisch-moderner japanischer Küche mit Teppan Yaki: Kochkunst am Tisch und Sushi-Bar; Spezialitäten mit rohem Fisch

Die Gans, Schweizer Str. 70, Tel. 615075
Restaurant mit internationaler Küche und guter Ausstattung; auch Boulevardterrasse.

Dippegucker (=Topfgucker), am Turm: Eschenheimer Anlage 40, Tel. 551965
am Bahnhof: Ecke Münchener Straße, Tel. 234947
Spezialitäten: Muscheln, Steaks und Frankfurter Küche

Hahnhof am Scheffeleck, Tel. 595353
Gerichte der Landpfalz und andere ständig wechselnde Spezialitäten

Henninger Turm, Hainer Weg 60, Tel. 6063600/1
Drehrestaurant (101 m hoch) mit herrlichem Rundblick; hessische und internationale Spezialitäten, rustikales Räubermahl auf Anfrage, nachmittags kleine Karte; Souvenirs und Geschenke rund ums Bier im Brauereiladen; ferner Turmschänke (rustikales Restaurant am Fuß des Turms).
Le Marocain, Falkstr. 38, F-Bockenheim, Tel. 704111
Restaurant mit marokkanischer Küche und guten Weinen; jeden Freitag Bauchtanzvorführungen
Luna, Friedrich-Ebert-Anlage 32, Tel. 748960
Italienisches Restaurant und Pizzeria mit umfangreicher Speisekarte und Spezialitäten zu günstigen Preisen

Im Straßenlokal kann man die anheimelnde Atmosphäre des Römerbergs genießen.

Maier Gustl's Bayrisch Zell, Münchener Str. 57, Tel. 232092
Bierhaus/Stimmungslokal mit 2 Kapellen (warme Küche bis 3.00 Uhr)
Nizza, Untermainkai 17, Tel. 235185
China-Restaurant mit Blick auf den Main
Piemonte, Alte Mainzer Gasse 15, Tel. 293228
Gemütliches italienisches Restaurant mit vorzüglichen Speisen
Rennbahn, Waldstr. 1, Niederrad, Tel. 676786
Deutsch-französische Küche in gepflegtem Ambiente
Siam, Am Hauptbahnhof 8/Ecke Kaiserstraße, Tel. 253444
Stilechtes Thai-Restaurant mit siamesischen Spezialitäten
Villa Leonhardi, Zeppelinstr. 18, Tel. 742535
Neudeutsche und mediterrane Küche
Weinhaus Brückenkeller, Schützenstr. 6, Tel. 2980070
Beliebtes traditionsreiches Weinlokal mit sehr guter Ausstattung
Zum Kuhhirten-Turm, Große Rittergasse 114, F-Sachsenhausen, Tel. 617589
Spezialitäten: Gänsebraten, Wildbret, Pilzgerichte, See- und Flußfische

Restaurants in der Umgebung

Eppertshausen: Gasthaus Thomashütte, Tel. (06071) 31850
Speiselokal (seit 1698; auch Gartenlokal) in ruhiger Waldlage; Spezialitäten vom Rind und Wildgerichte; eigene Kelterei
Kelkheim/Ts.: Zum Goldenen Löwen, Alte Königsteiner Str. 1, Tel. (06195) 99070
Spezialität des Hauses: Löwenpfanne
Liederbach/Ts.: Gasthaus Rudolph, Alt-Niederhofheim 30, Tel. (06196) 23640
Hessische, französische und internationale Spezialitäten, eigene Apfelweinkelterei; im Sommer großes Gartenlokal mit rustikalem Grill
Niederrad: Weidemann, Kelsterbacher Str. 66, Tel. 675996
Restaurant mit gehobener Ausstattung, auch Gartenlokal
Obererlenbach: Goldene Ähre, Ahlweg 2A, Tel. (06172) 488468
Deutsch-französische Küche, Fisch- und Wildspezialitäten
Schmitten: Kurhaus Ochs, Kanonenstr. 6–8, Tel. (06084) 48-0
Familienbetrieb seit 1895 mit zwei Restaurants, einer Pilsstube und einem kleinen Café

Sport

Auskünfte

Auskünfte über Sportanlagen, Sportvereine, private Sportmöglichkeiten sind erhältlich über das 'Römertelefon' (212-40000) oder das Sport- und Badeamt (Tel. 212-33565).
Die von der Stadt organisierten 'Sportkurse für jedermann' bieten günstige Gymnastik- und Sportübungen an; Informationen über Tel. 8065-3102. Über Sportangebote für Blinde informiert Tel. 855293.

Sportstadien, Rennbahnen, Hallen
Fußball

Bekanntester Austragungsort für Fußballspiele ist das im Stadtwald (im Süden der Stadt) gelegene Frankfurter Waldstadion (mit über 30000 Sitz- und ebenso vielen Stehplätzen), in dem z. B. der Fußball-Bundesligist Eintracht Frankfurt seine Heimspiele austrägt.

Eintracht Frankfurt, Geschäftsstelle, Am Erlenbruch 25,
Kartenvorverkauf, Tel. 4209-70, Fax 420970-59
Waldstadion (nur bei Fußball-Heimspielen), Tel. 6787346

Nahebei liegen noch weitere Spielfelder, Radstadion, Kunsteisbahn, Stadionschwimmbad, Stadionsporthalle, Tennis- und Bogenschießanlage; ferner eine Minigolfanlage. Detaillierte Auskünfte erteilt die Stadion GmbH, Tel. 67804-0. Informationen über den Sportplatz am Riederwald sind erhältlich unter Tel. 420970-0.

Eissport

In der Eissporthalle Frankfurt, Am Bornheimer Hang, Tel. 212-30825, kämpfen u. a. die Frankfurter Löwen beim Eishockeyspiel. Sie kann aber auch für alle anderen Eissportarten – vom Eiskunstlauf über Eisschnellauf bis zum Eisspeedway – genutzt werden.

Radsport

Das Radstadion (400-m-Bahn), befindet sich an der Mörfelder Landstraße (Tel. 67080 11-16). Große Tradition hat das alljährlich am 1. Mai stattfindende internationale Radrennen 'Rund um den Henninger-Turm' (Länge der Strecke: 210 km), ein Klassiker für Profis und Amateure. Einzelheiten erfährt man unter Tel. 6063-445.

Ballsport

Im Frankfurter Stadtteil Höchst befindet sich die Ballsporthalle, die 5000 Zuschauern Platz bietet; Informationen sind erhältlich unter Tel. 319076.

Pferderennbahn

Die Pferderennbahn Frankfurt, auf der sonntags nach Vorankündigung Galopprennen stattfinden, befindet sich an der Rennbahnstraße im Stadtteil Frankfurt-Niederrad (Tel. 6787018).

Hallensportfeste

Hallensportfeste werden u. a. in der 18000 Personen fassenden Festhalle (Messegelände), Ludwig-Erhard-Anlage 1, veranstaltet; Auskunft erhält man unter Tel. 7575-0.

Aktivsport
Trimmpfade

Ideale Trimmpfade finden sich in → Parks und Grünanlagen, insbesondere im Stadtwald.

Galopprennen bei den Renntagen in Frankfurt-Niederrad

Tennis

Die Tennisplätze an der Frankfurter Eissporthalle stehen allen Bürgern offen; genaue Auskünfte sind erhältlich unter Tel. 212-30828.
Weitere Tennisplätze werden u.a. von folgenden größeren Anlagen mit Frei- und Hallenplätzen (nach Voranmeldung) vermietet: Waldstadion, Tennisabteilung, Tel. 67804-170/171; Tennis & Squash Park Europa, Ginnheimer Landstr. 49, Tel. 532040 und Tenniszentrum Klüh, Im Uhrig 29, Tel. 525118.

Squash

Zu den größeren Squashanlagen zählen: Squash 13, Karl-von-Drais-Str. 5A, Tel. 549090/99, Squash-Zentrum Ostpark, Ostparkstr. 35, Tel. 434756 und Tennis & Squash Park Europa (s.o.).

Fitneß

Fitneßzentren gibt es in Frankfurt 'wie Sand am Meer', darunter auch spezielle Studios für Frauen – z.B. Tanzzeil, Stiftstr. 9–17, Tel. 294610 oder 293855 –, die neben Aerobic und Gymnastik gelegentlich auch Bauchtanz, Steptanz und Jazztanz anbieten.

Eislauf

Eislaufen ist u.a. möglich in der Eissporthalle Frankfurt und auf der Kunsteisbahn an der Mörfelder Landstraße (s.o.).

Rollschuhlauf

Der Frankfurter Roll- und Eissportclub (Untermainkai 56, Tel. 233578) informiert über Rollschuhlauf auf seinen Rollschuhbahnen, auf denen auch Nichtmitglieder zugelassen sind.

Golf

Im Frankfurter Golf-Club (Golfstr. 41, Tel. 6662317/18) sind Nichtklubmitglieder nur dann zugelassen, wenn sie den Klubausweis eines anderen Golfklubs vorweisen können. Der Golfplatz liegt im Frankfurter Stadtwald. Ein öffentlicher Golfplatz mit 9 Loch und Driving-Range (auch Schnupperkurse mit Lehrer möglich) liegt 40 Minuten außerhalb Frankfurts: Golfclub Schotten, im Vogelsberg, Tel. 857774. Informationen über weitere Golfklubs in der Umgebung Frankfurts erteilt die Tourismus+Kongress GmbH (⟶ Auskunft).

Reiten

Die meisten Reitschulen liegen am Frankfurter Stadtwald; weitere Informationen erteilen u.a. der Frankfurter Reit- und Fahrclub und Frankfurter Reitsport, Hahnstr. 85 (am Stadtwald), Tel. 6667585, sowie die Tourismus+Congress GmbH (⟶ Auskunft).

Sport (Fts.) Bowling, Kegeln, Billard	Das Bowling und Kegelzentrum Rebstock (Am Römerhof 13, Tel. 702020) verfügt über 30 Bowlingbahnen, 8 Asphaltkegelbahnen und 10 Pool-Billard-Tische.
Radfahren	Informationen rund ums Radfahren erteilt der Infoladen des Allgemeinen Deutschen Fahrrad-Clubs (ADFC), Berger Str. 108–110, Tel. 4990100. Ein umfangreiches Programm geführter Radtouren erschließt auch ungeübten Radlern die Umgebung Frankfurts.
Roller- und Skateboardfahren	Möglichkeiten für Kinder zum Roller- und Skateboardfahren bestehen u.a. in der Eschersheimer Anlage in der Innenstadt, im Stadtpark in Höchst, im Stadtteil Riederwald oder im Günthersburgpark in Bornheim.

Stadtbesichtigung

Reguläre Stadtrundfahrten Sommer	März–Oktober tgl. 10.00–14.00 Uhr Abfahrtsstelle: Tourist Info Römer, Römerberg 27; Pick Up Service: 10.15 bzw. 14.15 ab Tourist Info Hauptbahnhof, gegenüber Gleis 23.
Winter	November–Februar Mo.–Fr. 13.00; Sa., So. 10.00 und 14.00 Uhr Abfahrtsstelle jeweils: Tourist Info Römer; Pick Up Service: Mo.–Fr. 13.15, Sa., So. 10.15 bzw. 14.15 ab Tourist Info Hauptbahnhof
Dauer, Veranstalter	Dauer der Fahrten: jeweils 2 Std. 30 Min. (inkl. Goethehausführung); Veranstalter: Tourismus+Congress GmbH (⟶ Auskunft)

Mit dem Ebbelwei-Expreß kann man Stadtrundfahrten unternehmen.

Stadtrundfahrten und -rundgänge und thematische Stadtführungen für Gruppen	Neben den zuvor erwähnten regulären Stadtrundfahrten bietet die Tourismus+Congress GmbH auch ein Programm für Gruppenreisen an: zwei- und dreistündige Stadtrundfahrten, Stadtrundgänge (Frankfurt Historisch oder Geschichte und Gegenwart) sowie auf Anfrage auch thematische Stadtführungen zur Architektur, zum Museumsufer, zur jüdischen Geschichte oder zu Frankfurt als Finanz- und Wirtschaftsmetropole. Anfragen: Tel. 212-38953, Fax 212-38243.

Weitere Möglichkeiten
Mit dem Taxi

Gut zwei Dutzend amtlich geprüfte Taxi-Fremdenführer präsentieren die Mainmetropole in einer zweieinhalbstündigen Rundfahrt auch außerhalb der Busrundfahrt-Zeiten. Auskunft bei der Taxizentrale Tel. 230033.

Mit dem "Ebbelwei-Express"

Eine Stadtrundfahrt besonderer Art ist die mit der bunt bemalten Oldtimer-Trambahn, die Samstag- und Sonntagnachmittags von 13.30 bis 17.30 Uhr alle 40 Minuten vom Ostbahnhof über Sachsenhausen, Theaterplatz, Opernplatz, Hauptbahnhof, Paulskirche, Allerheiligentor zurück zum Ostbahnhof zockelt.
Im Fahrpreis inbegriffen sind eine Flasche Apfelwein oder Apfelsaft und zwei Brezeln pro Person. Der "Ebbelwei-Express" kann auch für private Zwecke gemietet werden, wobei Fahrstrecke und Fahrzeit vom Mieter selbst bestimmt werden können. Auskunft: Stadtwerke, Tel. 213-22425, Fax 213-22727.

Mit dem Freundeskreis Liebenswertes Frankfurt e.V.

Individuelle Stadtführungen: Über 80 Mitglieder vermitteln unentgeltlich und ehrenamtlich, "aus Liebe zu Frankfurt", in persönlichen Gesprächen tieferen Einblick in die Besonderheiten und Eigenheiten der Stadt Frankfurt, auch außerhalb ausgetretener touristischer Gleise. Telefonische Voranmeldung über Tel. 479361.

Flughafen-Besichtigung

Täglich zwischen 8.30 und 15.30 Uhr Besichtigungen der Vorfeldanlagen, des Frachtzentrums, der Lufthansa-Basis u.a. in deutscher Sprache für Gruppen ab 20 Personen nach Voranmeldung. Dauer ungefähr 40 Minuten. Preisermäßigungen gibt es für Körperbehinderte und Jugendliche unter 16 Jahren.
Besichtigung von Terminal-Serviceeinrichtungen, Förderanlagen, Wartungshallen und Tower für Gruppen ab 15 Personen in Deutsch, Englisch, Französisch von Mo.–Fr. zwischen 8.30 und 14.30 Uhr nach Voranmeldung (Tel. 690-70291/2); Dauer ca. 2 Stunden.

Taxi

Die Taxizentralen vermitteln unter den Rufnummern 230001, 250001 oder 545011 Tag und Nacht Taxen an jeden beliebigen Standort im Stadtgebiet. Die Telefonnummern der einzelnen Halteplätze sind im amtlichen Fernsprechbuch unter dem Stichwort "Taxizentrale" zu finden.

Telefon

Vorwahlnummern

von deutschen Ortsnetzen: 069
von Österreich: 004969
von der Schweiz: 004969

Telefondienste

Auskunft national: 11833
Auskunft international: 11834
Telegrammaufgabe per Telefon: 0803301131
Telegrammaufgabe per Telefax: 0803301132
Benachrichtigungs-, Erinnerungs- und Weckaufträge: 01141
Kinoprogramme: A bis K 011511, L bis Z 011511

Theater

Allgemeines

Frankfurt ist berühmt für sein reges Theaterleben, insbesondere für experimentierfreudige Inszenierungen.

Theater im Sommer

In den Sommermonaten – während der hessischen Schulferien – bleiben viele Theater mehrere Wochen lang geschlossen; als Ausgleich dafür finden viele Veranstaltungen auf Straßen und Plätzen statt.

Theater

Karten-
vorbestellungen

Kartenvorbestellungen sind in den Frankfurter Theatern telefonisch im allgemeinen ab 12.00 Uhr bis eine Stunde vor Beginn der Vorstellung möglich. Kartenvorverkauf findet bei den unter ⟶ Auskunft erwähnten Fremdenverkehrsstellen und anderen ⟶ Vorverkaufsstellen statt.

Theater
(Auswahl)

Städtische Bühnen Frankfurt
Willy-Brandt-Platz, Zentrale Vorverkaufskasse: Tel. 212-37999
Geöffnet Mo. – Fr. 10.00 – 18.00, Sa. 10.00 – 14.00 Uhr
Oper, Schauspiel, Kammerspiel

Oper Frankfurt (und Ballett in der Oper)
Untermainanlage 11, Abendkasse: Tel. 212-37334
Schauspiel Frankfurt (und Ballett im Schauspiel)
Neue Mainzer Str. 17, Abendkasse: Tel. 212-37158

Kammerspiel Frankfurt
Hofstr. 2, Abendkasse: Tel. 212-37395

Alte Oper
Opernplatz
Kartenservice: Tel. 1340-400, Ballett, Tel. 1340-0
Vorverkaufskasse geöffnet Mo. – Fr. 10.00 – 18.00 Uhr
Abendkasse: Tel. 1340-409
Frankfurt Feste: Tel. 1340-436
Führungen: Tel. 1340-341
Konzerte, Operetten, Musicals, Ballett

Fritz-Rémond-Theater im Zoo
Alfred-Brehm-Platz 16, Zoologischer Garten
Tel. 435166
Theaterkasse geöffnet Mo. – Sa. 11.00 – 15.00 und 16.00 – 20.00
Sa. 14.00 – 18.00, Fei. 15.00 – 20.00 Uhr
Frankfurts zweitgrößte Sprechbühne

Die Komödie
Willy-Brandt-Platz
Erst 1999 wieder Aufführungen
Boulevardtheater

Freies Schauspielensemble im Philanthropin
Hebelstr. 17, Tel. 5969590
Theater freier Schauspielgruppen

Volkstheater Frankfurt
Großer Hirschgraben 21, Tel. 288598
Vorverkauf: Mo. 10.00 – 16.00, Di. – Sa. 10.00 – 18.00 Uhr
Abendkasse 2 Stunden vor Beginn
Stücke in Frankfurter Mundart
Im Sommer Freilichtspiele im Innenhof des Dominikanerklosters

Die Maininger
Neue Rothofstr. 26A, Tel. 280227
Kartenbestellungen über Anrufbeantworter
Polit-Satirisches Kabarett – "Frankfurter Resistenz-Theater"

Die Schmiere
Seckbächer Gasse 2, Tel. 281066
Satirisches Kellertheater im Karmeliterkloster

Kellertheater Junge Bühne Frankfurt
Mainstr. 2, Tel. 288023
Sozial- und gesellschaftskritisches Theater

Die Katakombe
Pfingstweidstr. 2, Tel. 491725
Theater für Erwachsene und Kinder

English Theater
Kaiserstr. 52, Tel. 24231620
Englischsprachiges Theater

Kinder- und Jugend-Theater Frankfurt
Bürgerhaus Nordweststadt, Tel. 7896640/48

Kinder- und Jugendtheater 'Grüne Soße'
der Gesellschaft für Jugendarbeit und Bildungsplanung
Zeißelstr. 11A, Tel. 590572

Theater im Laden
Diemelstraße 9, Tel. 7075926
Gastspiele für Kinder, Vorträge und Seminare

Theater in der Brotfabrik e.V.
Bachmannstr. 2–4
Vorverkauf: Tel. 789600-16
Alternatives Theater

Gallus-Theater
Krifteler Str. 55, Tel. 7380037
Unkonventionelles Programmtheater

Goethe-Theater
Leipziger Straße 36
Vorverkauf: Tel. 29292, tgl. 10.00–18.00 Uhr
Avantgard-Theater

Freies Theaterhaus
Schützenstr. 12, Tel. 299861-10
Freies Theater mit Schwerpunkt auf Kinder- und Jugendtheater

Theater in der Uni
Senckenberganlage 27, Tel. 775908

Café Cult (Schillerpassage)
Rahmhofstr. 2, Tel. 282250 oder 283890
Trendvariété, Bistro, Cocktailbar

Tigerpalast Variété Theater
Heiligkreuzgasse 16–20, Tel. 289691
Variété, Kabarett, Kleinkunst

TIB-International Theater
Bornheimer Landwehr 35, Tel. 4930503

Künstlerhaus Mousonturm
Bornheim, Auskunft: Tel. 405895-0, Kasse: Tel. 405895-20
Kleinkunst, Theater, Literatur, Tanz, Musik und Ausstellungen
(ständige Veranstaltungen im Theatersaal und auf der Studiobühne)

Jahrhunderthalle Hoechst
Tel. 3601-240
Theater, Konzerte, Ballett, Operetten, Musicals

Neues Theater Höchst
Emmerich-Josef-Str. 46A, Tel. 303090

Theater (Fortsetzung)

Tourneetheater:
Auskünfte über Aufführungen in den Bürgerhäusern Bornheim, Dornbusch, Griesheim, Sindlingen, Nordweststadt, im Bildungs- und Kulturzentrum Höchst und in der Stadthalle Bergen-Enkheim erteilt die Frankfurter Kunstgemeinde, Tel. 15308-302.

Touristische Angebote

Frankfurt Card

Empfehlenswert für Besucher ist die Frankfurt Card, ein 1 oder 2 Tage lang gültiges Sonderticket für beliebig viele Fahrten auf allen Linien im Rhein-Main-Verkehrsverbund (RMV-Ticket) innerhalb des Stadtgebietes Frankfurt (einschließlich Flughafen; Zuschläge werden erhoben für 1.-Klasse-Fahrten und Nachtbus). Mit dieser Karte erhält der Reisende auch in zahlreichen Museen, dem Palmengarten, dem Zoologischen Garten sowie auf den Flughafen-Besucherterrassen Eintrittskarten mit 50% Ermäßigung. Erhältlich ist die Frankfurt Card in vielen deutschen Reisebüros oder bei den Tourist Informationen (⟶ Auskunft). Vorbestellungen gegen Vorkasse (Verrechnungsscheck beifügen) erledigt auch die Tourismus+Congress GmbH (⟶ Auskunft).

Frankfurt Weekend

Über Frankfurt Weekend, ein günstiges Wochenend-Arrangement für Individualreisende bzw. preisgünstige Übernachtung am Wochenende in allen Hotelkategorien, informiert ebenfalls die Tourismus+Congress GmbH.

Frankfurt Packages

Frankfurt Packages sind günstige Wochenend-Angebote für Gruppen (ab 20 Personen), die ihren Aufenthalt beispielsweise mit einem Varieté- oder einem Musicalbesuch verbinden wollen; detaillierte Informationen erteilt die Tourismus+Congress GmbH.

Veranstaltungen

Allgemeines

Informationen über Veranstaltungen enthält außer der Tagespresse der vierzehntägige Veranstaltungskalender der “Frankfurter Woche”, die zweimal monatlich erscheinende Zeitschrift für Gäste und Freunde der Stadt Frankfurt.
Während der Zeit von Mitte Juli bis Mitte Oktober lohnen in zahlreichen Frankfurter Stadtteilen ⟶ Jahrmärkte und Volksfeste einen Besuch.

Frankfurter Domkonzerte

Das ganze Jahr hindurch finden Domkonzerte im Frankfurter Dom statt; weitere Auskünfte erteilt das Pfarramt, Tel. 290787.

Januar

Heimtextil – Internationale Fachmesse für Heim- und Haustextilien (nur für Fachbesucher)
Premiere – Paperworld, Beautyworld, Christmasworld – Fachmesse für Papier-, Kosmetik-, Weihnachtsartikel

Februar

Ambiente – Fachmesse für Tischkultur und Küche/Wohn- und Lichtkonzepte/Geschenkideen

März

Du und Dein Garten, Ausstellung im Palmengarten
Musikmesse prolight+sound – Internationele Fachmesse für Musikinstrumente und Noten, Licht-, Ton- und Veranstaltungstechnik (nur für Fachbesucher)
ART Frankfurt – Die Messe zum Thema Kunst
Fur & Fashion: Internationale Leitmesse für Pelz und Leder, Mix und Mode (nur für Fachbesucher)
Interstoff World – Internationale Messe für Stoffe und Accessoires (nur für Fachbesucher; auch im September)

Veranstaltungen März/April

Orchideenschau im Palmengarten

April

Interstoff Season – Internationale Messe für Stoffe und Accessoires (nur für Fachbesucher; auch im November)

Mai

1. Mai: 'Rund um den Henninger-Turm' – Internationales Radrennen

Mai – Sept.

Sommerblumenfest im Palmengarten

Juni

Rosen- und Lichterfest im Palmengarten
Achema – Internationales Treffen für Chemische Technik und Biotechnologie; Ausstellungstagung (nur für Fachbesucher; alle drei Jahre: 1997 usw.)
Inter Wein – Internationales Wein- & Sekt-Festival (Messe)

August

Jazzsommer im Palmengarten
Tendence – Internationale Frankfurter Herbstmesse für Tischkultur und Küche/Wohn- und Lichtkonzepte/Geschenkideen
Thema Domus – Internationale Frankfurter Messe für Wohnkultur

September

Tag der offenen Tür – Römerberg, Paulsplatz
IAA – Internationale Automobilausstellung, Personenwagen/Motorräder (alle zwei Jahre: 1997 u. s. w.)
Interstoff World – Internationale Messe für Stoffe und Accessoires (nur für Fachbesucher)
'Frankfurt Feste' in der Alten Oper (verschiedene, vorwiegend musikalische Veranstaltungen
'Großer Preis von Frankfurt' – Galopprennen, Rennbahn Niederrad

Oktober

Sechs-Tage-Rennen in der Festhalle auf dem Messegelände
Internationale Frankfurter Buchmesse
Frankfurt-Marathon

November

Interstoff Season – Internationale Messe für Stoffe und Accessoires (nur für Fachbesucher)
Leben Wohnen Freizeit Bau – Verbraucherausstellung für Leben, Wohnen, Freizeit

Verkehrsmittel (Öffentlicher Nahverkehr)

RMV-Geltungsbereich

Der Rhein-Main-Verkehrsverbund (RMV) schließt alle öffentlichen Nahverkehrsmittel im Rhein-Main-Gebiet ein, das sich erstreckt von Marburg im Norden bis Darmstadt im Süden, von Fulda im Osten bis Wiesbaden im Westen. Insgesamt umfaßt das RMV-Gebiet 15 Landkreise sowie 5 kreisfreie Städte und 7 Sonderstatusstädte in Hessen. Innerhalb dieses Gebietes können alle Verkehrsmittel mit einer Fahrkarte benutzt werden. Ausgenommen davon sind die Fernverkehrszüge der Deutschen Bahn, IC/EC und ICE.

Tarifsystem

Das RMV-Gebiet ist unterteilt in 59 A-Tarifgebiete. Um den Interessen der Fahrgäste in verschiedenen Regionen gerecht zu werden, sind diese meist nochmals unterteilt in AO- und A1-Tarifgebiete. Der Fahrpreis ermittelt sich aus der Anzahl der durchfahrenen Tarifgebiete, insgesamt gibt es 7 Preisstufen.

Fahrkarten

Fahrkarten sind erhältlich aus den Fahrkartenautomaten an den Haltestellen oder direkt beim Busfahrer.

2 Automatentypen

Der RMV hat zwei unterschiedliche Automatentypen in Betrieb: Der Fahrgast findet auf einer Informationstafel seinen Zielort heraus und gibt bei den neueren Geräten einen vierstelligen Zahlencode über einer Zehner-

Die originelle U-Bahn-Station Bockenheimer Warte

Verkehrsmittel
2 Automatentypen
(Fortsetzung)

tastatur ein, wählt dann anschließend seine Fahrkartenart. Bei den Geräten älterer Bauweise (in Frankfurt an den Stadtwerke-Haltestellen; dies betrifft die Bus- und Straßenbahn-Haltestellen) sind die Ziele mit einer Kenn-Nummer für die jeweilige Preisstufe versehen, für die dann die entsprechende Taste zu drücken ist.

Kindertarif

Kinder von 6 bis 14 Jahre (einschließlich) zahlen im RMV einen ermäßigten Kindertarif, der ungefähr bei 40% des Erwachsenentarifs liegt. Kinder bis 5 Jahre (einschließlich) fahren in Begleitung eines Erwachsenen generell kostenlos.

RMV-Informationen

Abfahrtszeiten der Verkehrsmittel im RMV sind entweder den jeweiligen Aushangfahrplänen zu entnehmen oder per

RMV-HotLine

RMV-HotLine (Mo.–Fr. 8.00–18.00, Sa. 8.00–12.00 Uhr) unter Tel. (0180) 2351451; Auskünfte über Fahrpläne und Tarife.

Fax

Ferner sind per Fax weitere Informationen abrufbar unter der Faxnummer (069) 25700.

Vorverkaufsstellen

Kartenkiosk Sandrock
Hauptwache-Passage
Tel. 20115/6, 283738

Hessischer Rundfunk Informationsbüro
Hauptwache-Passage 3, Tel. 287573

Kartenservice Festhalle (Messegelände)
Ludwig-Erhard-Anlage 1, Tel. 740644

Vorverkaufsstellen (Fortsetzung)

Sendesaal Hessischer Rundfunk
Bertramstr. 8, Tel. 1551

Jahrhunderthalle Hoechst
Pfaffenwiese, Tel. 3601-240

Theaterkasse Hertie
Zeil 90, Tel. 294848

Frankfurter Neue Presse
Schillerstr. 19–25, Tel. 7501555

Noten-Fuchs
Bornwiesensweg, Tel. 294049

Alte Oper Frankfurt
Kartenstelle Opernplatz, Tel. 1340-400

Ballett Frankfurt, Oper Frankfurt, Schauspiel Frankfurt sowie
Theater am Turm, Tel. 21237999

Karten-Center Bockenheim
Adalbertstr. 11, Tel. 773883

Journal Ticket-Shop
Hauptwache-Passage, Tel. 9200920

Frankfurter Kunstgemeinde
Eschersheimer Landstr. 2, Tel. 1545-1 und 42-145

Konzert-Kartenvorverkauf
Liebfrauenberg 52–54, Tel. 296644

Ludwig J. M. Schäfer
Schweizer Str. 28A, Tel. 623779

Reisebüro Nord-West
Nordwestzentrum, U-Bahn-Treppe, Tel. 576066

Zeitungen

FAZ

Die Frankfurter Allgemeine Zeitung (FAZ) ist eine der bedeutendsten Tageszeitungen Deutschlands. Sie ist konservativ in ihrer Grundhaltung. Frankfurter Lokalnachrichten finden sich in der Zeitung für Frankfurt.

Frankfurter Rundschau

Bei der Frankfurter Rundschau, die linksliberal eingestellt ist, liegt das Schwergewicht auf regionaler Berichterstattung.

Frankfurter Neue Presse

Die bürgerliche Frankfurter Neue Presse konzentriert sich hauptsächlich auf Regionalnachrichten.

Boulevardblätter

Zeitungen mit Boulevard-Blatt-Charakter sind die Frankfurter Rundschau am Abend und BILD-Frankfurt.

Anzeigenblätter

Darüber hinaus erscheinen Stadtteilanzeigenblätter (z.B. Blitz-Tip und Frankfurter Nachrichten), die gratis an die einzelnen Haushalte verteilt werden und weniger der Lokalnachrichten als vielmehr der interessanten Kleinanzeigen wegen geschätzt werden.

Register

Verzeichnis der Karten, Pläne und graphischen Darstellungen

Bildnachweis

Archiv für Kunst und Geschichte: 21, 22, 25, 43, 93
Baedeker-Archiv: 31, 32, 34, 67
Branscheid: 1, 3(o), 5(o), 6(o), 7(2x), 13, 18, 55, 57, 62, 63, 64, 69, 70, 71, 74, 75, 76(2x), 79, 81, 84, 86, 89, 90, 91, 97, 98(2x), 99, 101(2x), 102, 103, 104, 107(l), 108(2x), 109, 110, 112, 114(2x), 116, 119(l), 120(r), 121, 122(2x), 125, 127, 128, 131, 133, 134, 149, 150, 153, 155(o), 157(2x), 163, 180
Günzel/Museum für Moderne Kunst: 106
HB Verlags- und Vertriebsgesellschaft mbH: 6(u), 195, 196
IFA Fotoagentur: 45, 58, 7(u.l.)
Kirchgessner: 61
Krüger: 37, 95
Lade Fotoagentur: 3(Mitte), 5(Mitte), 6/7, 8/9, 11, 15, 48/49, 88, 119(r), 120(l), 145, 151, 158/159, 161, 170, 193, 202
Nagel/Museum für Moderne Kunst: 107(r)
Städelsches Kunstinstitut: 135(2x), 139
Städtische Galerie im Städelschen Kunstinstitut: 143
Vasco: 162
Zoologischer Garten/Dr. Dmoch: 155

Impressum

Ausstattung:
106 Abbildungen (Bildnachweis s. zuvor)
17 Karten und graphische Darstellungen (Kartenverzeichnis s. zuvor), 1 großer Stadtplan

Text: Vera Beck, Barbara Branscheid, Carmen Galenschovski, Helmut Linde, Nadja Mayer, Helge Miller, Heike Risse, Ingrid Rödel, Volker Rödel, Reinhard Strüber, Michael Walz, Andrea Wurth

Bearbeitung: Baedeker-Redaktion (Carmen Galenschovski)

Kartographie: Christoph Gallus, Hohberg-Niederschopfheim; Franz Huber, München; Mairs Geographischer Verlag GmbH & Co., Ostfildern (großer Stadtplan)

Gesamtleitung: Rainer Eisenschmid, Baedeker Ostfildern

6. Auflage 1998

Druck: Mairs Graphische Betriebe GmbH & Co. KG., Ostfildern (Kemnat)
Printed in Germany
ISBN 3-89525-143-7

Gedruckt auf 100 % chlorfreiem Papier